TEORIA AVANÇADA
DA CONTABILIDADE

O GEN | Grupo Editorial Nacional – maior plataforma editorial brasileira no segmento científico, técnico e profissional – publica conteúdos nas áreas de ciências sociais aplicadas, exatas, humanas, jurídicas e da saúde, além de prover serviços direcionados à educação continuada e à preparação para concursos.

As editoras que integram o GEN, das mais respeitadas no mercado editorial, construíram catálogos inigualáveis, com obras decisivas para a formação acadêmica e o aperfeiçoamento de várias gerações de profissionais e estudantes, tendo se tornado sinônimo de qualidade e seriedade.

A missão do GEN e dos núcleos de conteúdo que o compõem é prover a melhor informação científica e distribuí-la de maneira flexível e conveniente, a preços justos, gerando benefícios e servindo a autores, docentes, livreiros, funcionários, colaboradores e acionistas.

Nosso comportamento ético incondicional e nossa responsabilidade social e ambiental são reforçados pela natureza educacional de nossa atividade e dão sustentabilidade ao crescimento contínuo e à rentabilidade do grupo.

JORGE KATSUMI NIYAMA
ORGANIZADOR

Adriana Isabel Backes Steppan
Antônio Maria Henri Beyle de Araújo
Diego Rodrigues Boente
Ducineli Régis Botelho
Fernanda Fernandes Rodrigues
Jomar Miranda Rodrigues
José Alves Dantas
José Lúcio Tozetti Fernandes
Josicarla Soares Santiago
Leonardo José Seixas Pinto
Lidiane Nazaré da Silva Dias
Luiz Carlos Marques dos Anjos
Márcia Ferreira Neves Tavares
Mateus Alexandre Costa dos Santos
Paulo César de Melo Mendes
Rodrigo de Souza Gonçalves

TEORIA AVANÇADA
DA CONTABILIDADE

Os autores e a editora empenharam-se para citar adequadamente e dar o devido crédito a todos os detentores dos direitos autorais de qualquer material utilizado neste livro, dispondo-se a possíveis acertos caso, inadvertidamente, a identificação de algum deles tenha sido omitida.

Não é responsabilidade da editora nem dos autores a ocorrência de eventuais perdas ou danos a pessoas ou bens que tenham origem no uso desta publicação.

Apesar dos melhores esforços dos autores, do editor e dos revisores, é inevitável que surjam erros no texto.
Assim, são bem-vindas as comunicações de usuários sobre correções ou sugestões referentes ao conteúdo ou ao nível pedagógico que auxiliem o aprimoramento de edições futuras. Os comentários dos leitores podem ser encaminhados à **Editora Atlas Ltda.** pelo e-mail editorialcsa@grupogen.com.br.

Direitos exclusivos para a língua portuguesa
Copyright © 2014 by
Editora Atlas Ltda.
Uma editora integrante do GEN | Grupo Editorial Nacional

Reservados todos os direitos. É proibida a duplicação ou reprodução deste volume, no todo ou em parte, sob quaisquer formas ou por quaisquer meios (eletrônico, mecânico, gravação, fotocópia, distribuição na internet ou outros), sem permissão expressa da editora.

Rua Conselheiro Nébias, 1384
Campos Elísios, São Paulo, SP – CEP 01203-904
Tels.: 21-3543-0770/11-5080-0770
editorialcsa@grupogen.com.br
www.grupogen.com.br

Capa: Nilton Masoni
Composição: Formato Serviços de Editoração Ltda.

Dados Internacionais de Catalogação na Publicação (CIP)
(Câmara Brasileira do Livro, SP, Brasil)

Teoria avançada da contabilidade, Jorge Katsumi Niyama, organizador. – 1. ed. – [2. Reimpr.] – São Paulo: Atlas, 2018.

Vários autores.
Bibliografia.
ISBN 978-85-224-8915-2

1. Contabilidade 2. Contabilidade – Estudo e ensino
3. Contabilidade – Pesquisa I. Niyama, Jorge Katsumi.

14-01759   CDD: 657.046

Sumário

Sobre os autores, xi

Prefácio, xv

Apresentação, xvii

1 Teorias normativa e positiva da contabilidade (*Mateus Alexandre Costa dos Santos, Lidiane Nazaré da Silva Dias, José Alves Dantas*), 1

    1.1 Introdução, 1

    1.2 Evolução da contabilidade: prática, pesquisa e teorias, 3

    1.3 Período científico geral, 5

    1.4 Período normativo, 7

        1.4.1 Críticas ao período normativo, 10

        1.4.2 O período normativo no Brasil, 11

    1.5 Período positivo ou período científico específico, 13

        1.5.1 Pesquisa contábil em mercado de capitais (PCMC), 15

            1.5.1.1 HME, CAPM e a informação contábil, 15

            1.5.1.2 Breves comentários sobre as pesquisas, 17

            1.5.1.3 Críticas à PCMC, 19

        1.5.2 Teoria Positiva da Contabilidade (TPC) , 20

            1.5.2.1 Custos de agência, contratos de compensação e contratos de dívida, 21

            1.5.2.2 Custos políticos e tamanho da firma, 23

            1.5.2.3 Críticas, 25

        1.5.2.3.1   Aspectos metodológicos e estatísticos, 25

        1.5.2.3.2   Aspectos filosóficos, 26

  1.5.3   Período positivo no Brasil, 28

1.6   Teoria normativa, teoria positiva ou, simplesmente, teoria da contabilidade?, 29

1.7   Resumo, 33

Referências, 35

2   Teoria da regulação × Teoria da contabilidade (*Márcia Ferreira Neves Tavares, Luiz Carlos Marques dos Anjos*), 38

2.1   Introdução, 38

2.2   Histórico da regulação contábil, 40

2.3   Argumentos pró-regulação, 45

2.4   Teorias de regulação econômica, 51

2.5   *Lobby* na emissão de normas contábeis, 53

2.6   Reação das firmas em relação a novos/mudanças de padrões contábeis, 56

2.7   Teoria da regulação × Teoria da contabilidade, 59

2.8   Resumo, 62

Referências, 65

3   Normatização da contabilidade: princípios *versus* regras (*José Alves Dantas, Fernanda Fernandes Rodrigues, Paulo César de Melo Mendes, Jorge Katsumi Niyama*), 67

3.1   Introdução, 67

3.2   O processo de normatização contábil, 69

  3.2.1   *True and Fair View* (TFV), 70

  3.2.2   Sistema contábil baseado em princípios, 71

  3.2.3   Sistema contábil baseado em regras, 73

3.3   Debate sobre a qualidade dos *US-GAAP*, 75

  3.3.1   A proposta do FASB, 76

  3.3.2   O estudo da SEC, 78

3.4   Características qualitativas da informação contábil: um parâmetro de análise para a decisão, 80

3.5   Efeitos dos modelos baseados em regras ou em princípios, 81

  3.5.1   Efeitos de um modelo baseado em regras, 82

  3.5.2   Efeitos de um modelo baseado em princípios, 83

  3.5.3   As tendências do debate princípios *versus* regras, 85

3.6   A situação brasileira, 87

3.7   Resumo, 91

Referências, 92

Sumário vii

4 Teoria da mensuração e a sua relação com a contabilidade (*Antônio Maria Henri Beyle de Araújo*), 95

4.1 Introdução, 95

4.2 A teoria da mensuração, 96

    4.2.1 Fundamentos, 96

    4.2.2 Categorias, 98

    4.2.3 Representação, 99

    4.2.4 Formas, 101

    4.2.5 Elementos, 101

4.3 A teoria da mensuração aplicada à contabilidade, 104

    4.3.1 A mensuração na contabilidade, 104

    4.3.2 As características da informação contábil, 107

    4.3.3 Objetivos da mensuração, 108

    4.3.4 Natureza do problema da mensuração contábil, 109

    4.3.5 A mensuração na contabilidade, 111

    4.3.6 Bases de mensuração, 113

        4.3.6.1 Quadro das alternativas de avaliação de ativos, segundo Riahi-Belkaoui (2004), 113

4.4 A teoria da mensuração voltada à avaliação de benefícios econômicos futuros, 115

    4.4.1 Benefícios econômicos futuros como requisito para a atribuição de valor, 115

    4.4.2 As dificuldades na mensuração dos benefícios econômicos futuros, 118

4.5 Resumo, 120

Referências, 122

5 Contabilidade para *heritage assets* (*Adriana Isabel Backes Steppan, Diego Rodrigues Boente*), 124

5.1 Introdução, 124

5.2 Definições, 125

5.3 Principais discussões acerca dos HAs relacionadas com seu reconhecimento e/ou mensuração, 126

5.4 Reconhecimento dos *heritage assets*, 127

5.5 Mensuração dos *heritage assets*, 128

5.6 Evidenciação, 133

5.7 Resumo, 134

Referências, 135

viii Teoria avançada da contabilidade · Niyama

6 Contabilidade social corporativa (*Josicarla Soares Santiago, José Lúcio Tozetti Fernandes, Rodrigo de Souza Gonçalves*), 136

6.1 Introdução, 136

6.2 Externalidades das atividades corporativas, 137

6.3 *Social disclosure*: conceitos e características, 140

6.4 *Social disclosure*: o debate acerca de sua regulação ou não, 143

6.5 Teorias que sustentam o *disclosure social*, 147

    6.5.1 Teoria institucional, 147

    6.5.2 Teoria da legitimidade, 149

    6.5.3 Teoria dos *stakeholders*, 151

6.6 Resumo, 153

Referências, 155

7 Contabilidade para pequenas e médias empresas: desafios para a teoria da contabilidade (*Leonardo José Seixas Pinto*), 159

7.1 Introdução, 159

7.2 Definição de pequena e média empresa e algumas questões relevantes, 160

7.3 Como as normas internacionais tornam-se obrigatórias no Brasil?, 162

7.4 Onde tudo começou?, 163

7.5 Pontos positivos e críticas relacionadas à adoção do IFRS for SME, 164

7.6 Normatização baseada em princípios ou regras?, 166

7.7 Questões relativas à estrutura conceitual, 168

7.8 Diferenças entre as normas plenas e as normas para pequena e média empresa, 173

7.9 Simplificações no processo de reconhecimento e mensuração da PME comparado com as regras plenas, 176

7.10 Adoção inicial da contabilidade para pequenas e médias empresas, 178

7.11 Resumo, 179

Referências, 181

8 Qualidade da Informação Contábil (*Jomar Miranda Rodrigues*), 183

8.1 Introdução, 183

8.2 Principais abordagens sobre a qualidade da informação e dos resultados contábeis, 185

    8.2.1 Qualidade da informação contábil, 187

    8.2.2 Qualidade dos resultados contábeis, 188

        8.2.2.1 Persistência dos resultados contábeis, 189

        8.2.2.2 Conservadorismo condicional, 191

        8.2.2.3 Gerenciamento de resultados contábeis, 194

        8.2.2.4 Relevância dos resultados contábeis (*value relevance*), 197

8.3 Oportunidades de pesquisas e trabalhos, 199

8.4 Resumo, 200

Referências, 202

9 Pesquisa científica em teoria da contabilidade (*Ducineli Régis Botelho*), 208

9.1 Introdução, 208

9.2 Epistemologia da pesquisa em contabilidade, 209

9.3 Conhecimento científico em contabilidade, 209

9.4 Comunidades científicas e acadêmicas, 214

9.5 Cultura científica e cultura organizacional, 215

9.6 Pesquisa científica em contabilidade, 216

9.7 Resumo, 218

Referências, 219

Sobre os autores

ADRIANA ISABEL BACKES STEPPAN

Graduação em Ciências Contábeis pela Universidade Luterana do Brasil (1995), Mestrado em Ciências Contábeis pelo Programa Multi-institucional e Inter-regional de Pós-Graduação em Ciências Contábeis UnB, UFPB, UFRN (2006), doutorado em andamento (2012) pelo Programa Multi-institucional e Inter-regional UnB/UFPB/UFRN. Professora da UFRN do curso de ciências contábeis.

ANTÔNIO MARIA HENRI BEYLE DE ARAÚJO

Doutorando e mestre em Ciências Contábeis pela Universidade de Brasília. Experiência profissional em mercado de capitais, finanças e contabilidade. Foi escriturário do Banco do Nordeste do Brasil S.A. É atualmente analista do Banco Central do Brasil e professor da Universidade Católica de Brasília. Ministrou disciplinas nas áreas de contabilidade e finanças em cursos de pós-graduação promovidos pela UnB, FGV, Funiversa e IBMEC.

DIEGO RODRIGUES BOENTE

Graduação em Ciências Contábeis pela Universidade Federal do Rio Grande do Norte (2005), Mestrado em Ciências Contábeis pelo Programa Multi-institucional e Inter-regional de Pós-Graduação em Ciências Contábeis UnB, UFPB, UFRN (2008), doutorado em andamento (2012) pelo Programa Multi-institucional e Inter-regional UnB/UFPB/UFRN. Professor da UFRN do curso de ciências contábeis.

DUCINELI RÉGIS BOTELHO

Contadora. Mestre e Doutora em Contabilidade pelo programa UnB/UFPB/UFRN. Professora do Departamento de Ciências Contábeis e Atuariais da Universidade de Brasília. Autora dos capítulos contabilidade internacional; legislação e ética profissional do livro *Contabilidade para concursos e exame de suficiência* da Editora Atlas.

FERNANDA FERNANDES RODRIGUES

Contadora. Mestre e Doutora em Contabilidade pelo Programa UnB/UFPB e UFRN. Professora Adjunta no Departamento de Ciências Contábeis da Universidade de Brasília.

JOMAR MIRANDA RODRIGUES

Doutor e Mestre em Ciências Contábeis pelo PMIICC da UnB/UFPB/UFRN. Especialista em Controladoria e Finanças (UnB) e em Contabilidade Gerencial (UPIS). Graduado em Ciências Contábeis (UPIS). Atuou em Controladoria na iniciativa privada e consultoria governamental em previdência e saúde. Atualmente é Professor do Departamento de Ciências Contábeis e Atuariais da Universidade de Brasília. Tem experiência na área de Controladoria e Finanças, empresarial e governamental. Atua em: Qualidade da Informação Contábil; Gerenciamento de Resultados; Contabilidade Financeira; Contabilidade Internacional; Convergência Contábil; Contabilidade Societária e Educação Contábil.

JOSÉ ALVES DANTAS

Doutor e Mestre em Ciências Contábeis pela Universidade de Brasília (UnB), com especialização em Auditoria (UFRJ), Contabilidade Gerencial (UFRN) e Controladoria (UNP). É graduado em Ciências Contábeis e em Administração de Empresas pela Universidade Federal do Rio Grande do Norte. É professor da Universidade de Brasília (UnB) e servidor do Banco Central do Brasil. Foi professor da Universidade Paulista (UNIP), do Centro Universitário Unieuro e do Centro Universitário Brasília (Uniceub), além de ter atuado em cursos de especialização na UnB, na Fucape Business School na Fundação Getulio Vargas, na Universidade Católica de Brasília, na Universidade Federal do Rio Grande do Norte e na Universidade Estadual de Goiás.

JOSÉ LÚCIO TOZETTI FERNANDES

Graduado em Ciências Contábeis pela Universidade de Brasília. Mestre e doutorando em Ciências Contábeis pelo PPGCC UnB/UFPB/UFRN. Professor da Universidade de Brasília.

Josicarla Soares Santiago

Graduação em Ciências Contábeis pela UFRN (2004). Mestrado em Ciências Contábeis pelo Programa Multi-institucional e Inter-regional de Pós-Graduação em Ciências Contábeis UnB, UFPB e UFRN (2007). Doutorado em andamento pelo Programa Multi-institucional e Inter-regional de Pós-Graduação em Ciências Contábeis UnB, UFPB e UFRN. Professora Assistente II do Curso de Ciências Contábeis da UFPB.

Leonardo José Seixas Pinto

Doutorando em Contabilidade no Programa Multi-institucional da UnB, UFPB e UFRN. Mestre em Contabilidade pela UERJ. Pós-graduado em Finanças Empresariais pela UCAM e graduado em Contabilidade pela UNESA. Professor da graduação e pós-graduação *lato sensu* da UFF. Autor do livro *Contabilidade tributária* publicado pela Juruá e de artigos acadêmicos publicados em Revistas, Simpósios e Congressos. Contador autônomo prestando serviço para diversas empresas por 5 anos, gerente financeiro de indústria de médio porte por 2 anos e professor universitário na área contábil desde 2005.

Lidiane Nazaré da Silva Dias

Doutoranda em Ciências Contábeis do PPGCC UnB/UFPB/UFRN; Mestra em Ciências Contábeis pela Universidade Federal do Rio de Janeiro e Bacharel em Ciências Contábeis pela Universidade Federal do Pará. Atualmente é professora da Universidade Federal do Pará onde participa do grupo de pesquisa Epistemologia da Pesquisa em Contabilidade e desenvolve estudos sobre desperdício de recursos públicos e governança.

Luiz Carlos Marques dos Anjos

Graduado em Ciências Contábeis pela Ufal (2001), especialista em Auditoria e Perícia Contábil pela Fits (2008), Mestre em Ciências Contábeis pela UFPE (2009) e doutorando em Ciências Contábeis no Programa Multi-institucional e Inter-regional UNB/UFPB/UFRN. Trabalhou no setor de desenvolvimento de negócios de clientes na Procter & Gamble do Brasil, atuou como supervisor financeiro em empresas de varejo e atacado na região nordeste, atua como consultor na área contábil e de controladoria para micro e pequenas empresas e é professor da Universidade Federal de Alagoas (Ufal) desde 2008.

Márcia Ferreira Neves Tavares

Graduação em Ciências Contábeis pela Universidade Federal de Pernambuco (2008). Mestrado em Ciências Contábeis pela Universidade Federal de Pernambuco (2010). Doutorado em andamento (2012) pelo Programa Multi-institucional e Inter-regional UnB/UFPB/UFRN. Professora da UFPE, sócia quotista da Ferreira & Associados Auditores independentes. Auditora independente e palestrante do CRC-PE.

MATEUS ALEXANDRE COSTA DOS SANTOS

É Doutorando e Mestre em Ciências Contábeis pelo Programa Multi-institucional e Inter- regional de Pós-graduação em Ciências Contábeis UnB, UFPB, UFRN. Graduado em Ciências Contábeis e Especialista em Contabilidade Decisorial pela UFPB. É Auditor-Fiscal da Receita Federal do Brasil. Atua nas áreas de fiscalização e tributação do Imposto de Renda da Pessoa Jurídica. Integra grupos de estudo da Secretaria da Receita Federal do Brasil destinados à análise dos efeitos dos padrões internacionais de contabilidade sobre a legislação tributária federal.

PAULO CÉSAR DE MELO MENDES

Mestre e Doutorando pelo Programa Multi-institucional e Inter-regional de Pós--Graduação da UFRN/UFPB/UnB. Pós-Graduado em Auditoria Interna e Externa pelo ICAT/UDF, Contador pela UDF Centro Universitário. Professor Universitário, coautor do livro *Contabilidade para concurso e exame de insuficiência* publicado pela editora Atlas. Autor e coautor de artigos Acadêmicos e Científicos, Contador, Auditor Independente, Perito Contábil e Consultor de Empresas.

RODRIGO DE SOUZA GONÇALVES

Doutor em Ciências Contábeis pela Universidade de Brasília. Mestre em Controladoria e Contabilidade Estratégica pela Fundação Escola de Comércio Álvares Penteado (FECAP); Graduação em Ciências Contábeis. Atuou em escritório de contabilidade por aproximadamente 15 anos, foi consultor do PNUD – Programa das Nações Unidas para o Desenvolvimento (2006). É professor universitário desde 2002. Atua como perito do juízo na área cível desde 2006. É consultor *ad hoc* do Ministério da Educação.

Prefácio

Até que enfim um livro de teoria avançada da contabilidade que não seja de teoria positiva!

Essa foi a façanha realizada pelo ilustre professor da UnB **Jorge Katsumi Niyama, organizador,** que contou com a colaboração de vários estudantes de doutorado, sob seu comando, e de alguns já doutores.

O livro está dividido em 9 capítulos, alguns em caráter até obrigatório, outros, uma novidade, como: teoria da regulação × teoria da contabilidade, contabilidade para *heritage assets*, contabilidade social corporativa, contabilidade para pequenas e médias empresas: desafios para a teoria da contabilidade e pesquisa científica em teoria da contabilidade.

O trabalho de coordenação, bem o sabe esse professor que assina o prefácio, é, no fim, mais difícil do que o de escrever pessoalmente todos os capítulos, visto que cada autor tem estilo próprio.

Analisando e lendo os vários capítulos, pode-se assegurar que tanto o organizador como os autores doutores e doutorandos fizeram um excelente trabalho.

Este *Teoria avançada da contabilidade* vem complementar e enriquecer o outro, também da Atlas, coordenado por mim e pelo prof. Broedel Lopes, com uma abordagem mais de teoria positiva e quantitativa.

Enfim, trata-se de uma contribuição que em muito ajudará os alunos dos cursos de pós-graduação de teoria da contabilidade, bem como todos os apreciadores de teoria em alto nível.

Muito bem-vindo!

Sérgio de Iudícibus, novembro de 2013

Apresentação

A ideia de um livro sobre Teoria Avançada da Contabilidade surgiu durante as discussões realizadas na disciplina de mesmo nome ministrada pelo organizador no curso de Pós-Graduação em Ciências Contábeis do Programa Multi-institucional e Inter-regional da Universidade de Brasília, Universidade Federal da Paraíba e Universidade Federal do Rio Grande do Norte.

Excetuando-se a notável obra dos Profs. Sérgio de Iudícibus e Alexandro B. Lopes, não tínhamos nenhuma outra que pudesse abarcar conhecimentos mais aprofundados sobre o tema reunidos num único livro, e esta foi a principal motivação dos alunos do Doutorado e deste organizador.

Os primeiros quatro capítulos destinam-se a sedimentar melhor os conhecimentos teóricos sobre regulação, mensuração, normativa × positiva e princípios × regras. Nos capítulos seguintes, incluímos discussões sobre temas em áreas específicas como "*heritage assets*", "contabilidade social e corporativa", "contabilidade para pequenas e médias empresas: desafios para a teoria da contabilidade", "qualidade da informação contábil" e "pesquisas em teoria da contabilidade".

Livros de teoria da contabilidade não podem mais tratar apenas de princípios contábeis à medida que cada vez mais os organismos reguladores e normatizadores têm influenciado o arcabouço teórico da contabilidade e definido sua estrutura conceitual fundamentando seus padrões contábeis, tarefa anteriormente reservada aos pesquisadores, teóricos e filósofos da contabilidade.

Com este livro, esperamos contribuir para a área, principalmente no desenvolvimento de uma teoria contábil forte, de qualidade e com fundamentação nos critérios de reconhecimento, mensuração e evidenciação.

Jorge Katsumi Niyama
Organizador

1

Teorias normativa e positiva da contabilidade

Mateus Alexandre Costa dos Santos
Lidiane Nazaré da Silva Dias
José Alves Dantas

1.1 INTRODUÇÃO

Tratar de teoria da contabilidade é uma tarefa complexa, sobretudo pelo fato de a contabilidade ser uma ciência social aplicada e, portanto, estar em contínua transformação. As próprias definições atribuídas a essa teoria vêm sofrendo mudanças ao longo do tempo, e, atualmente, ainda não se tem um consenso a esse respeito. Teóricos contábeis propõem diversos enfoques e perspectivas sob os quais a contabilidade acaba oferecendo, muitas vezes, respostas distintas para um mesmo problema.

Mas o fato é que a contabilidade ainda não possui uma teoria geral. O que se dispõe é de um conjunto de teorias multidisciplinares (finanças, economia, matemática, sociologia, psicologia etc.) que fundamentam desde a sua prática, por meio das normas, por exemplo, até o seu desenvolvimento científico, inclusive propiciando avanços naquilo que pode ser entendido como a sua própria teoria.

Ao longo da história da contabilidade, notadamente a partir do século XIX, é possível identificar períodos em que o conhecimento contábil apresentou avanços no sentido de construir um arcabouço referencial teórico próprio. Foi a partir desse século que a prática existente passou a ser formalizada por meio de livros e métodos de ensino, pois, até então, a preocupação consistia no desenvolvimento da prática em si, eminentemente, no refinamento da técnica relacionada ao registro contábil (*bookeeping*).

Foi nos Estados Unidos da América (EUA) que importantes avanços rumo ao estabelecimento de uma teoria da contabilidade foram vivenciados desde o final do século XIX e ao longo de todo o século XX. Contudo, foi nas décadas de 1960 e 1970 que, com o advento do que é chamado de positivismo, a contabilidade experimentou uma verdadeira revolução científica que influenciou significativamente a sua pesquisa, com a introdução de um caráter mais científico à metodologia até então empregada. Até esse período, a teoria e a pesquisa contábeis, rotuladas desde então como "normativas", estavam voltadas à prescrição das práticas ideais (materializadas por meio das normas) e das bases conceituais de tais práticas.

Inicialmente, as pesquisas positivas em contabilidade estavam voltadas à avaliação empírica da utilidade da informação contábil para o mercado de capitais (pesquisa contábil em mercado de capitais). Posteriormente, o positivismo contábil ramificou-se e também passou a concentrar esforços na tentativa de explicar e predizer a prática contábil, na linha que foi intitulada teoria positiva da contabilidade.

Os termos "normativo" e "positivo" foram emprestados da economia, notadamente, dos trabalhos de Keynes (1891) e Friedman (1953). De uma maneira geral, é possível dizer que uma ciência ou teoria positiva está preocupada com *o que é*, isto é, com as coisas como de fato são no mundo real. Na contabilidade, o interesse consiste, por exemplo, no porquê de um determinado procedimento contábil ter sido escolhido em detrimento de outro igualmente válido. Não há juízo de valor sobre os fenômenos observados. Já uma ciência ou teoria normativa, por outro lado, está preocupada com *o que deve ser* e busca determinar um ideal normativo (que difere do "ideal" normatizado) distinto do real. Aqui, avalia-se o que ocorre no mundo real com base nesse ideal estabelecido. Esse normativismo se opera na contabilidade, por exemplo, por meio da prescrição de um determinado procedimento para um dado evento. Na prática, o que de fato foi adotado será desejável ou não em função da sua aderência ao modelo normativo estabelecido.

Contudo, o emprego desses termos na contabilidade trouxe certa confusão acerca dos seus significados, repetindo o fenômeno que, reconhecidamente, já existia na economia. Essa confusão foi potencializada pelo fato de tais termos, necessariamente, terem assumido conteúdos semânticos próprios à contabilidade. Além disso, especificamente em relação ao termo "positivo", também foi incorporada toda a carga semântica derivada das escolas filosóficas ligadas ao positivismo. Ciência positiva, metodologia positiva, enfoque positivo, abordagem positiva, pensamento positivo, teoria positiva, contabilidade positiva, teoria positiva da contabilidade, teoria contábil positiva etc. são exemplos da multiplicidade de termos que se referem ao positivismo **na** contabilidade, utilizados, muitas vezes, em contextos distintos, buscando o mesmo significado ou a expressão de um significado ainda não definido.

O fato é que o caráter mais científico proporcionado pelo positivismo à pesquisa contábil e, consequentemente, à teoria da contabilidade, marcado pelo uso de ferramental estatístico e dos testes de hipóteses tão comuns nas ciências duras, relegou o normativismo a um segundo plano na pesquisa contábil. A teoria normativa não seria científica, portanto, não seria teoria. Por essa razão, a teoria positiva foi assumida como aquela que poderia oferecer as respostas necessárias à evolução científica da contabilidade.

Contudo, uma análise cuidadosa dessa aparente dicotomia revela um único aspecto: a sua inexistência. E é por meio de uma contextualização histórica e científica da evolução da teoria contábil dos conflitos entre o positivismo e normativismo na contabilidade que está estruturado o presente capítulo, cujo objetivo é demonstrar que a teoria contábil, apesar da sua imprecisão conceitual, é um único corpo de conhecimentos sistematizados que contempla o *deve ser* e o *que é*, simplesmente, por serem dimensões indissociáveis no universo contábil.

1.2 EVOLUÇÃO DA CONTABILIDADE: PRÁTICA, PESQUISA E TEORIAS

A ideia de propriedade está intimamente relacionada à contabilidade. Assim, a partir do momento em que o homem passou a compreendê-la, passou também a necessitar do controle daquilo que lhe pertencia, daí a necessidade de contar, mesmo que de forma representativa, o seu "patrimônio". Percebe-se, portanto, que a contabilidade surgiu muito antes da própria escrita e da ideia matemática da contagem. Para Mattessich (1995), a contabilidade desempenhou um papel muito além do que lhe havia sido atribuído: tornou-se o ímpeto por meio do qual a escrita e o senso abstrato da contagem foram criados.

O fato é que, desde a pré-história até o século XIX, a sociedade vivenciou profundas transformações econômicas, sociais, culturais e políticas, cujos efeitos também provocaram profundas transformações na contabilidade, mais precisamente no desenvolvimento da sua prática. Um dos marcos desse desenvolvimento foi a formalização, em 1494, pelo frei Luca Pacioli, do método das partidas dobradas, no primeiro livro que documentava tal método. Até então, pouco se havia escrito sobre os fundamentos teóricos subjacentes ao que era praticado. A preocupação, naquela época, consistia no desenvolvimento do mecanismo de escrituração em si, originado da própria necessidade dos mercantilistas. Essa tendência se seguiu até o século XIX, porém, com uma maior preocupação no refinamento do já formalizado método das partidas dobradas. Esses 300 anos são denominados por Godfrey, Hodgson, Holmes e Tarca (2006) como um período de pré-teoria.

Foi somente a partir do século XIX que os primeiros esforços foram empreendidos no sentido de formalizar um arcabouço teórico que pudesse consolidar a prática corrente. Inicialmente, tais esforços centravam-se na educação contábil. Posteriormente, o que se seguiu foi um período de intensa pesquisa empírica acerca dessa prática, buscando conhecê-la e sistematizá-la, sem formalizar, no entanto, uma teoria contábil da forma que a conhecemos. Esse período é chamado de período Científico Geral e perdurou, aproximadamente, até a década de 1930.

Nos anos seguintes, a contabilidade vivenciou um período de intensas transformações rumo à formulação de bases sistemáticas conceituais, seja para estabelecer uma referência teórica para a atuação profissional, seja para explicar essa atuação, isto é, para estabelecer uma teoria da contabilidade. Os períodos normativo e positivo promoveram os mais profundos avanços na teoria e na pesquisa contábil, exercendo, ainda hoje, forte influência sobre essas áreas.

A Figura 1 ilustra essa evolução do conhecimento contábil ao longo do tempo:

Figura 1 – A evolução do conhecimento contábil

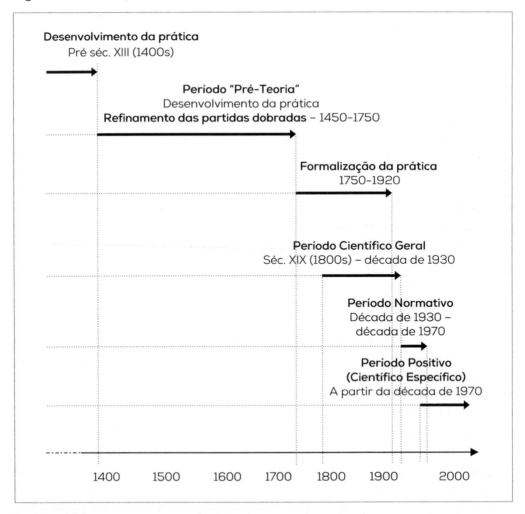

Fonte: Adaptada de Godfrey, Hodgson, Holmes e Tarca (2006).

Frise-se que, a partir da década de 1980, a pesquisa contábil também vem sofrendo a influência de teorias comportamentais (psicologia, sociologia etc.), o que afeta diretamente o desenvolvimento da teoria da contabilidade. Essa linha de pesquisa, denominada pesquisa em contabilidade comportamental (*research accounting behavioural* – BAR), busca compreender como os indivíduos (contadores ou não) processam e utilizam a informação contábil. Contudo, por extrapolar o escopo deste capítulo, a BAR não será contemplada nos tópicos adiante.

A seguir, serão tratados os principais aspectos relacionados ao período Científico Geral e a evolução, as características e as críticas referentes aos períodos Normativo e Positivo. A narrativa terá como referência principal, sobretudo em relação ao período Científico Geral, os fatos e eventos ocorridos nos Estados Unidos da América, uma vez que foi nesse país que a contabilidade experimentou os mais importantes avanços nos últimos 200 anos, os quais influenciaram, e influenciam ainda hoje, a contabilidade em todo o mundo.

1.3 PERÍODO CIENTÍFICO GERAL

A forte expansão industrial e das estradas de ferro, o crescimento do mercado de capitais, o surgimento das grandes corporações, a separação entre propriedade e controle, a formalização e o ensino da prática contábil corrente e a consolidação e organização da profissão contábil foram importantes acontecimentos que, ao lado dos problemas a eles relacionados (especulação, monopólios, fraudes etc.), impuseram grandes desafios à profissão contábil entre o final do século XIX e as primeiras décadas do século XX. O desenvolvimento dos sistemas de custos, o fornecimento de informações para fins gerenciais e para acionistas e investidores, a exigência de auditorias obrigatórias e a criação das primeiras associações de contadores são exemplos das respostas dadas a esses desafios.

Praticamente ao longo de todo o período científico geral não havia qualquer regulação sobre a contabilidade, pelo menos até 1906, ano da aprovação da Lei Hepburn, que conferiu à Interstate Commerce Commission (ICC) competência para estabelecer um sistema contábil para as companhias ferroviárias. Até então, inexistia intervenção estatal, tampouco as associações profissionais se propunham a definir quais seriam os procedimentos contábeis desejáveis, muito menos existia qualquer estrutura referencial, generalizadamente aceita, para nortear a atuação profissional. Em verdade, a prática contábil era bem particular a cada firma, e tal diversidade acarretava, por consequência, uma maior dificuldade ao seu ensino.

De acordo com Godfrey, Hodgson, Holmes e Tarca (2006), o desenvolvimento da teoria durante esse período foi marcado pelo fornecimento de explicações da prática contábil corrente. A teoria desempenhava, eminentemente, uma função de caráter pedagógico. Baseada na análise empírica, a pesquisa desenvolvida nesse período buscava generalizar a diversidade. A sua ênfase era fornecer uma estrutura geral para *explicar* e *desenvolver* a prática corrente. Contudo, a explicação, nesse estágio de evolução, possuía caráter meramente descritivo da realidade observada.

Questões como "quais são os procedimentos que estão sendo usados pelos contadores?" ou "quais são os mais comuns?", eram recorrentes na literatura. Dado esse objeto de pesquisa, a literatura não se desviava da prática e as prescrições eram baseadas na racionalização desta. Apesar disso, não se buscava definir qual procedimento contábil seria melhor ou mais desejável, tampouco prover razões que explicassem a sua escolha, mas sim buscava-se identificar quais eram os mais utilizados.

O empirismo e a busca do estabelecimento de uma estrutura geral, característicos do período científico geral, representam a principal razão dessa denominação. Ao desenvolver-se por meio das observações do mundo real, a pesquisa contábil assemelhava-se, metodologicamente, às ciências duras. Entretanto, pouca energia era direcionada no estabelecimento de uma teoria da contabilidade, propriamente dita. A "teoria", então construída, baseava-se nos fenômenos contábeis compreendidos à época, os quais se consubstanciavam, especificamente, na própria prática.

Um dos problemas enfrentados pela literatura contábil, pelo menos até a edição dos *Securities Acts* de 1933 e 1934, era a própria definição do objetivo da contabilidade. Não havia consenso quanto a isso. Por exemplo, de um lado entendia-se que tal objetivo era apurar o lucro legalmente disponível para a distribuição de dividendos, de outro, considerava-se que a distinção entre capital e lucro representaria tal objetivo. Ademais, assumiam-se numerosos usuários da informação contábil, notadamente, os gerentes, em razão da separação entre propriedade e controle em um ambiente não regulado. E era pautando-se nessa realidade que a literatura contábil tentava descrever e fundamentar as suas prescrições.

Nos primeiros anos do século XX, temas como a intervenção estatal, o avanço dos abusos cometidos pelas corporações, o conceito da manutenção de capital, a determinação do lucro, os debates sobre a superioridade entre o balanço patrimonial e a demonstração do resultado passaram a integrar a agenda da "teoria" da contabilidade e influenciar os seus rumos. Não por acaso, nesse período foram desenvolvidos importantes (e ainda influentes) estudos voltados à formalização de uma teoria da contabilidade. São exemplos as teses de William Panton (1922) e John Canning (1929), porém ambas foram defendidas em departamentos de economia.

No entanto, apesar dos primeiros esforços de descrever e generalizar a prática contábil, um fato que é reconhecido pela literatura é que, até a década de 1920, essa prática ainda pautava-se em regras flexíveis, voltadas às necessidades gerenciais e que, com isso, oferecia oportunidades para a manipulação de informações.

Os contadores não haviam sido capazes de definir quais procedimentos deveriam ser utilizados pelas firmas e, tampouco, de uniformizar tais procedimentos. Isso se tornou mais aparente e apresentou seu lado mais emblemático com a quebra da bolsa de Nova Iorque, em 1929. Nesse episódio, a contabilidade também foi levada ao banco dos réus.

Assim, foi em um ambiente marcado por uma forte depressão econômica e pela desconfiança na contabilidade, que começava a busca por princípios teóricos capazes de nortear e uniformizar a prática contábil. Estabeleciam-se, portanto, as bases iniciais para o desenvolvimento de uma teoria da contabilidade que oferecesse as respostas necessárias à época. Iniciava-se o período normativo.

1.4 PERÍODO NORMATIVO

O período pós-depressão foi marcado por uma forte regulação estatal sobre o mercado de capitais e, inevitavelmente, sobre a contabilidade. A criação da Securities and Exchange Commission (SEC), por meio do *Security Act* de 1934, representou um marco fundamental para esse processo. A SEC nasceu dotada de independência para supervisionar o mercado de títulos e competência legal para prescrever procedimentos contábeis e regras para fins de divulgação financeira das companhias sujeitas à sua regulação.

Na época, os *Securities Acts* de 1933 e 1934 foram os atos legais de maior repercussão para a contabilidade. Assumindo a divulgação financeira obrigatória como de interesse público e necessária ao bom funcionamento do mercado de capitais, essas normas estabeleceram (definiram) o até então impreciso objetivo da contabilidade. A partir delas, fornecer informações para investidores e credores para auxiliá-los nas decisões de investimento passou a ser o objetivo. Com isso, o usuário principal deixava de ser o gerente e passava a ser o investidor.

Esse objetivo informacional tornou-se dominante na literatura contábil (e ainda o é) e a partir dele iniciava-se a busca por princípios. A normatização mostrava-se como o caminho a ser trilhado, mas para tanto, uma teoria era necessária. Em 1938, por meio do *Accounting Series Release nº 4* (ASR 4), a SEC transferiu a sua competência legal de prescrição dos padrões de contabilidade e de divulgação financeira para o setor privado, permitindo, assim, que a própria profissão contábil ficasse responsável pela definição dos princípios e práticas contábeis geralmente aceitos.

Watts e Zimmerman (1979) documentam que a prática contábil corrente à época não podia ser considerada uma base para as prescrições, justamente porque era essa prática que necessitava ser reformulada e, para tanto, a SEC buscava uma teoria independente daquilo que existia no mundo real e que fosse capaz de justificar as regras que pretendia estabelecer. A teoria deixava de buscar a generalização da prática corrente e passava a se preocupar com a definição daquilo que se entendia como a melhor prática contábil. Eis o caráter prescricional dessa "nova" teoria da contabilidade: nascia a teoria normativa da contabilidade.

Os primeiros esforços no sentido de estabelecer princípios ou padrões de contabilidade foram empreendidos pelas associações/institutos de classe. Por exemplo, em 1936, a American Accounting Association (AAA) publicou *A tentative statement of accounting principles affecting corporate report* e *A tentative statement of accounting principles underlying corporate financial statements.* O que se seguiu com o Committee on Accounting Procedure (CPA), entre 1938 e 1959; o Accounting Principles Board (APB), entre 1959 e 1973; e o Financial Accounting Standard Board (FASB), a partir de 1973.

Entre as décadas de 1930 e 1950, a literatura contábil foi marcada pela normatização. No entanto, precisamente na década de 1960, observou-se um notável crescimento do que se pode chamar de teoria da contabilidade, dada a evolução do pensamento contábil em direção à construção de uma fundamentação eminentemente teórica, independente de qualquer processo normatizador. Em 1961, tem-se a publicação dos livros *The theory and measurement of business income,* de Edgar Owen Edward e Philip Wilkies Bell, e *A theory of accounting to investors,* de George Stabus. No ano seguinte, Palle Hensen publicou *Accounting concepts of profit.*

Em 1964, Richard Mattessich lançou *Accounting and analytical methods*, obra na qual apresentou 18 premissas básicas, consideradas por ele, essenciais à contabilidade, dentre elas: entidade, materialidade, avaliação, classificação e realização. Já em 1965, Norton M. Bedford publicou *Income determination theory: an accounting framework.*

Em 1966, R. J. Chambers lançou o livro *Accounting, evaluation and economic behaviour,* e, nesse mesmo ano, a AAA publicou o seu mais influente estudo, intitulado *A Statement of Basic Accounting Theory* (ASOBAT). Nele, foi dado destaque ao atendimento das necessidades dos usuários ao invés do atendimento às opiniões dos contadores.

Watts e Zimmerman (1979) argumentam que a maioria desses teóricos da contabilidade preocupava-se em determinar aquilo que *deveria* representar o conteúdo das demonstrações contábeis, basicamente, preocupava-se em prescrever como *deveria ser* a contabilização. O foco da literatura contábil, conforme documenta Jensen (1976), eram questões do tipo: (a) Como o arrendamento mercantil *deveria ser* tratado no balanço patrimonial? (b) Os valores de reposição (ou liquidação) *deveriam ser* usados no balanço patrimonial e na demonstração do resultado? (c) Como as mudanças nos níveis de preços *deveriam ser* contabilizadas? (d) O que *deveria ser* reportado nas demonstrações financeiras anuais? (e) As demonstrações financeiras intermediárias *deveriam ser* auditadas?

De acordo com Godfrey, Hodgson, Holmes e Tarca (2006), a mensuração dos ativos e os impactos da inflação, bem como o cálculo do lucro, representaram a maior ênfase da teoria normativa. Os debates centravam-se muito mais nos aspectos relacionados à mensuração do que na prática contábil em si. Os críticos do custo histórico e os defensores de uma estrutura conceitual para a contabilidade eram os dois grupos teóricos que dominavam o pensamento contábil à época.

A característica principal da teoria "normativa" da contabilidade é o raciocínio dedutivo, por meio do qual busca-se definir um modelo ideal que *deveria ser* seguido. Essa preocupação é evidente nas questões acima apresentadas. É válido destacar que a literatura contábil desde os seus primórdios, com Frederic Conhelm (1818) e Charles Sprague (1907), e mais intensamente com Paton (1922) e Canning (1929), por exemplo, já esboçava os contornos de uma teoria da contabilidade relacionada aos ideais econômicos mais fundamentais que buscavam estabelecer aquilo que *deveria ser*.

Contudo, em contabilidade o ideal não se opera no mundo real. A existência de múltiplos interesses, muitas vezes conflitantes, dos diversos agentes envolvidos e de inúmeros incentivos aos quais tais agentes estão expostos, por exemplo, são prova dessa impossibilidade. Como afirma Hendriksen e Van Breda (1999), a teoria da contabilidade é complexa porque a realidade é complexa.

A regulação impactou seriamente a teoria da contabilidade e o *deve ser* acabou se tornando o resultado de um processo de normatização, no qual, por se tratar de um processo político, nem sempre prevalecia o ideal teórico, mas sim aquilo que atendia aos interesses do grupo vencedor. Assim, estabelecia-se uma espécie de seleção "política" da melhor teoria, em função da sua capacidade de oferecer justificativas para a posição vencedora, sob a ideia do interesse público e do bem-estar social. Nesse ambiente, era impossível dispor de uma estrutura teórica abrangente que pudesse orientar a prescrição da prática contábil. Ao invés disso, diferentes teorias eram utilizadas. A teoria da contabilidade passava a exercer uma função residual, com pouca influência sobre a prática contábil ou sobre a formulação de políticas.

Por essa razão, proposições normativas em contabilidade passaram a representar, simplesmente, proposições técnicas relacionadas ao *como deve ser feito*, muito embora não seja possível negar a existência de um pressuposto teórico subjacente acerca de como a realidade é. Mas o fato é que o *deve ser* teórico-normativo em contabilidade acabou se tornando o *como deve ser feito* teórico-*normatizado*, que representa uma prescrição fruto de um processo de normatização, fundamentada pela "teoria" mais conveniente.

1.4.1 Críticas ao período normativo

Ainda na década de 1960, a normatização excessiva e a ausência de uma estrutura teórica abrangente criaram um clima de ceticismo em relação à informação contábil. A ausência de uma definição para o lucro contábil, a sua falta de significado e as dúvidas sobre a sua utilidade eram críticas comuns à época. A prática contábil ainda continuava a se desenvolver de forma reativa às novas situações, à medida que elas surgiam. No entanto, o aspecto mais emblemático nesse contexto era que a avaliação da utilidade da prática corrente se dava em função da sua aderência àquilo que se julgava a melhor prática, o que consistia no cerne da teoria normativa.

Ray Ball e Philip Brown, já na introdução do seu seminal artigo *An empirical evaluation of accounting income numbers*, de 1968, apresentam um retrato do cenário que se desenrolava no período. Eles argumentam que o método de avaliação empregado era limitado, pois era hermético nas suas próprias proposições, as quais eram baseadas em premissas não verificáveis, uma vez que desconsideravam a realidade como ela era. O que se argumentava era que a avaliação da utilidade da prática corrente ou da informação que era gerada requereria uma verificação empírica e não um mero juízo de valor acerca dos desvios observados em relação ao modelo analítico proposto. Essa verificação empírica representou uma das principais motivações para a realização daquele estudo.

Kothari (2001) documenta que a pesquisa contábil à época era baseada em julgamentos que não podiam ser testados e validados. Dessa forma, seu desenvolvimento estava atrelado aos objetivos assumidos pelos pesquisadores e a sua avaliação era pautada no raciocínio lógico e dedutivo, sem a formulação de hipóteses que pudessem ser testadas.

Na década de 1970, as críticas passaram a ganhar contornos próprios e uma direção mais definida. Influenciados pelo trabalho do economista Milton Friedman (1953) e pelas teorias contratual da firma e da agência, os professores Michael Jensen, Ross L. Watts e Jerold L. Zimmerman, todos da Universidade de Rochester, desenvolveram uma série de trabalhos voltados a demonstrar a inépcia da teoria normativa para o desenvolvimento da teoria da contabilidade.

A pesquisa em contabilidade, até então normativa, era pouco científica. Eis uma das principais críticas à pesquisa contábil. Para Jensen (1976), essa não cientificidade advinha do foco "esmagadoramente normativo e definicional" assumido pela pesquisa contábil. Nesse cenário, segundo ele, o termo "teoria" passara a significar "proposição normativa". Em outras palavras, a teoria normativa não representava verdadeiramente uma teoria. Essa crítica retrata bem o sentimento vivido à época em relação à necessidade de obter respostas diferentes daquelas oferecidas pela "teoria" normativa. Para tanto, o paradigma normativo deveria ser quebrado. Não mais interessava dizer o que deveria ser feito, ao invés disso, era necessário responder questões do tipo: Por que a contabilidade é o que é? Por que os contadores fazem o que fazem? Por que um determinado critério contábil é escolhido?

Watts e Zimmerman (1979) argumentam que as prescrições existentes baseavam-se em objetivos que diferiam entre os autores e que, juntamente com a metodologia contábil empregada, não satisfaziam a todos os profissionais, tampouco eram generalizadamente aceitas pelos conselhos de padrões contábeis.

Além disso, a desvinculação da teoria contábil em relação à prática, em parte devido às necessidades da regulação propostas pela SEC, no intuito de criar um conjunto de padrões contábeis ideais, afastou a teoria da contabilidade da realidade. Um efeito, talvez indesejado, dessa mudança foi condicionar a formulação de teorias normativas às justificativas requeridas pelos interesses prevalecentes no processo político da regulação.

No entanto, para os críticos da época, definir o que deveria ser feito, acarretando custos contratuais ou políticos, sem considerar os conflitos de interesses entre as partes afetadas e as suas interações não contribuía para um real avanço da teoria da contabilidade, e era nesse sentido que argumentavam que a teoria normativa mostrava-se estéril. Na verdade, o que se defendia era que respostas úteis para questões normativas somente poderiam ser obtidas depois da formulação de um corpo sólido de teoria a respeito de como as coisas funcionavam. Testes empíricos se mostravam necessários para verificar se determinada prescrição era realmente válida. As prescrições normativas, por si sós, não conseguiam explicar, tampouco predizer, a prática contábil. Para tanto, defendia-se que era necessário formular uma teoria que se preocupasse com essa prática tal qual como ela era.

1.4.2 O período normativo no Brasil

No Brasil, o período compreendido entre as décadas de 1960 e 1990 pode ser definido como normativo. Um tanto quanto semelhante ao que aconteceu nos Estados Unidos da América, a teoria da contabilidade no Brasil exerceu pouca influência na definição de padrões ou procedimentos de contabilidade. Entretanto, diferentemente do caso estadunidense, a regulação estatal não necessitou de justificativa teórica no processo de normatização contábil. A contribuição da literatura contábil nesse processo foi de caráter auxiliar e eminentemente técnico, como é o caso, por exemplo, da correção integral ou da estrutura conceitual básica aprovada pela Comissão de Valores Mobiliários (CVM) em 1986. Ao longo desses 30 anos, a teoria da contabilidade no Brasil desempenhou, principalmente, uma função pedagógica e informacional, onde explicar a aplicação do procedimento contábil prescrito pela norma representou o seu principal objetivo. O desenvolvimento da teoria da contabilidade ocorria em passos lentos. Com algumas exceções, com destaque para a produção acadêmica oriunda da Faculdade de Economia, Administração e Contabilidade da Universidade de São Paulo (FEA/USP), pouco originalmente se construía no plano teórico. A preocupação com a técnica mostrava-se mais relevante.

Até a década de 1970, conforme documentam Lopes e Martins (2005), Niyama (2007) e Iudícibus (2010), a predominância da escola italiana, sobretudo no ensino da contabilidade, a excessiva influência da regulação estatal, em especial a de caráter tributário, e uma profissão contábil pouco atuante na definição de padrões ou práticas contábeis, de uma maneira geral, caracterizavam a contabilidade no Brasil. Contudo, o desenvolvimento econômico vivenciado na década de 1970 exigiu uma verdadeira mudança nesse perfil. Nesse novo cenário, a escola italiana não mais oferecia as respostas necessárias e perdia espaço para o modelo anglo-saxão.

A regulação estatal continuava a ditar os rumos da contabilidade no Brasil com pouca ênfase nos aspectos teóricos. Os atos legais/regulatórios visavam estabelecer o controle e garantir a estabilidade, por meio da ampliação do poder estatal. A Circular nº 179/1972, emitida pelo Banco Central do Brasil (BCB), fixando normas gerais de auditoria e disciplinando o que chamou de "princípios e normas de contabilidade", a Lei nº 6.385/1976 que traçou as bases regulatórias para o mercado de valores mobiliários e criou a CVM, para a qual foi atribuída a competência de fiscalizar esse mercado e de determinar procedimentos contábeis, e a Lei nº 6.404/1976, a Lei das S.A., que estabeleceu de forma efetiva o modelo anglo-saxão no Brasil, são exemplos disso.

No entanto, é válido destacar que o Decreto-Lei nº 1.598/1977, uma norma tributária, foi um dos grandes responsáveis pela disseminação e inserção do modelo anglo-saxão na prática contábil brasileira. Ao determinar que o lucro líquido do exercício, ponto de partida para o cálculo do lucro real para fins do imposto de renda, deveria ser apurado de acordo com observância às disposições da Lei das S.A., e ao prescrever critérios de reconhecimento e mensuração, em muitos casos alinhados às disposições dessa lei, obrigou todas as pessoas jurídicas no país sujeitas ao lucro real, inclusive as firmas ou empresas individuais equiparadas a pessoas jurídicas, a utilizar os métodos e critérios previstos na Lei das S.A.

Mesmo sem autoridade substantiva para a definição de procedimentos contábeis, a classe contábil atuou paralelamente na busca por princípios contábeis e de uma estrutura conceitual básica. O Conselho Federal de Contabilidade (CFC), por intermédio das Resoluções nº 321/1972, nº 530/1981, nº 750/1993 e nº 774/1994, e o Instituto Brasileiro de Contadores e Auditores (IBRACON), por meio do pronunciamento aprovado pela Deliberação CVM nº 29/1986, estabeleceram estruturas conceituais básicas para a contabilidade no Brasil, as quais passaram a coexistir, mesmo diante das suas diferenças. De um lado tinha-se a estrutura proposta pelo CFC, obrigatória para os profissionais da contabilidade e, de outro, a estrutura IBRACON/CVM obrigatória para as companhias abertas.

Na academia, o desenvolvimento científico da teoria da contabilidade ocorria na FEA/USP. Inúmeras teses de doutorado e dissertações de mestrado, além dos diversos artigos ali produzidos, refletiram esse desenvolvimento. Trabalhos referenciais como as teses *Contribuição à teoria dos ajustamentos contábeis*, do Prof. Sérgio de Iudícibus, de 1966, e *Contribuição à avaliação do ativo intangível*, do Prof. Eliseu Martins, de 1973, dentre tantos outros, são exemplos disso.

Uma boa amostra das tendências acadêmicas entre os anos de 1989 e 2000 é oferecida pelo *Caderno de Estudos* da FIPECAFI e FEA/USP. Esse periódico representou um importante veículo de disseminação do pensamento contábil nacional. Os temas dos estudos ali publicados eram dos mais diversos, tais como contabilidade financeira, custos, controladoria, finanças. Praticamente todos os trabalhos dedicavam-se, direta ou indiretamente, ao desenvolvimento da teoria da contabilidade, seja na sua construção ou na sua disseminação.

Por fim, merecem destaque as obras de teóricos como Hilário Franco, José Carlos Marion, Sérgio de Iudícibus e Eliseu Martins, que representaram (e ainda representam) importantes ações na disseminação da prática contábil e na explicação dos procedimentos contábeis exigidos pelos órgãos reguladores, e que, nessa tarefa, muitas vezes ofereceram o suporte teórico necessário, desempenhando, assim, a função pedagógica da teoria da contabilidade.

1.5 PERÍODO POSITIVO OU PERÍODO CIENTÍFICO ESPECÍFICO

Como foi visto na seção anterior, no final da década de 1960, a contabilidade sofria sérias críticas, sobretudo quanto ao significado e utilidade da informação que era gerada e quanto à forma de avaliação dessa utilidade. Críticas mais contundentes defendiam que a pesquisa contábil normativa não era científica, e a teoria então desenvolvida era estéril, pois suas proposições não eram testáveis e, portanto, não ofereciam explicação à realidade como ela era. A teoria normativa entrava em crise e a teoria positiva emergia como uma resposta.

Fortemente apoiado no positivismo econômico discutido por Milton Friedman (1953), cujas raízes repousam em Keynes (1891), o positivismo contábil estabeleceu limites e diferenciou-se da pesquisa e teoria então dominantes, às quais, por analogia à economia, foram classificadas como normativas.

A discussão acerca dos aspectos semânticos relacionados aos termos "positivo" e "normativo" será objeto da seção 1.6. No entanto, a fim de proporcionar uma melhor compreensão sobre o emprego desses termos, bem como uma reflexão a esse respeito, apresentamos as definições propostas por Keynes (1891):

> uma ciência **positiva** pode ser definida como um corpo de conhecimento sistematizado sobre **o que é**; uma ciência **normativa** [...] como um corpo de conhecimento sistematizado relacionado ao critério **do que deve ser**, e preocupada, portanto, com o ideal como distinto do real; uma **arte** como um **sistema de regras** para atingir um determinado fim (KEYNES, 1891, p. 22, grifos nossos).

A pesquisa contábil voltava a ter por objeto a prática contábil. No entanto, diferentemente do que ocorria no período científico geral, passava a buscar compreender, explicar e predizer essa prática. Marcada pelo empirismo científico e pautada no raciocínio lógico-indutivo, essa nova linha de pesquisa preocupava-se com o "o que é", por isso positiva, nos moldes definidos por Keynes e defendidos por Friedman. Contrapunha-se, portanto, ao caráter prescricional dominante, cuja preocupação era determinar o "deve ser" para a prática contábil.

Conforme pontua Mattessich (1995, p. 70), a adaptação dos métodos científicos na contabilidade foi fruto de contribuições advindas da economia e da matemática. A adequação das ideias das ciências econômicas e comportamental, dos métodos matemáticos, das técnicas empírico-estatísticas e os avanços tecnológicos na área da computação foram fatores essenciais à evolução da pesquisa contábil.

No que podemos chamar de primeira fase do positivismo contábil, as pesquisas desenvolvidas estavam voltadas à avaliação empírica da utilidade da informação contábil e, para tanto, assumiam o mercado de capitais, sobretudo o comportamento do preço das ações, como indicador desse atributo. Essa linha de pesquisa é denominada pesquisa contábil em mercado de capitais (PCMC). Já na década de 1970, o positivismo contábil passou a concentrar esforços na tentativa de construir uma teoria da contabilidade mais científica, capaz de explicar e predizer a prática contábil – linha de pesquisa intitulada "teoria" positiva da contabilidade, cujos principais representantes são os Professores Ross L. Watts e Jerold L. Zimmerman. Essas linhas de pesquisa ainda estão presentes na agenda das pesquisas em contabilidade e têm oferecido muitas contribuições na tentativa de formalizar uma teoria da contabilidade mais abrangente. A seguir, trataremos especificamente de cada uma delas.

1.5.1 Pesquisa contábil em mercado de capitais (PCMC)

A motivação principal da PCMC é demonstrar a utilidade da informação contábil. Iniciada e fortemente desenvolvida na Universidade de Chicago, a PCMC fundamenta-se na perspectiva da informação, sob a qual assume-se que os investidores utilizam a informação contábil para realizar as suas avaliações. Sob um caráter eminentemente exploratório e descritivo, essa linha de pesquisa tem investigado a relação entre os números contábeis, sobretudo o lucro contábil, e o preço das ações.

De acordo com Nichols e Wahlen (2004), há três premissas teóricas subjacentes à PCMC, que refletem a perspectiva informacional:

a) a contabilidade fornece informações para os participantes do mercado acerca da lucratividade atual e futura das empresas, sobretudo por meio do lucro contábil;

b) essa lucratividade, por sua vez, fornece àqueles usuários informações sobre os dividendos atuais e futuros esperados, ou seja, fluxos de caixa atuais e futuros esperados; e

c) o valor do preço das ações é igual ao valor presente dos dividendos futuros esperados, isto é, dos fluxos de caixa futuros esperados.

Assim, variações nos lucros implicam em alterações nas expectativas de fluxos de caixa dos participantes do mercado, o que provoca variações nos preços das ações e, consequentemente, no valor de mercado da empresa.

Os avanços teóricos, metodológicos e tecnológicos, advindos da economia e, sobretudo, das finanças, criaram um ambiente propício ao desenvolvimento da PCMC. Watts e Zimmerman (1986) documentam que a criação de grandes bases de dados e a disponibilidade de computadores permitiram a realização de inúmeros estudos empíricos na área de finanças, em que hipóteses formuladas com base em análises econômicas eram testadas. De acordo com Kothari (2001), os fundamentos da economia positiva de Friedman (1953), a Hipótese do Mercado Eficiente (HME), o *Capital Asset Price Model* (CAPM), os estudos de eventos de Fama et al. (1969), representam os maiores desenvolvimentos científicos ocorridos na economia e nas finanças que contribuíram com a PCMC.

1.5.1.1 HME, CAPM e a informação contábil

Um mercado é dito *eficiente* quando os preços das ações, a qualquer tempo, "*refletem totalmente* toda informação disponível" (FAMA, 1970, p. 383), de maneira que seja impossível, na média, obter ganhos anormais realizando negociações com base nessa informação. Portanto, sob essa hipótese, os preços das ações representam estimativas não enviesadas do valor futuro das firmas. No entanto, o próprio Fama reconhece que a HME é tão geral que não possui implicações testáveis empiricamente. Contudo, com base na premissa de equilíbrio dos preços sob os parâmetros de retorno e risco do CAPM, o equilíbrio do mercado, em um dado momento, pode ser estabelecido em termos de retornos esperados, com base no conjunto informacional disponível, permitindo assim que a HME seja descrita matematicamente e avaliada empiricamente.

A eficiência de mercado é concebida sob a precondição de que os custos de transação e de obtenção da informação serão sempre zero. Ela pode ser classificada de acordo com os subconjuntos de informações disponíveis, classificação que reflete o custo da informação utilizada para testar essa eficiência (FAMA, 1970, 1991; WATTS; ZIMMERMAN, 1986), desse modo, têm-se as formas fraca, semiforte e forte. A PCMC, de uma maneira geral, assume que os mercados precificam as ações com base nas informações publicamente disponíveis, dentre elas a informação contábil, ou seja, considera que os mercados são eficientes na forma semiforte.

Apoiado nas conclusões de Markowitz (1952, 1959), Tobin (1958), Hicks (1962), e assumindo a homogeneidade das expectativas dos investidores e a existência de uma taxa de juros comum, com a qual todos os investidores seriam capazes de tomar emprestado ou aplicar igualmente seus recursos, Sharpe (1964) derivou condições de equilíbrio para o mercado de capitais fundamentais à formulação do CAPM.

Sob o CAPM numa perspectiva de múltiplos períodos, é possível assumir o valor da firma como o somatório dos seus fluxos de caixa futuros esperados, descontados pela taxa (ou pelas taxas) de retorno exigida pelo mercado em função dos riscos desses fluxos. Ao mesmo tempo, à luz das condições propostas por Sharpe (1964) e Lintner (1965), haverá uma relação linear simples entre o retorno esperado e o desvio-padrão do retorno para carteiras eficientes de ativos com risco. Parte da volatilidade dos retornos individuais desses ativos é resultado das variações no retorno da carteira; trata-se de uma parcela sistêmica de risco, a qual é representada pelo coeficiente β do modelo CAPM.

Watts e Zimmerman (1986) argumentam que é possível estabelecer o risco da firma com base na covariância entre os seus fluxos de caixa futuros esperados e a taxa de retorno da carteira de mercado. Fluxos de caixa correntes são as melhores estimativas para os fluxos de caixa futuros. Como os lucros contábeis podem ser empiricamente associados aos fluxos de caixa correntes, foi possível concebê-los como estimativas igualmente válidas na previsão daqueles fluxos futuros, ou seja, os lucros contábeis correntes poderiam ser substitutos para os fluxos de caixa correntes na valoração da firma. Sendo assim, a constatação de uma associação entre o lucro contábil e o preço das ações pôde representar um indicador de que o lucro contábil era uma estimativa útil do valor futuro da firma, independentemente do seu (ou falta de) *significado* normativo.

1.5.1.2   Breves comentários sobre as pesquisas

Os estudos realizados por Ball e Brown (1968), *an empirical evaluation of accounting income accounting numbers,* e Beaver (1968), *The information content of annual earnings announcements*, são considerados os marcos iniciais da PCMC. Explorando o mercado de capitais estadunidense, esses estudos fundamentaram-se na premissa de que os retornos anormais do preço das ações consistiam em um teste capaz de avaliar, empiricamente, a utilidade da informação contábil, seja pelo seu nível de associação àqueles retornos ou pela variabilidade anormal destes em função da divulgação da informação contábil.

Interessante notar a ênfase (ou necessidade) dada, à época, à definição da natureza da pesquisa. Beaver (1968), no último parágrafo da seção introdutória do seu estudo, definiu assim o seu enfoque:

> A abordagem adotada aqui é a aplicação de testes que não exigem nenhuma hipótese sobre os modelos de expectativas dos investidores. Note-se que a questão é a consideração de uma natureza positiva ao invés de uma natureza normativa – isto é, as questões não dizem respeito a se os investidores **deveriam reagir** ao lucro, mas sim se os investidores **reagem** aos lucros. (BEAVER, 1968, p. 68, grifos originais, tradução livre)

Isso reflete bem o clima à época. Era importante diferenciar e definir essa nova linha de pesquisa. Para se ter uma ideia desse momento de transição, Mattessich (1995) documenta que o seminal artigo de Ball e Brown foi rejeitado pelos revisores e pelo editor da *The Accounting Review,* sob o argumento de que não se tratava de contabilidade, mas sim de finanças, e que a sua aceitação no *Journal of Accounting Research* foi baseada muito mais na confiança depositada na motivação e no talento de Ball e Brown, do que na compreensão da relevância científica do artigo. Daí em diante o *mainstream* da pesquisa contábil passava a ser positivo. Os estudos de Ball e Brown (1968) e Beaver (1968) foram replicados sob as mais diferentes configurações, por exemplo, explorando mercados de outros países, utilizando lucros trimestrais, examinando o sinal e magnitude da associação entre lucro e preço das ações etc.

A PCMC vem, continuamente, ampliando o seu escopo de pesquisa. Testes de eficiência de mercado (*underreaction, overreaction, post-earnings-announcement drift*), análise das propriedades das séries temporais do lucro contábil, avaliação da relevância informacional de padrões contábeis (*value relevance*), padrões domésticos *versus* IFRS), análise da qualidade e das características do lucro contábil (conservadorismo, transitoriedade, persistência, tempestividade etc.), análise dos *accruals* (conteúdo informacional incremental, gerenciamento de resultados, modelos de *accruals* discricionários e não discricionários etc.), dentre outras áreas, têm contribuído para o avanço da teoria da contabilidade. Essas áreas são categorizadas por Kothari (2001) em 5 grandes grupos:

Grupo	Escopo
Pesquisa metodológica em mercado de capitais	Busca responder questões relacionadas à significância das diversas variáveis contábeis na relação entre o retorno das ações e informação contida nas demonstrações financeiras. Exemplos: pesquisas que tratam, especificamente, do coeficiente de resposta do lucro, das propriedades das suas séries temporais ou da modelagem de *accruals* discricionários e não discricionários.
Avaliação de medidas contábeis alternativas de desempenho	Sua maior motivação é identificar as deficiências presentes nas medidas de desempenho. Exemplo: pesquisas que analisam, de forma comparativa, medidas como lucro e fluxo de caixa das operações.
Pesquisa de avaliação e análise fundamentalista	Busca, principalmente, identificar problemas de precificação em valores mobiliários, com a proposta de fornecer subsídios para as decisões de investimento. Exemplo: pesquisas que analisam a relação entre o valor intrínseco e o valor de mercado da firma, por meio de modelos que consideram variáveis contábeis (lucro, lucro residual, ativo, patrimônio líquido etc.).
Testes de eficiência de mercado	Visa testar a HME com o emprego da informação contábil. Contempla, por exemplo, os estudos relacionados à avaliação do impacto da divulgação das demonstrações contábeis sobre o preço das ações e às anomalias, tais como *post-earnings-announcements* drift.
Value relevance da informação contábil divulgada	De acordo com Holthausen e Watts (2001), compreende os estudos que investigam a relação empírica entre o preço das ações (ou suas variações) e um determinado número contábil, com o intuito de avaliá-lo ou fornecer uma base de avaliação do seu uso efetivo ou proposto em um padrão contábil. Os estudos de associação relativa, de associação incremental e de conteúdo informacional marginal podem ser classificados nessa categoria.

De maneira geral, as evidências acumuladas indicam que a informação contábil é útil para os participantes dos mercados de capitais e, ao mesmo tempo, representam uma motivação para a realização de novos estudos. Os avanços teóricos e metodológicos vêm contribuindo com a sofisticação da PCMC e permitindo um exame mais aprofundado da relação entre a informação contábil e o preço das ações. A PCMC ainda representa a linha de pesquisa dominante na contabilidade, e a sua disseminação por todo o mundo tem oferecido valiosos *insights* à compreensão dessa relação em mercados de diferentes características.

Contudo, apesar de relacionada ao "o que é", a PCMC, com o seu caráter eminentemente descritivo, não conseguiu oferecer as respostas esperadas para a construção de uma teoria da contabilidade "positiva", capaz de explicar e predizer a prática contábil como ela é. A seguir, as principais críticas a esse respeito serão apresentadas.

1.5.1.3 Críticas à PCMC

Uma das principais implicações da HME para a teoria da contabilidade foi contrariar a hipótese então dominante (*mechanistic hypothesis*), subjacente às prescrições normativas. Sob essa hipótese, as demonstrações contábeis representavam a única fonte de informação sobre as firmas e, sendo assim, haveria uma relação mecânica entre o lucro contábil e o preço das ações. Assumia que os investidores poderiam ser sistematicamente enganados por mudanças em procedimentos contábeis, mesmo que se tratasse de mera "maquiagem contábil". Essa hipótese representava uma justificativa para a propositura de um único conjunto uniforme de procedimentos que deveriam ser aplicados pelas firmas.

No entanto, de acordo com a HME, o mercado seria capaz de enxergar através dessa "maquiagem" e identificar aquelas mudanças de procedimentos contábeis que surtiriam efeitos sobre fluxos de caixa futuros da firma quando da definição do seu valor, hipótese denominada *no-effects hypothesis*. Como o mercado é eficiente, a informação contábil perde importância nesse processo de valoração, pois há outros canais informacionais. De acordo com Watts e Zimmerman (1990), à luz dessa hipótese, um procedimento contábil só afeta o valor da firma por meio dos seus efeitos sobre a tributação. Nesse contexto, em última instância, a contabilidade seria irrelevante.

Mas o fato é que a PCMC não foi conclusiva quanto a essas hipóteses. Ao assumir o mundo estilizado da HME e do CAPM, no qual todos têm acesso gratuito à informação, não há custos de transação, não há tributos etc., a PCMC, ao contrário do que se buscava, afastava-se da realidade como ela era, uma vez que formulava suas predições com base em premissas que não se operacionalizavam na prática. A pesquisa passava a ser mera descritora de uma realidade que não conseguia compreender. A perspectiva da informação não foi capaz de explicar e predizer a prática contábil justamente pela ausência de um corpo teórico que reconhecesse os efeitos das escolhas contábeis sobre o valor da firma.

20 Teoria avançada da contabilidade · Niyama

Muitas questões permaneciam sem resposta, como por exemplo: Por que gerentes realizam divulgações voluntárias? Por que setores inteiros fazem determinadas escolhas contábeis se não usufruiriam de qualquer beneficio de mercado e ainda arcariam com custos contratuais? O que motiva as escolhas contábeis realizadas pelos gerentes? Por que gerentes buscam influenciar o processo de normatização em favor de determinado procedimento contábil? Enfim, por que a prática contábil é o que é?

Assim, ainda na década de 1970, um corpo teórico começava a ser formulado a fim de oferecer respostas para essas e tantas outras questões. Michael Jensen, Ross Watts e Jerold Zimmerman, todos da Rochester School, começaram a traçar os contornos do que seria uma "verdadeira" teoria positiva em contabilidade, a então denominada teoria positiva da contabilidade. Mais uma vez, a teoria da contabilidade passava por transformações na busca da sua própria identidade. Na próxima seção, apresentaremos e discutiremos essas transformações.

1.5.2 Teoria Positiva da Contabilidade (TPC)

"O objetivo da teoria da contabilidade é *explicar* e *predizer* a prática contábil" (WATTS; ZIMMERMAN, 1986, p. 2). Nesse famoso e revolucionário enunciado, Watts e Zimmerman condensaram toda a sua compreensão acerca do que *deve ser* a teoria da contabilidade: uma teoria *positiva*. No que denominaram teoria positiva da contabilidade, esses autores buscaram incorporar a visão científica de teoria à contabilidade.

Os estudos seminais de Jensen (1976), Jensen e Meckling (1976) e Watts e Zimmerman (1978, 1979) representam valiosas contribuições à definição das bases iniciais dessa teoria. O livro *Positive accounting theory,* dos autores Watts e Zimmerman, publicado em 1986, traça um histórico da pesquisa positiva em contabilidade, desde o seu início, por volta da década de 1960, e consolida e sistematiza as vertentes teóricas que fundamentam a TPC. Trata-se da mais completa obra acerca desse tema.

A influência da TPC na literatura contábil é marcante. O objetivo positivista "explicar e predizer a prática contábil" proposto por Watts e Zimmerman, atualmente, permeia a definição de teoria da contabilidade proposta por vários autores, como é o caso de Godfrey, Hodgson, Holmes e Tarca (2006) e Shroeder, Clark e Cathey (2011), cujos exemplos transcrevemos a seguir:

> É importante entender que a teoria da contabilidade não é divorciada da realidade. De fato, seu propósito principal é **explicar** a prática contábil corrente e fornecer as bases para o desenvolvimento de tal prática (GODFREY; HODGSON; HOLMES; TARCA, 2006, p. 1, grifos nossos).

> O objetivo da teoria da contabilidade é fornecer um conjunto de princípios e relacionamentos que **explique** práticas observadas e **prediga** práticas não observadas. Isto é, a teoria da contabilidade deveria ser capaz de **explicar** por que companhias elegem determinados métodos contábeis ao invés de outros e deveria habilitar os usuários a **predizer** os atributos de firmas que elegem vários métodos contábeis (SHROEDER; CLARK; CATHEY, 2011, p. 1, grifos nossos).

A TPC apoia-se na perspectiva contratual e política, a fim de compreender os efeitos das escolhas contábeis, sob a qual assume a existência de custos de transação e custos informacionais decorrentes das relações contratuais da firma (transações com mercado, transações internas e transações no processo político), em contraposição à perspectiva da informação, assumida pela PCMC.

Sob essa nova perspectiva, a literatura, inicialmente, formulou três hipóteses para testar, explicar e predizer as escolhas contábeis: (a) hipótese do plano de bonificação; (b) hipótese do endividamento; e (c) hipótese do tamanho, as quais se fundamentaram nas seguintes premissas:

a) há custos de agência relacionados aos contratos de compensação gerencial e de dívida;

b) há custos de obtenção de informação e de *lobbying* no processo político (custos políticos);

c) a firma representa um nexo de contratos, formalmente escritos ou não, que regem a sua atuação e a sua relação com os agentes econômicos;

d) os agentes econômicos possuem interesses diversos e buscam maximizar a sua utilidade econômica (riqueza);

e) a informação contábil é utilizada na definição e no monitoramento dos termos contratuais; e

f) os procedimentos contábeis afetam os custos contratuais e políticos e, portanto, a riqueza dos agentes econômicos.

A seguir, teceremos breves comentários sobre os pressupostos teóricos que fundamentaram cada uma das hipóteses da TPC.

1.5.2.1 Custos de agência, contratos de compensação e contratos de dívida

Uma relação de agência pode ser definida como um "contrato sob o qual uma ou mais pessoas (o(s) principal(is)) designam uma outra (o agente) para executar algum serviço em seu benefício que envolve a delegação de alguma autoridade decisória para o agente" (JENSEN; MECKLING, 1976, p. 5, tradução livre). O ponto central da teoria da agência é o fato de que o agente busca maximizar a sua utilidade e, portanto, nem sempre age no melhor interesse do principal. É desse conflito que surgem os custos de agência, que representam a soma dos seguintes custos:

a) Monitoramento – representam os custos decorrentes do monitoramento do comportamento do agente, tais como: auditorias periódicas, restrições orçamentárias, controle de atividades, estabelecimento de programas de compensação etc.

b) Vinculação – contemplam os custos relacionados aos mecanismos que visam garantir que os gerentes atuem de acordo com os interesses do principal, ou garantir que eles compensem o principal, caso atuem de maneira contrária a esses interesses. Tais mecanismos podem ser instituídos pelos próprios gerentes (agentes) que, neste caso, também arcam com tais custos. São exemplos divulgações voluntárias de informações contábeis adicionais, garantia de submeter as demonstrações contábeis a auditorias, limitação do poder de decisão do agente.

c) Perda residual – é fruto da impossibilidade de garantir que ações do agente sempre serão no melhor interesse do principal. Trata-se de um custo residual, que reduz o valor da firma, cuja extensão dependerá da eficiência dos contratos que estabelecem o monitoramento e a vinculação. Consiste na redução da riqueza do principal, em razão de divergências entre as decisões que a maximizam e aquelas tomadas pelo agente. Como exemplo, tem-se a situação de *price protection,* onde os credores impõem uma maior taxa de juros à firma, em razão da ausência de mecanismos de vinculação ou que controlem a atuação do agente.

Assim, de um lado têm-se os agentes atuando em resposta aos incentivos oferecidos pelas oportunidades existentes nas relações contratuais, e, de outro, o mecanismo *price protection* que lhes impõe custos adicionais (perda residual) em razão da ausência de garantias de que isso não acontecerá. Desse modo, os agentes buscam formalizar contratos que limitem a sua atuação, de modo a reduzir essa perda. Para tanto, estão dispostos a assumir custos contratuais que não a excedam. Contudo, como tais custos também afetam a riqueza do agente ou da firma, a sua redução a um mínimo ótimo também representa um incentivo inerente aos arranjos contratuais.

Diz-se que um contrato é eficiente se ele consegue alinhar os interesses do agente e do principal e gerar benefícios para ambos. O enfoque da eficiência contratual, ou enfoque *ex ante,* assume que os agentes atuarão no melhor interesse do principal e da firma, mesmo que os contratos sejam incompletos. Nessa configuração, o contrato minimiza os custos de agência, sobretudo a perda residual, e aumenta o valor da firma.

No outro extremo, tem-se o enfoque/perspectiva oportunista, ou *ex-post*, no qual se assume que os agentes atuarão de forma oportunista no sentido de transferir riqueza do principal em seu benefício. Aqui, o agente considera incompletos os contratos estabelecidos e os mecanismos de *price protection*. Essa deficiência oferece-lhes incentivos para agir oportunisticamente. Os benefícios gerados por essa atuação compensam a perda residual.

Em verdade, conforme argumentam Watts e Zimmerman (1990), contratos que utilizam números contábeis não são efetivos em alinhar os interesses dos gerentes (agente) e das demais partes contratuais, uma vez que os gerentes sempre exercerão algum nível de discricionariedade sobre a informação que será reportada, seja para aumentar a riqueza de todas as partes envolvidas (eficiência), seja para aumentar a sua própria riqueza em detrimento dessas partes (oportunismo).

Foi com base na perspectiva oportunista, em um contexto de arranjos contratuais de compensação gerencial e de dívida, que a literatura passou a considerar os incentivos sob os quais os gerentes estariam submetidos, e formulou as seguintes hipóteses:

a) Hipótese do plano de bonificação: estatui que gerentes com planos de bonificação, provavelmente, escolherão procedimentos contábeis que antecipem lucros futuros, ou seja, serão escolhidos procedimentos que aumentem os lucros correntes; e

b) Hipótese do endividamento: assume que em firmas com altos índices de endividamento, os gerentes, provavelmente, escolherão procedimentos contábeis que antecipem lucros futuros, ou seja, serão escolhidos procedimentos que aumentem os lucros correntes.

1.5.2.2 Custos políticos e tamanho da firma

Ao lado das teorias contratual da firma e da agência, a TPC também se fundamenta nas teorias econômicas relacionadas ao processo político. A firma está inserida no meio social e, inexoravelmente, está sujeita às suas regras. Leis societárias, tributárias, ambientais, setoriais etc., limitam e, por vezes, definem a atuação da firma por meio de um "contrato" unilateral impositivo, em que o governo, representante da sociedade, define, por meio de um processo político, a conduta aceita, sob a justificativa de assegurar o equilíbrio entre a atuação da firma e o bem-estar social.

Contudo, há implicações econômicas. Sob aquelas teorias, o processo político, em verdade, representa uma disputa por transferência de riqueza entre indivíduos que são motivados por seus próprios interesses. A norma ou lei resultante desse processo representa o equilíbrio entre as forças daqueles que recebem os benefícios e daqueles que fornecem tais benefícios. Sendo assim, os grupos afetados tendem a empregar mecanismos no sentido de minimizar os custos políticos relacionados à transferência de riqueza que lhes será imposta.

De acordo com Watts e Zimmerman (1978), o *lobbying* governamental, as coalizões, o patrocínio de campanhas eleitorais, a promoção de campanhas de responsabilidade social na mídia e a seleção de procedimentos contábeis que reduzam o lucro divulgado representam exemplos daqueles mecanismos. É válido notar, entretanto, que tais ações também acarretam custos políticos adicionais. O equilíbrio entre tais custos e os benefícios associados à minimização da transferência de riqueza determinam a seleção e a extensão desses mecanismos.

Hipótese do tamanho ou dos custos políticos

De acordo com Watts e Zimmerman (1986), as teorias relacionadas ao processo político sugerem que políticos e burocratas utilizam a informação contábil para definir a sua atuação intervencionista. Regulação setorial (mercado de capitais), definição de tarifas de serviços de telefonia ou de fornecimento de energia elétrica, tributação, definição de políticas protecionistas são exemplos de ações que podem utilizar a informação contábil no escrutínio estatal sobre o setor privado.

Ao longo do tempo, a literatura tem mostrado que há uma relação positiva entre tamanho das firmas e custos políticos. Para Zimmerman (1983), firmas maiores são politicamente mais sensíveis do que firmas menores. Isso se dá em razão de que as firmas maiores detêm maior visibilidade estatal devido ao seu potencial econômico ou ao risco da sua atuação, por isso, dentre outros efeitos, sofrem um maior controle (fiscalização/monitoramento) das suas atividades ou arcam com uma maior carga tributária, impondo-lhes uma maior transferência de riqueza, ou seja, um maior custo político.

Sendo assim, a redução dessa visibilidade, e a consequente redução dos custos políticos, representam um incentivo econômico para a atuação oportunista dos gerentes, no sentido de reportar lucros menores. E é nesse contexto que a hipótese dos custos políticos (tamanho) enuncia que em grandes firmas é mais provável que os gerentes escolham procedimentos contábeis que posterguem lucros, ou seja, serão escolhidos procedimentos que diminuam os lucros correntes.

1.5.2.3 Críticas

É inquestionável a relevância da TPC para o processo de construção de uma teoria da contabilidade. No entanto, as pesquisas não foram capazes de explicar e predizer a prática contábil na extensão tão propalada pelos seus defensores, quando das críticas ao arcabouço teórico-normativo. Limitações metodológicas impuseram e ainda impõem sérios desafios à consecução daquele objetivo. Além disso, a necessidade de declarar a TPC como uma "nova" teoria, com características semelhantes àquelas observadas nas ciências "duras" e distante de qualquer viés prescricional, trouxe uma carga semântica em relação aos rótulos "positivo" e "normativo" que gerou discussões, até certo ponto, desnecessárias, e que em muito pouco contribuíram, efetivamente, com o desenvolvimento da teoria da contabilidade.

As críticas à TPC podem ser classificadas entre aquelas relacionadas aos aspectos metodológicos e estatísticos das pesquisas e aquelas que tratam de aspectos filosóficos. A seguir, apresentaremos as principais críticas de cada uma dessas categorias.

1.5.2.3.1 Aspectos metodológicos e estatísticos

Conforme pontua Mattessich (1995), a dependência predominante dos estudos da TPC nos procedimentos estatísticos para testar hipóteses, por si só, já representa uma limitação, uma vez que esse ferramental é apenas uma parte do arsenal disponível às ciências empíricas, sejam elas puras ou aplicadas, na tarefa de testar suas hipóteses. Basicamente, a falta de poder dos testes empregados, o baixo poder explicativo dos modelos e a inconclusividade das evidências empíricas condensam as críticas acerca das deficiências metodológicas e estatísticas da TPC.

Um problema amplamente reconhecido é a limitação na especificação dos modelos. Por exemplo, os modelos utilizados pela maioria dos estudos não contemplam os efeitos da interação entre os múltiplos de incentivos aos quais os gerentes estão submetidos. Em tais modelos, as variáveis dependentes somente refletem uma única escolha contábil e as variáveis independentes geralmente apresentam colinearidade e são mal especificadas e imprecisas, uma vez que nem sempre representam os fenômenos que pretendem medir. Por exemplo, em relação à hipótese do endividamento, tem-se que o índice de endividamento/alavancagem financeira não é capaz de indicar o quão próximo a firma está de uma possível violação de limites contratuais (*convenants*), ou até mesmo indicar que tais limites existem; do mesmo modo, o tamanho da firma, na hipótese dos custos políticos, não é capaz de mensurar a magnitude dos custos políticos arcados pela firma.

A omissão de variáveis também é outro problema que afeta o poder dos testes. Há outros contratos, implícitos ou explícitos, além dos contratos de dívida e de planos de bonificação, que podem influenciar as escolhas contábeis, mas que, no entanto, são desconsiderados nos estudos. Contratos referentes à remuneração de empregados, a investimentos e ao relacionamento com clientes ou fornecedores são exemplos dessas potenciais omissões. Além disso, diferenças entre os conjuntos de procedimentos contábeis aceitos nos arranjos contratuais estabelecidos pelas firmas geram efeitos não controlados e, portanto, também omitidos nos modelos.

Escolhas contábeis podem ser explicadas sob a perspectiva oportunista ou da eficiência, entretanto, a literatura não foi capaz de identificar qual delas motivou tais escolhas; de acordo com Godfrey, Hodgson, Holmes e Tarca (2006), a força relativa de cada uma dessas explicações é incerta e isso é refletido nos testes.

Watts e Zimmerman (1990) argumentam que decisões de investimento e produção, muitas vezes, são correlacionadas com contratos de dívida e compensação gerencial, no entanto, limitadas pela perspectiva oportunista, as pesquisas desconsideram hipóteses alternativas baseadas na eficiência. Do mesmo modo, como a correlação entre políticas financeiras e de compensação e política contábil pode ser afetada pela política contábil-tributária da firma, o que é operacionalmente explicado pela hipótese do endividamento, por exemplo, pode, na verdade, ter a sua explicação atrelada às decisões de caráter tributário.

Outro aspecto não enfrentado pelos estudos é o fato de que as escolhas contábeis são endógenas em relação aos processos contratuais e políticos. Isso porque o conjunto de procedimentos contábeis aceitos nos contratos direciona as escolhas contábeis que são feitas, na medida em que limita a atuação discricionária (oportunista) dos gerentes àquilo que foi estabelecido.

1.5.2.3.2 Aspectos filosóficos

As críticas relacionadas a questões, digamos, existenciais e atreladas às raízes filosóficas da TPC atacam, basicamente, a imprecisão dos significados, objetivos e métodos do positivismo na contabilidade, bem como a incompatibilidade desses aspectos, se comparados com aqueles próprios do positivismo econômico. O foco no "o que é", representado, basicamente, pelo comportamento dos indivíduos – notadamente contadores e gerentes – frente aos incentivos voltados à maximização da sua riqueza, deixou em segundo plano importantes vertentes teóricas necessárias à compreensão da realidade, talvez propositalmente, ou então pela má interpretação do objetivo fundamental da TPC: explicar e predizer a prática contábil.

A influência de um único objetivo subjacente às ações dos indivíduos, especificamente, a maximização de riqueza, representa uma desvantagem das pesquisas positivas. O mundo real é complexo e nele coexistem muitos outros objetivos capazes de orientar aquelas ações. E é também em função dessa complexidade que a ênfase na predição como objetivo fundamental da teoria da contabilidade pode limitar o seu desenvolvimento. As teorias econômicas podem oferecer explicações preliminares sobre os fenômenos do mundo real, mas poucas predições confiáveis. Em contabilidade, a correlação entre explicação e predição pode mostrar-se suspeita (MATTESSICH, 1995).

Em uma linha crítica um pouco diferente, Christenson (1983) destaca que a TPC preocupa-se, excessivamente, em descrever, explicar e predizer o comportamento dos contadores e gerentes, e por isso não pode ser reconhecida como uma teoria da contabilidade, mas sim como uma *sociologia* da contabilidade. Segundo ele, a teoria da contabilidade é sobre as entidades contábeis e não sobre as escolhas dos indivíduos. Usando a analogia, ele argumenta que "a teoria da química consiste de proposições sobre o comportamento de entidades químicas (átomos e moléculas), não sobre o comportamento dos químicos" (CHRISTENSON, 1983, p. 6). Em defesa da TPC, Watts e Zimmerman (1990) rebatem essa crítica argumentando que, diferentemente do que acontece na química, o contador faz parte do fenômeno que a contabilidade estuda, portanto, o seu comportamento também deve ser objeto da teoria da contabilidade.

Um outro aspecto que tem gerado muita confusão é o emprego do termo "positivo", principalmente em razão da sua carga semântico-filosófica frente à conotação que lhe é dada na contabilidade. Watts e Zimmerman (1986) esclarecem que o sentido da expressão "teoria positiva" incorporada na contabilidade está relacionado à visão científica de teoria que é empregada na economia, mas que, no entanto, frequentemente esse sentido tem sido confundido com a visão filosófica de ciência concebida pelo positivismo lógico.

Contudo, uma parte da literatura considera inapropriado o emprego do termo "positivo" na contabilidade. Conforme pontua Mattessich (1995, p. 161), "o significado científico e filosófico do termo 'positivo' implica em uma teoria livre de juízo de valor [...], uma ciência pura não pode aceitar juízos de valor como premissa, mas pode apenas encapsulá-los nos fatos observados".

Mas o fato é que a TPC não é socialmente neutra. Conforme argumentam Tinker, Merino e Neimark (1982), a pesquisa científica, de maneira geral, está sujeita às preferências dos pesquisadores, que julgam e escolhem o que é relevante pesquisar e como isso será feito, e às preferências dos usuários, afetando, assim, o processo como um todo. Para eles, teorias positivas ou empíricas também são normativas, pois são carregadas de juízo de valor, uma vez que mascaram um viés ideológico conservador em suas implicações para as políticas contábeis. Nessa linha, Watts e Zimmerman (1990) argumentam que, como a utilidade da TPC depende, dentre outros fatores, do seu poder explicativo e preditivo, tem-se que o viés imposto pelo pesquisador pode afetar essa capacidade e, portanto, reduzir aquela utilidade.

Para Christenson (1983, p. 7), o conceito de uma "'teoria positiva' é filosoficamente suspeito [...] a ciência não está preocupada unicamente com 'o que é'". Na verdade, não existe uma teoria apenas sobre *o que é*. É necessário fornecer fundamentos para a rejeição ou não da teoria ou hipóteses e tais fundamentos, em essência, são *normativos*. Contudo, normativo no sentido estrito àquele proposto por Keynes (1891), onde proposições normativas consistem em ideais teóricos acerca do *deve ser*, a partir da compreensão fenomenológica do mundo, e não em determinações teórico-prescritivas normatizadas relacionadas ou contidas em uma regra, fruto de um processo político, por exemplo.

Ademais, é válido notar que Friedman (1953) não trata de uma *teoria* positiva, mas sim de uma *ciência* positiva, a qual atribui o objetivo fundamental de desenvolver uma *teoria* (ou hipótese) capaz de oferecer "predições válidas e significativas acerca dos fenômenos ainda não observados". Teoria que, segundo ele, é composta por uma "linguagem", cuja finalidade é promover "métodos de raciocínio sistemáticos e organizados", e por um corpo de "hipóteses substantivas designadas para abstrair características essenciais da realidade complexa". Então, se o positivismo contábil assume o sentido concebido na economia, parece-nos que a busca pela sistematização de uma teoria capaz de explicar e predizer a prática contábil deve ser direcionada pelo desenvolvimento de uma contabilidade positiva, ao invés da formalização de uma teoria positiva. A ciência deve se preocupar com a realidade tal qual ela trabalha, e isso deve estar refletido na teoria. Contudo, predições válidas e significativas requerem a formulação de hipóteses que, inexoravelmente, devem ser suportadas por um corpo teórico formado por ideais normativos.

1.5.3 Período positivo no Brasil

É difícil precisar o início do período positivo no Brasil, mas é possível estimar que o positivismo tenha começado a influenciar a pesquisa contábil brasileira a partir da década de 1990. Alguns fatos permitem essa estimativa, primeiro, conforme registram Bertolucci e Iudícibus (2008), o positivismo já vinha sendo disseminado na USP desde meados da década de 1980, por meio das disciplinas contabilometria e teoria avançada da contabilidade. Em segundo lugar, talvez também por conta dessa iniciativa, o paradigma teórico-normativo das pesquisas nacionais, como documenta Theóphilo (2004), começou a mudar a partir do final da década de 1990, quando passaram a predominar pesquisas empíricas. Por fim, as primeiras pesquisas positivas foram publicadas nos periódicos nacionais somente na década de 2000. Leão (2001) e Lopes (2001), sob a perspectiva da informação, e Martinez (2002), sob a perspectiva oportunista, são importantes exemplos das primeiras pesquisas positivas no Brasil.

Contudo, a despeito das iniciativas empreendidas ainda na década de 1990, foi somente a partir da década de 2000 que a pesquisa positiva, de fato, passou a dominar o cenário científico contábil brasileiro. Prova disso é a crescente participação de pesquisas dessa natureza nos congressos e periódicos. Para se ter ideia, entre 2002 e 2005, as pesquisas em contabilidade classificadas como positivas representaram no mínimo 80% dos trabalhos apresentados nos Encontros Anuais da Associação de Pós-Graduação e Pesquisa em Administração, EnANPAD (MENDONÇA NETO; RICCIO; SAKATA, 2006). Tendência também verificada nos programas de mestrado em contabilidade, conforme documentam Cardoso, Oyadomari e Mendonça Neto (2007).

Os estudos positivos nacionais concentram-se, basicamente, na linha da PCMC e, na sua maioria, ainda assumem a perspectiva da informação e podem ser classificados como estudos do tipo *value relevance* ou como testes de eficiência de mercado, estes últimos com menor participação. Já sob a perspectiva oportunista, os estudos têm contemplado aspectos relacionados ao gerenciamento de resultados contábeis (*earnings management*), pouco explorando, de forma direta, as hipóteses tradicionais da teoria positiva da contabilidade (plano de bonificação, endividamento e custos políticos).

Uma característica presente nesses estudos é o seu caráter exploratório e/ou descritivo e, assim como muitos estudos internacionais, pouco contribuíram com a tarefa de explicar e predizer a prática contábil ou, mais amplamente, os fenômenos contábeis no cenário brasileiro. É bem verdade que tais estudos ofereceram (e ainda oferecem) um maior nível de compreensão da relevância da informação contábil para seus usuários, notadamente, os participantes do mercado acionário. Contudo, a utilização de modelos concebidos em realidades distintas, bem como a insistência em – ou talvez, a limitação de – considerar apenas os participantes do mercado acionário, restringe as oportunidades de compreender a realidade da contabilidade no Brasil, pois, apesar da relevância econômica das companhias abertas, elas representam menos de 2% do total das empresas brasileiras. A realização de pesquisas positivas que pudessem explicar por que a contabilidade é o que é para as médias, pequenas ou microempresas brasileiras, muito embora represente um enorme desafio, talvez seja um caminho necessário a ser seguido na construção de uma teoria da contabilidade que possa explicar e predizer, pelo menos, a prática contábil no Brasil.

1.6 TEORIA NORMATIVA, TEORIA POSITIVA OU, SIMPLESMENTE, TEORIA DA CONTABILIDADE?

A teoria manifesta-se por meio de uma linguagem e, em seu nível mais fundamental, a sua estrutura é formada pelos relacionamentos dessa linguagem.

Portanto, compreender (i) as regras por ela utilizadas; (ii) o significado dos seus conceitos e a ligação destes com o mundo real; e (iii) o efeito dos seus elementos (palavras ou símbolos) sobre os ouvintes, revela-se fundamental à construção de uma teoria. Tais vertentes podem ser divididas em três tipos de relacionamento: sintático (lógico), semântico e pragmático.

Relacionamentos sintáticos são aqueles referentes às regras utilizadas pela linguagem. Expressam-se por meio de proposições lógico-analíticas estruturadas por premissas e uma conclusão, ou seja, por um silogismo. *Se* as premissas são verdadeiras, *então* a conclusão também o será. Aqui, o significado ou efeito dos elementos dessas premissas e conclusões não são importantes, a relevância concentra-se, exclusivamente, no plano teórico sem vinculação com o mundo real. É na conexão lógica estabelecida que os relacionamentos são desenvolvidos. A avaliação da teoria consiste na validade das proposições lógicas dela derivadas. Teorias sintáticas, portanto, são eminentemente lógico-dedutivas.

Em contabilidade, as definições referentes ao reconhecimento e mensuração dos recursos econômicos, à estrutura patrimonial e à apuração do resultado, por exemplo, são puramente sintáticas e possuem um caráter fortemente prescricional, normativo.

Relacionamentos semânticos contemplam o significado dos elementos da linguagem. Eles estabelecem a conexão entre o teórico e o real e é por meio deles que é possível oferecer significado prático, por exemplo, às proposições de caráter sintático. A sua validade é avaliada de acordo com a correspondência das suas proposições com o mundo real. Dessa forma, teorias semânticas também apresentam caráter dedutivo e conteúdo empírico.

Oferecer conteúdo semântico a elementos da linguagem contábil representa um dos objetivos da teoria da contabilidade. Pois, sem isso, não é possível descrever, explicar ou predizer a prática contábil, muito menos, recomendar a aplicação de procedimentos contábeis, mesmo que, para tanto, o significado empírico desses elementos tenha que ser aquele decorrente da compreensão que os indivíduos têm sobre eles.

Relacionamentos pragmáticos referem-se aos efeitos que os elementos da linguagem exercem sobre os seus ouvintes. Proposições pragmáticas são formuladas com base nos relacionamentos sintáticos e semânticos. Buscam oferecer respostas para questões do tipo: como as regras e os conceitos e sua correspondência no mundo real afetam as pessoas? Formalmente, a sua avaliação recai sobre a validade das hipóteses referentes ao comportamento do ouvinte, não importando sob quais regras a linguagem foi estruturada, tampouco qual o nível de correspondência com o mundo real detêm os elementos dessa linguagem, preocupa-se com o "o que é". Contudo, a avaliação dos efeitos da linguagem, direta ou indiretamente, acaba considerando aspectos sintáticos e semânticos na formulação das suas hipóteses. Teorias pragmáticas podem ser caracterizadas como indutivas e empíricas, e podem descrever a realidade, assim como, por meio das implicações das suas hipóteses, explicar tal realidade, sob um enfoque chamado psicológico.

Pesquisas positivas em contabilidade, basicamente, apoiam-se em relacionamentos pragmáticos para formular as suas hipóteses. Por exemplo, observar a reação do mercado à divulgação do lucro contábil (enfoque descritivo), ou tentar explicar a adoção de determinado procedimento contábil pelos gerentes (enfoque psicológico), fundamentalmente, exploram os efeitos dos elementos da linguagem contábil sobre os indivíduos.

E como pode ser definida, ou classificada, a teoria da contabilidade? Para responder essa pergunta, ou, pelo menos, para propor uma discussão, iremos considerar as características das teorias normativa e positiva, *vis-à-vis* os aspectos referentes aos relacionamentos sintáticos, semânticos e pragmáticos.

A ideia que lançamos a partir de agora é de uma teoria da contabilidade única e abrangente, composta por diversas vertentes que se complementam. Sendo assim, não há que se falar em teoria normativa ou teoria positiva, mas sim de dimensões teóricas e linhas de pesquisa que integram uma mesma teoria. E é essa a conclusão que chegamos ao classificar essa teoria da forma que propomos e ao analisar os aspectos históricos, filosóficos e econômicos do confronto instituído entre as dimensões normativa e positiva da teoria da contabilidade.

Partindo de um nível mais estrutural, têm-se os relacionamentos da linguagem vinculados a cada uma dessas dimensões. A prática contábil que *deve ser* observada, objeto do que seria uma teoria normativa, concebe-se por meio de relacionamentos sintáticos e semânticos, já o *o que é,* preocupação antagônica da denominada teoria positiva, estrutura-se com base nos relacionamentos de caráter pragmático. A Figura 2 ilustra esses inter-relacionamentos necessários à construção da teoria da contabilidade.

Figura 2 – Inter-relacionamentos à construção da teoria da contabilidade

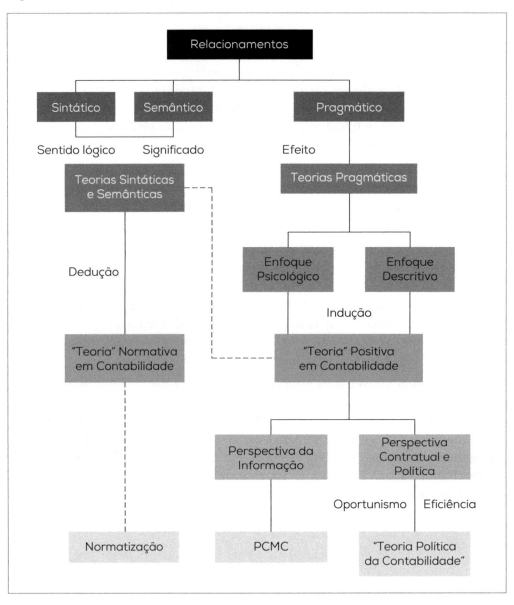

Fonte: Os autores.

Alguns autores argumentam que as teorias normativa e positiva, apesar dos seus enfoques diferenciados, e até certo ponto, aparentemente, antagônicos, são complementares e podem coexistir de forma produtiva. Godfrey, Hodgson, Holmes e Tarca (2006) afirmam que a teoria positiva poderia ajudar a compreender a função da contabilidade e, assim, formar uma base para o desenvolvimento de

Teorias normativa e positiva da contabilidade **33**

teorias normativas capazes de aprimorar a prática contábil. Nessa linha, Martins (2005) argumenta que

> Quem sabe ainda tenhamos mais pesquisas e provas por parte dos Positivistas do que os usuários de fato precisam e querem (na Contabilidade Financeira – Geral – e na Gerencial), e com isso consigamos direcionar a mente e a criatividade dos pesquisadores Normativistas para produzirem essas respostas, a serem testadas pelos Positivistas, que gerarão novas demandas para os Normativistas etc. Que belo círculo virtuoso corremos o risco de ter!

Já Iudícibus (2010, 2012) reforça a ideia de não haver antagonismo entre as teorias ao afirmar que não há incompatibilidade entre as mesmas. Apesar das diferenças, elas são, na verdade, complementares.

Contudo, a classificação da teoria da contabilidade em positiva e normativa, assim como a ideia de complementaridade entre essas "teorias", só se operam para fins didáticos, a fim de dissipar problemas relacionados a questões semânticas. Em verdade, além desse fim, não há como classificar a teoria da contabilidade dessa forma ou se falar em complementaridade. A indissociabilidade dessas teorias revela-se como uma conclusão natural quando da correta compreensão das características de cada uma delas, frente ao caráter pragmático da contabilidade e as suas transformações ao longo da história. E essa conclusão já foi defendida por alguns autores, por exemplo, Mattessich (1995, p. 77) entende que a criação de uma teoria da contabilidade de uso prático requer que se vá além de um enfoque puramente analítico e, para tanto, mostra-se necessário que à teoria seja conferido um conteúdo empírico, porém com uma direção normativa. Já Hendriksen e Van Breda (1999, p. 31) argumentam que a teoria da contabilidade é composta pela busca das respostas a perguntas normativas e positivas. Assertiva esta corroborada por Shroeder, Clark e Cathey (2011, p. 1), ao afirmarem que "uma teoria completa e bem desenvolvida contempla o que deveria ser e o que é".

1.7 RESUMO

Sob uma perspectiva (ou enfoque, ou abordagem, ou linha etc.) normativa, tem-se uma teoria inerte, atualmente absorvida por um processo político de normatização internacional extremamente dinâmico e que não consegue oferecer as respostas necessárias aos problemas reais (p. ex., avaliação a valor justo de instrumentos financeiros, *leasing* etc.). Essa teoria, não raras vezes, tem se posicionado de forma passiva, assumindo como função principal a *explicação da própria norma*, não exercendo, assim, a função de uma teoria contábil.

Por outro lado, ao assumir um enfoque eminentemente positivo, a teoria da contabilidade também passa a não cumprir a sua função, pois a análise isenta da prática como ela é, além de ser impossível na contabilidade, haja vista esta ser uma ciência social aplicada, não oferece as respostas necessárias à própria prática contábil, uma vez que, no estágio atual de desenvolvimento socioeconômico, o aprimoramento dessa prática requer o estabelecimento de uma teoria que prescreva, mesmo que de forma efêmera e incompleta, um modelo ideal a ser seguido.

Esse novo estágio da teoria da contabilidade impõe sérios desafios ao seu desenvolvimento. O primeiro deles é a própria definição do que é a teoria da contabilidade e qual o seu papel no mundo contemporâneo. A contabilidade se materializa por meio de regras ou de recomendações. E, como a história já mostrou, devido às suas consequências econômicas, é preciso dispor de regras uniformes e generalizadamente aceitas para nortear a prática contábil. Portanto, *o deve ser* está inerentemente vinculado à própria existência e utilidade da contabilidade no sistema capitalista moderno. Por outro lado, é necessário que a prescrição esteja em harmonia com o ambiente no qual a contabilidade será aplicada, de modo que a concepção do *deve ser*, *deve* compreender o ambiente tal como ele é. E, apesar dos inúmeros e valiosos esforços, ainda não conseguimos responder se aquilo que *deve ser* deveria ser aquilo que *é?* Ou se aquilo que *é* deveria ser aquilo que *deve ser?* Talvez nunca consigamos responder por completo essas questões, mas a busca dessas respostas representa o ímpeto necessário à construção de uma verdadeira Teoria da Contabilidade.

REFERÊNCIAS

BALL, R.; BROWN, P. Some preliminary findings on the association between the earnings of a firm, its industry and the economy. **Journal of Accounting Research**, v. 5, Empirical Research in Accounting: Selected Studies, p. 55-77, 1967.

BALL, R.; BROWN, P. An empirical evaluation of accounting income numbers. **Journal of Accounting Research**, v. 6, nº 2, p. 159-178, Autumn 1968.

BEAVER, W. H. The Information Content of Annual Earnings Announcements. **Journal of Accounting Research**, v. 6, Empirical Research in Accounting: Selected Studies, p. 67-92, 1968.

BERTOLUCCI, A. V.; IUDÍCIBUS, S. O futuro da pesquisa em contabilidade. In: IUDÍCIBUS, S.; LOPES, A. B. (Coord.). **Teoria avançada da contabilidade**. São Paulo: Atlas, 2008. p. 274-300.

CARDOSO, R. L.; OYADOMARI, J. C.; MENDONÇA NETO, O. R. Influências da positive accounting nos programas de mestrado em contabilidade: uma análise bibliométrica da produção acadêmica de 2002 a 2005. **BBR – Brazilian Business Review**, v. 4, nº 2, p. 158-170, maio/ago. 2007.

CHAMBERS, R. J. Why bother with postulates? **Journal of Accounting Research**, v. 1, nº 1, p. 3-15, Spring 1963.

CHRISTENSON, C. The methodology of positive accounting. **The Accounting Review**, v. 58, nº 1, p. 1-22, Jan. 1983.

FAMA, E. F. Efficient capital markets: a review of theory and empirical work. **The Journal of Finance**, v. 25, nº 2, p. 383-417, 1970.

_____. Efficient markets: II. **The Journal of Finance**, v. 46, nº 5, p. 1575-1617, Dec. 1991.

FRIEDMAN, M. **The methodology of positive economics, in essays in positive economics**. Chicago: University of Chicago Press, 1953.

GODFREY, J.; HODGSON, A.; HOLMES, S.; TARCA, A. **Accounting theory**. 6. ed. Melbourne: John Wiley & Sons, 2006.

HENDRIKSEN, E. S. **Accounting theory**. 3. ed. Richard D. Irwin, 1977.

_____; VAN BREDA, M. F. **Teoria da contabilidade**. 5. ed. São Paulo: Atlas, 1999.

HOLTHAUSEN, R. W.; WATTS, R. L. The relevance of the value-relevance literature for financial accounting standard setting. **Journal of Accounting Economics**, v. 31, p. 3-75, 2001.

IUDÍCIBUS, S. Normativismo e positivismo: two uncongenial twins? In: LOPES. A. B. (Org.). **Contabilidade e finanças no Brasil**. São Paulo: Atlas, 2012. p. 248-254.

_____. **Teoria da contabilidade**. 10. ed. São Paulo: Atlas, 2010.

JENSEN, M. C. Reflections on the state of accounting research and the regulation of accounting. **Stanford Lectures in Accounting**, p. 11-19, 1976.

JENSEN, M. C.; MECKLING, W. H. Theory of the firm: managerial behavior, agency costs and ownership structure. **Journal of Financial Economics**, p. 305-360, Oct. 1976.

KEYNES, J. N. **The scope and method of political economy**. 4. ed. London: Macmillan, 1891.

KOTHARI, S. P. Capital markets research in accounting. **Journal of Accounting and Economics**, v. 31, p. 105-231, 2001.

LEÃO, L. C. G. Resultados contábeis e preço das ações: a hipótese do mercado eficiente em uma abordagem positiva. **Economia & Gestão**, Belo Horizonte, v. 1, nº 1, p. 89-120, jan./jun. 2001.

LINTNER, J. The valuation of risk assets and the selection of risky investments in stock portfolios and capital budgets. **The Review of Economics and Statistics**, v. 47, nº 1, p. 13-37, 1965.

LOPES, A. B. **A relevância da informação contábil para o mercado de capitais**: o modelo de Ohlson aplicado a Bovespa. 2001. Tese (Doutorado em Ciências Contábeis) – Faculdade de Economia, Administração e Contabilidade da Universidade de São Paulo, São Paulo.

_____; MARTINS; E. **Teoria da contabilidade**: uma nova abordagem. São Paulo: Atlas, 2005.

MARTINEZ, A. L. **Gerenciamento de resultados**: estudo empírico das companhias abertas brasileiras. 2002. Tese (Doutorado em Contabilidade) – Faculdade de Economia, Administração e Contabilidade da Universidade de São Paulo, São Paulo.

MARTINS, E. R. [Editorial]. **Contabilidade e Finanças** – USP, São Paulo, nº 39, p. 3-6, set./dez. 2005.

MATTESSICH, R. **Critique of accounting**: examination of the foundation and normative structure of an applied discipline. Westport: Quorum Books, 1995.

MENDONÇA NETO, O. R.; RICCIO, E. L.; SAKATA, M. C. G. Paradigmas de pesquisa em contabilidade no Brasil: EnANPAD: 1981 – 2005. In: ENCONTRO ANUAL DA ASSOCIAÇÃO NACIONAL DOS PROGRAMAS DE PÓS-GRADUAÇÃO EM ADMINISTRAÇÃO, 30.; 2006, Salvador. **Anais**... Salvador: ANPAD, 2006.

NICHOLS, D. C.; WAHLEN, J. M. How do earnings numbers relate to stock returns? a review of classic accounting research with update evidence. **Accounting Horizons**, v. 18, nº 4, p. 263-286, Dec. 2004.

NIYAMA, J. K. **Contabilidade internacional**. São Paulo: Atlas, 2007.

SHARPE, W. F. Capital asset prices: a theory of market equilibrium under conditions of risk. **The Journal of Finance**, v. 19, nº 3, p. 425-442, Sept. 1964.

SHROEDER, R. G.; CLARK, M. W.; CATHEY, J. M. **Financial accounting theory and analysis**: text and cases. 10. ed. New Jersey: John Wiley & Sons, 2011.

THEÓPHILO, C. R. **Pesquisa em contabilidade no Brasil**: uma análise crítico-epistemológica. 2004. Tese (Doutorado em Ciências Contábeis) – Departamento de Contabilidade e Atuária, Faculdade de Economia, Administração e Contabilidade, Universidade de São Paulo, São Paulo.

TINKER, A. M.; MERINO, B. D.; NEIMARK, M. D. The normative origins of positive theories: ideology and accounting thought. **Accounting, Organization and Society**, v. 7, issue 2, p. 167-200, 1982.

WATTS, R. L.; ZIMMERMAN, J. L. Toward a positive theory of determination of accounting standards. **The Accounting Review**, v. LIII, nº 1, p. 112-134, Jan. 1978.

_____; _____. Demand for and supply of accounting theory: the market for excuses. **The Accounting Review**, v. LIV, nº 2, p. 273-305, Apr. 1979.

_____; _____. **Positive accounting theory**. New Jersey: Prentice Hall, 1986.

_____; _____. Positive accounting theory: a ten year perspective. **The Accounting Review**, v. 65, nº 1, p. 131-156, Jan. 1990.

ZIMMERMAN, J. L. Taxes and firm size. **Journal of Accounting and Economics**, v. 5, p. 119-149, Aug. 1983.

2

Teoria da regulação × Teoria da contabilidade

Márcia Ferreira Neves Tavares
Luiz Carlos Marques dos Anjos

2.1 INTRODUÇÃO

Vivemos em uma era de regulação das práticas contábeis. Regula-se sobre quais demonstrações contábeis devem ser divulgadas, o formato e o conteúdo dessas demonstrações. A regulação não está restrita apenas a companhias de grande porte ou com ações negociadas no mercado de capitais, alcançando também as empresas de pequeno e médio porte e as de capital fechado.

Com o processo de convergência contábil, o International Accounting Standards Board (IASB) assumiu um papel de protagonista como órgão normatizador da prática contábil. Pela relevância da economia e do mercado de capitais dos Estados Unidos da América (EUA), o Financial Accounting Standards Board (FASB) é outro órgão com forte influência na prática contábil. Por meio do *Norwalk Agreement*, esses órgãos procuram estabelecer, conjuntamente, padrões contábeis de alta qualidade, que posteriormente entram em vigência em diversos países, por meio de regulações específicas de reguladores nacionais. A diferença conceitual entre normatizador e regulador é que o primeiro não tem poder mandatório, isto é, elabora normas contábeis que passam a ser exigidas por meio de Leis ou resoluções específicas promulgadas por reguladores nacionais. Nesse contexto, o IASB e FASB são definidos como órgãos normatizadores, enquanto a Comissão de Valores Mobiliários (CVM) e a Securities Exchange Commission (SEC) são exemplos de órgãos reguladores.

Nesse cenário de regulação, algumas questões podem ser formuladas. Será que a contabilidade sempre foi regulada? Se não, quais os incentivos que as empresas possuíam em evidenciar qualquer tipo de informação contábil, mesmo não existindo normas que preconizassem o formato, o conteúdo e estabelecessem as "melhores práticas" para mensuração contábil? O que gerou a necessidade por regulação? Como ocorre o processo de escolhas de práticas contábeis por parte do IASB e do FASB? Será que esses órgãos são totalmente neutros em suas escolhas? Em caso contrário, quais fatores profissionais e políticos influenciam as suas decisões? Será que existe *lobby* no sentido de influenciar as práticas contábeis, de modo a maximizar a utilidade esperada? Quais as características desses agentes e por que investiriam recursos tentando influenciar esse processo? Como os normatizadores reagem a pressões? Como se constrói uma norma contábil? Será que é baseada exclusivamente na teoria da contabilidade ou é o resultado de um balanceamento de conflitos de interesses com o alinhamento técnico e conceitual? Afinal, quem vem primeiro, as diretrizes operacionais da norma ou os constructos teóricos?

Se você já se deparou com questões como essas, seja bem-vindo à leitura deste capítulo. O seu objetivo é apresentar o entendimento de que a contabilidade é fruto de um processo político e uma construção social, possuindo consequências econômicas reais sobre a riqueza e a vida de muitas pessoas e organizações. Um padrão contábil proposto influencia os custos contratuais existentes entre as firmas e a sociedade, sejam de natureza política, regulatória ou tributária, gerando reflexos também sobre os custos incidentes na produção da informação, sobre os planos de remuneração variável, em cláusulas contratuais de dívidas que possuem os números contábeis como fonte de restrição e em distribuições de dividendos, dentre outros reflexos.

Assim, práticas contábeis podem influenciar o fluxo de caixa da firma e, consequentemente, o seu valor. Como exemplo podem ser citadas alterações de normas contábeis que têm impacto no resultado e que afetam, por consequência, o desempenho contábil, refletindo alterações na remuneração variável (se houver), em cláusulas de dívidas, dentre outros. Portanto, compreender como se dá o processo de regulação contábil requer uma visão mais holística da contabilidade enquanto área de conhecimento social. A partir da compreensão dos conflitos que circundam as escolhas contábeis, é possível se aproximar da função social da contabilidade, em seu sentido mais intrínseco. Afinal, estuda-se contabilidade primordialmente para se compreender o que é a contabilidade, como ela é operada, para que ela serve e qual sua função – abrangência – social.

Para o alcance desse objetivo, este capítulo se baseia em uma linha cronológica, onde é discutido o histórico da regulação, as razões para intervenções nas práticas contábeis, as teorias que explicam a regulação econômica, bem como são apresentadas pesquisas que debatem a existência de *lobby* na elaboração de normas contábeis, os tipos de *lobby* possíveis, as características das firmas que se propõem a influenciar esse processo, as possíveis razões que justificam tais influências, as escolhas possíveis em relação aos padrões contábeis propostos e o *trade-off* existente entre teoria da regulação e teoria da contabilidade.

Como delimitação, o capítulo procura debater sobre a gênese da regulação, a partir da construção (e respectivas influências-*lobby*) de normas contábeis ou alterações propostas por uma autoridade central, não adentrando na discussão da reação do mercado para o alcance de padrões regulatórios.[1]

2.2 HISTÓRICO DA REGULAÇÃO CONTÁBIL

Enquanto a prática da contabilidade financeira é muito antiga, remontando a centena de anos, a regulação da prática contábil, em muitas economias com mercados de capitais relevantes, como EUA, Reino Unido, Irlanda, Austrália e Canadá, só teve início no século XX.

No Reino Unido, por exemplo, as corporações não eram obrigadas a apresentar demonstrações contábeis e, mesmo que resolvessem divulgar, não havia a exigência legal de auditoria independente. Nos EUA, o ambiente de euforia econômica após a I Guerra Mundial propiciou a consolidação de uma filosofia que pressupunha que as firmas eram morais, não havendo razões, portanto, para serem monitoradas, o que tornava a função de auditoria menos importante.

Nesse ambiente de grande flexibilidade de escolhas contábeis, não existia espaço propício à regulação das práticas contábeis. A contabilidade estava direcionada para atender aos interesses das empresas, por meio de atividades de consultoria. Paralelamente, foi adotada uma estratégia de financiamento, onde as firmas, através de pagamento de dividendos regulares, atraíam pequenos investidores para o mercado de capitais. Esse acréscimo de investidores não se traduziu em um aumento de demanda por auditoria, pelo fato do nível de crescimento e do grau de confiabilidade das empresas serem grandes. Isso aumentava a demanda pela função de consultoria contábil, enquanto a própria New York Stock Exchange (NYSE) não exigia auditorias independentes.

Em 1917, o Federal Reserve Board (FRB) emitiu um documento chamado *Uniform Accounting*, que apesar de ser entendido como documento de regulação contábil tratava, em essência, de práticas de auditoria. Na década de 1920, a Lei *State Incorporation* exigiu que as firmas evidenciassem relatórios anuais, mas não

---

[1] Aos interessados nesta segunda abordagem, recomenda-se a leitura da tese de Cardoso (2005) e Rodrigues (2008), os quais estudaram o impacto da regulação no setor de saúde e seguros respectivamente.

estipulou sua forma ou conteúdo. O contrário ocorria com os relatórios de ferrovias e concessionárias em virtude do Interstate Commerce Commission estabelecer políticas de relatórios financeiros para tais setores. Esses relatórios eram mais extensos, mas eram uma exceção de evidenciação.

Nessa época, as demonstrações contábeis eram vistas como representações de gestão e os contadores não trabalhavam no sentido de exigir que fossem aplicados, nas empresas, os princípios contábeis, pois eles mesmos não desejavam empregá-los. Aliás, a tentativa de se estabelecer princípios contábeis geralmente aceitos só ocorreu na década de 30, com a atmosfera regulatória. A busca por princípios, nos EUA, contou com a participação ativa de órgãos de classe profissional de contadores.

Uma questão interessante é: Quais os incentivos que as firmas possuíam em evidenciar informações contábeis, quando não havia normatização de conteúdo ou formato para as demonstrações?

A primeira hipótese pode se depreender da percepção de que a função da contabilidade é servir como um mecanismo de controle gerencial. Nesse sentido, quanto menor a participação dos gerentes no patrimônio líquido da firma, maior a probabilidade da corporação apresentar demonstrações financeiras. Outra hipótese é que, quanto maior o risco de dívida da firma, maior é a probabilidade que a corporação apresente demonstrações. Essas hipóteses são derivadas do raciocínio de que a função da contabilidade é auxiliar na redução de custos de agência, sejam estes relacionados aos custos de monitoramento (principal controlando o comportamento dos agentes) e custos de garantia (os incentivos para garantir que os agentes não tomarão certas ações para prejudicar o interesse do principal ou que irão compensá-lo, se fizer). Adicionalmente, tem-se a perda residual, que é o desconto do preço dos títulos ou ações no momento da emissão, em razão da antecipação do comportamento dos gerentes pelos acionistas e credores. Essa perda é suportada pelos gerentes das firmas, os quais têm incentivos para reduzi-la. Portanto, em uma economia desregulada, é possível observar demonstrações financeiras cumprindo a função de redução de custos de agência. Assim, pode-se esperar que fatos como a existência de cláusulas contratuais atreladas a números contábeis ou a pulverização de acionistas possuam um impacto direto sobre a quantidade de informações contábeis sendo evidenciadas.

O estudo de Barton e Waymire (2004) retrata bem o impacto da ausência de regulação na divulgação financeira nos anos 1920. Os autores se concentraram em identificar se, em ambientes desregulados, os gerentes, ao fornecerem informações de mais alta qualidade, reduziram a perda dos investidores, quando do *crash* do mercado de ações americano em outubro de 1929. A qualidade dos relatórios financeiros foi modelada estatisticamente, assumindo a transparência na Demonstração do Resultado e Balanço Patrimonial, o conservadorismo contábil e se a firma era auditada por uma Big Nine.[2] Com uma amostra de 540 empresas listadas em 1929, foi constatado que: (i) apenas 17,8% apresentaram integralmente itens como vendas, custos das vendas, despesa com depreciação, outras despesas operacionais e despesas tributárias; (ii) apenas 11,9% apresentaram todos os itens classificados pela pesquisa como transparência no Balanço Patrimonial – Imobilizado (líquido), Reserva de Depreciação, Outras reservas, Ativos Intangíveis e Lucro auferido; e (iii) 80,2% das empresas eram auditadas, mesmo não sendo obrigadas pela NYSE, reforçando a percepção de que o auditor era uma parte aceita neste cenário. Esse resultado chama a atenção pelo fato de existir muita flexibilidade na escolha de evidenciação contábil, derivando que informações mínimas necessárias para o entendimento do investidor não eram divulgadas. Como exemplo, o custo das vendas, uma informação que pode ser considerada básica, foi evidenciada por apenas 25,6% das firmas da amostra. Como conclusão, os autores identificaram que os gerentes possuem incentivos para fornecer informações, ausente a regulação, e que tais relatórios oferecem benefícios ao investidor. A análise também mostrou que as perdas dos investidores durante 1929 foram estatística e significativamente menores para as firmas com maior qualidade nos relatórios financeiros.

Leftwich (2004), ao debater o trabalho de Barton e Waymire (2004), afirma que concluir que os gerentes reagem a incentivos para divulgação de relatórios financeiros não é um achado totalmente novo na literatura, porém questiona os constructos teóricos e a metodologia empregada para testar a hipótese de que relatórios contábeis de maior qualidade diminuem a perda dos investidores. Por fim, afirma que o debate sobre relatório obrigatório não alega que as firmas não irão oferecer nenhuma informação voluntária, ou que os incentivos são irrelevantes, simplesmente alegam que as firmas não irão oferecer a quantidade socialmente ótima de informações, se deixadas à própria sorte.

Além dos argumentos baseados sob a perspectiva de contratação privada, também podem ser destacados aspectos relacionados aos incentivos de mercado, em particular o mercado para gerentes e o mercado para aquisições corporativas.

Em relação à primeira abordagem, os gerentes são incentivados a adotar estratégias que maximizem o valor da firma e, consequentemente, ofereçam uma visão favorável de seu próprio desempenho. Assim, existindo um mercado eficiente para gerentes, o seu desempenho anterior irá impactar sobre sua remuneração em períodos futuros, fazendo com que os gestores utilizem estratégias que incluam o fornecimento de informações contábeis de forma voluntária. Assim, bons rela-

---

[2] As maiores firmas de auditoria, à época, eram: Price Waterhouse, Ernst e Ernst, Haskins e Sells Arthur Young, Peat, Marwick e Mitchell, Lybrand, Ross Brothers and Montgomery, Barrow, Wade e Guthrie, Deloitte, Plenders and Griffin, e Touche Niven.

tórios contábeis podem assegurar a reputação dos gerentes, consequentemente boa reputação pode resultar em melhor compensação, minimizando custos de monitoramento, pelo fato de os proprietários (principal) perceberem que os relatórios contábeis são confiáveis.

O mercado para aquisições corporativas, por sua vez, respalda-se na premissa de que uma firma que possui um baixo desempenho será adquirida por outra entidade, que subsequentemente substituirá a equipe de gestão existente. Em razão dessa ameaça, os gerentes se sentem motivados a maximizar o valor da firma e minimizar a probabilidade de terceiros exercerem controle sobre a firma a baixo custo.

Esses argumentos assumem que a informação será produzida, independentemente de regulação, para minimizar o custo de capital da firma e, portanto, aumentar o seu valor. Assim, o fornecimento de informações contábeis ocorreria por existir um alinhamento de interesses entre os acionistas e os gerentes. O pressuposto é que se a firma não fornecer informações o mercado interpretará como se ela tivesse informações negativas a evidenciar. Assim, existem incentivos para que os gerentes se comuniquem, uma vez que a ausência de comunicação implicará em redução na riqueza dos gerentes. O argumento é que se os investidores sabem que os gerentes têm a informação, mas não sabem qual o seu conteúdo, admitem que se tal informação não for lançada é porque trata-se de algo ruim e o valor da firma será reduzido. Note que a premissa desse argumento é que os investidores saibam que os gerentes têm a informação.

Independentemente de existir vinculação de desempenho dos gerentes a resultado contábil, ou restrições de dívidas baseadas em números contábeis, ou mesmo exigências contratuais de detalhamento de informações para a redução de custos de agência, o ponto chave é que as firmas têm incentivos privados de produção de informações. Em todos esses cenários de contratação, nenhuma autoridade central é necessária para forçar a produção de informações. Adicionalmente, considerando que todas as informações são necessárias, acordadas e aceitas pelas partes, a quantidade ótima de informação é produzida. O problema, nessa abordagem, reside na existência de múltiplos usuários com diferentes necessidades de informações. O atendimento às necessidades específicas de cada usuário será muito oneroso, assim como será difícil que todos os investidores se reúnam para se chegar a um consenso de quais informações exigirem (se é que isso é possível). Portanto, a abordagem da contratação somente parece viável quando existem poucas partes envolvidas.

Outro argumento defendido em uma perspectiva *free-market* é a sinalização utilizada pelas firmas. Por exemplo, imagine uma firma optando por escolhas de políticas contábeis mais conservadoras e, ainda assim, conseguir auferir lucro, por ser uma empresa de alto padrão. Assim, essas políticas conservadoras podem sinalizar uma visão confiante quanto ao futuro da firma. Perceba que a sinalização relaciona-se com escolhas. Se um normatizador decide que grandes empresas devem ser auditadas por grandes firmas de auditoria, o fato de uma firma ter um auditor neste nível não sinaliza quaisquer informações ao mercado. Com a regulação, o poder de escolha é reduzido ou até eliminado, não havendo sinalização.

Nesse debate, o fato é que as economias modernas são intensamente reguladas. Quais os eventos que levariam a possíveis intervenções sobre práticas contábeis, sejam intervenções governamentais ou por meio de instituições privadas, como o IASB e o FASB? Uma resposta plausível são as crises econômicas, como a que ocorreu em 1929 nos Estados Unidos conhecida pelo *crash* do mercado de ações. Não há dúvidas de que um evento econômico significativo ocorreu durante aquele período, mas pode ser discutível a validade de explicações simplistas usadas pelos legisladores para justificar ações legislativas, a fim de remediar a crise. Essa afirmativa baseia-se no fato de que alguns políticos afirmaram que a evidenciação corporativa inadequada foi parcialmente responsável pelo *crash* de 1929. Watts (1977), por exemplo, afirma que é altamente improvável que o *crash* foi devido à evidenciação inadequada e que as audiências do Senado que precederam os *Securities Acts* de 1933 e 1934 não forneceram evidências sistemáticas que apoiem a argumentação defendida, parecendo que culpar a evidenciação inadequada era uma "solução" conveniente para os políticos.

Era o início de intensa regulação nos EUA. Os *Securities Exchange Act* de 1933 e 1934, promulgados para restaurar a confiança do público e dos investidores, tiveram forte relação com o mundo da contabilidade. No de 1933, a Federal Trade Commission foi responsável por prescrever métodos a serem seguidos pelos contadores. O de 1934 estabeleceu a Securities and Exchange Commission (SEC), à qual foi dada a autoridade de prescrever princípios contábeis e práticas de relatórios. A SEC permitiu que o setor privado desenvolvesse princípios contábeis e, em 1936, o Committee on Accounting Procedure (CAP) foi criado, sendo posteriormente substituído pelo Accounting Principles Board (APB) até a instituição do FASB em 1973.

A SEC foi encarregada pela supervisão das firmas para garantir a conformidade com o *Generally Accepted Accounting Principles* (GAAP), antes mesmo que uma entidade fosse criada para instituí-los. Até o final da década de 1930, os gerentes continuaram a ter muita flexibilidade na seleção de princípios contábeis, e a aceitação de conceitos de consistência e conservadorismo não aumentou a utilidade dos relatórios financeiros para o pequeno investidor. Esses acontecimentos mostram o quanto é desafiante regular sobre práticas contábeis e alcançar o objetivo inicialmente pretendido.

2.3 ARGUMENTOS PRÓ-REGULAÇÃO

Os que argumentam a favor de uma regulação de evidenciação financeira defendem princípios econômicos relacionados à existência de falhas de mercados associadas com a produção privada de informações contábeis. Na literatura econômica, falha de mercado ocorre quando a quantidade ou a qualidade de um bem produzido em um mercado desregulado difere do que é, supostamente, o ótimo social. Sempre que os custos sociais e benefícios diferem dos custos e benefícios privados, o resultado do mercado privado difere do ótimo social. Se os custos privados são menores do que os custos sociais para alguns bens, o mercado privado produz muito para esses bens. Se os benefícios privados são menores do que os benefícios sociais, mercados privados produzem pouco para aqueles bens.

Para os defensores da regulação econômica, quando a falha de mercado ocorre, o bem-estar social agregado pode ser aperfeiçoado, no sentido de Pareto. Esse aperfeiçoamento pode ocorrer quando os produtores são induzidos, sem custo, a mudar seu resultado para estar em conformidade com o ótimo social. Frequentemente, **a intervenção do governo** é sugerida como o caminho de mover o comportamento do mercado privado para algo mais próximo do suposto ótimo social.

Críticos da intervenção governamental argumentam, porém, que isso pode aumentar o bem-estar social somente se o valor para a sociedade do resultado do novo mercado regulado, líquido dos custos de obtenção do resultado, exceder o valor para a sociedade do resultado do mercado privado. Portanto, trata-se de uma questão de avaliação empírica, embora seja difícil predizer o resultado do novo mercado regulado porque existem poucas teorias empiricamente fundamentadas do comportamento burocrático.

A racionalidade econômica fundamental para a regulação corporativa é que o mercado de informação não irá funcionar eficientemente e de forma justa na ausência de regulação governamental. Essa afirmação baseia-se em duas possibilidades de falhas para mercados do tipo informação financeira, a saber: a informação contábil como um bem público; e uma suposta assimetria na distribuição de informações financeiras entre agentes de mercado de capitais – especialmente entre compradores e vendedores de títulos e entre produtores e usuários da informação financeira.

É defendido que a informação contábil é um bem público porque o seu consumo não diminui a probabilidade de consumo por outros, os quais podem utilizá-la sem pagar por ela. Por esse entendimento, as informações contábeis são *commodities* que, uma vez produzidas, podem ser consumidas sem reduzir a oportunidade de consumo por outros, surgindo os *free riders*, ou seja, usuários que consomem bens públicos sem pagar por eles.

De forma geral, falhas no mercado ocorrem no caso de um bem público porque outros indivíduos podem receber o bem, sem pagar por ele, e o sistema de preços pode não funcionar. Isso porque aos bens públicos falta o atributo de exclusão, ou seja, o sistema de preços pode não funcionar adequadamente se não é possível excluir não compradores do consumo do bem. Assim, a intervenção regulatória serviria para garantir a disseminação de informações contábeis, garantindo que todas as partes tenham o mesmo acesso à informação produzida.

O pressuposto é que, na ausência de regulação, a informação produzida será menor do que o montante necessário para as decisões de investimentos exigidas para uma ótima alocação de recursos na economia. Isso tende a gerar uma subprodução de informação, uma vez que o produtor de um bem público possui incentivo limitado para produzir, pois nem todos os consumidores estariam dispostos a pagar pela utilização do bem. O argumento de subprodução é relacionado à diferença existente entre custos e benefícios privados e custos e benefícios sociais. No caso de bens públicos, os benefícios privados são menores do que os benefícios sociais. Outro aspecto que justifica a regulação como um meio para aumentar a confiança dos investidores no mercado de capitais é a credibilidade das informações financeiras.

Ressalta-se, porém, que os benefícios de uma informação financeira a terceiros, o que a caracterizaria como um bem público, dependem do equilíbrio de mercado. No caso de desequilíbrio, o uso de informações específicas restringe os benefícios de terceiros. Cooper e Keim (1983) exemplificam essa situação destacando o fato de que um agente de mercado compra uma informação demonstrando que o preço de uma firma está subavaliado. Provavelmente este agente comprará ações desta firma até que os retornos anormais sejam eliminados. Assim, novas informações relevantes para o valor da firma não parecem ser um bem público, pois o seu uso reduz seu valor para outros usuários. Muitos consumidores de empresas de análise de informações acreditam que podem se beneficiar pelo uso de tal informação no mercado. O problema, segundo os autores, são os incentivos que as firmas possuem em evidenciar informações, isto é, o problema relaciona-se à oferta de informações. Se esses incentivos faltarem, a falha de mercado é provável.

As falhas de mercado estão relacionadas ao fato de que na ausência de regulação informações negativas não serão evidenciadas, se a firma agir no interesse de seus acionistas atuais. Consequentemente, na ausência de outras fontes disponíveis, o preço não irá incorporar essa informação, gerando um problema de eficiência de alocação. Se, por outro lado, as firmas têm informações privilegiadas e as usam para negociação privilegiada, os preços dos títulos refletem essas informações. A consequência, todavia, é a emergência de problemas de equidade e confiança do mercado.

Esse fenômeno está relacionado ao problema de seleção adversa. Pessoas com acesso à informação interna poderão explorar esta vantagem à custa de investidores externos. Isso fará com que investidores externos não percebam o mercado em igualdade de condições, gerando a possibilidade de saída do mercado, o que reduziria sua liquidez. Para o adequado funcionamento do mercado, deve haver negociantes cujas decisões de compra ou venda não afetarão os preços dos títulos, e isso não acontece até que o mercado seja suficientemente líquido. Logo, a capacidade de os *insiders* ganharem lucros excessivos com a informação constitui uma falha de mercado.

Outro argumento pró-regulação é o das externalidades, que podem ser definidas como ações realizadas por determinadas firmas, que impõem custos ou benefícios sobre outras firmas, sendo que quem gerou a informação não recebeu custos ou benefícios. Exemplificando, considere que a firma "A" revelou um aumento acentuado em vendas e lucros, o que pode afetar a expectativa de mercado para outras firmas do setor econômico. Portanto, outras empresas serão impactadas pelas informações de "A", sendo que a sociedade será beneficiada pela produção de informação, ao contrário da empresa que a gerou. Nesse sentido, a externalidade relaciona-se com o problema de subprodução de informação.

Em contraponto ao entendimento de que os gerentes possuem incentivos para produzir informações, porque existe um mercado que avalia seu próprio desempenho, e consequentemente sua remuneração, pode-se considerar que essas forças (incentivos) podem não ser efetivas(os). A razão é que os gerentes podem ser capazes de disfarçar seu desempenho pelo uso oportunista de gerenciamento de resultados – problema conhecido na literatura como risco moral.

Como argumento pró-regulação da divulgação financeira também pode ser citado, por analogia, o trabalho seminal de Akerlof (1970), que expôs a existência de incertezas relacionadas à qualidade dos bens, podendo ter bens de boa qualidade ou de má-qualidade (denominado por limões). Para o autor, existem mercados nos quais os compradores usam estatísticas de mercado para julgar a qualidade de compras potenciais. Assim, há incentivos para vendedores oferecerem ao mercado mercadorias de baixa qualidade porque os retornos para a qualidade do produto aumentaria principalmente para o grupo inteiro cuja estatística é afetada, ao invés do vendedor individual. Dessa forma, os vendedores sabem a qualidade dos bens, ao contrário dos compradores, que não podem prever se o bem é de boa ou de má qualidade. Nesse contexto, há assimetria de informações e os retornos privados e sociais diferem e a intervenção governamental pode aumentar o bem-estar de todas as partes.

Em síntese, considerando que a existência de falhas de mercado pode ocasionar um descrédito geral no mercado de capitais, abalando sua confiança e reduzindo ou eliminando a forma de financiamento por meio de emissão de ações ou títulos, é comum se defender a necessidade de uma autoridade central para normalizar a quantidade ótima de informações a ser produzida. Isso aumentaria a credibilidade para os participantes do mercado, uma vez que o regulador atuaria para agir de forma a preservar a liquidez e o jogo justo de mercado.

Frequentemente são descritas seis razões pelas quais a informação contábil deverá ser regulada. Essas razões são expostas abaixo e seus argumentos e contra-argumentos são baseados especificamente nas análises de Leftwich (1980) e Watts e Zimmerman (1986).

a) Controle de monopólio de informação pela gestão

- Argumento: os números contábeis são a única fonte de informação disponível aos investidores – fontes de informações alternativas não existem ou não são usadas pelos investidores. Os gerentes são capazes de manipular o preço das ações para sua própria vantagem.

- Contra-argumento: não é oferecida nenhuma explicação para a inexistência de fontes de informações alternativas. Se os custos de colher a informação comprobatória excedem os benefícios, investidores racionais não colherão a informação. Se os custos não excedem os benefícios, existe uma oportunidade de lucro, se esta não é explorada é porque os vendedores da informação identificam ser oneroso capturar os benefícios. Logo, os custos de fornecer as informações excedem os seus benefícios. Ademais, em um mercado eficiente a remuneração dos gerentes será reduzida pelo montante de lucros que ele espera ganhar de negociação privilegiada. Assim, esse efeito reduz o valor da firma sem aumentar (em média) a remuneração dos gerentes. Se, pelo fornecimento de informações adicionais, gerentes podem influenciar o mercado que se engajarão em menos negociação privilegiada, pode haver um aumento no valor da firma e no seu próprio bem-estar.

b) Investidores ingênuos

- Argumento: investidores menos sofisticados, que não possuem treinamento em informações contábeis, encontram grandes dificuldades de interpretação, em razão dos diferentes procedimentos contábeis existentes e da possibilidade de se registrar de diversas maneiras um mesmo evento. Logo, é improvável que comparem corretamente os números contábeis entre firmas ou através do tempo na mesma firma.

- Contra-argumento: em um mercado eficiente, os preços refletem de forma não enviesada todas as informações disponíveis, incluindo as contábeis. Assim esses investidores "ingênuos" não serão prejudicados por não compreender a contabilidade, uma vez que estão protegidos pelo preço. Eles compram por um preço que é justo, no sentido de que em média auferirão retornos normais dados os riscos do investimento. Adicionalmente, o investidor pode comprar a informação de analistas sofisticados. Os investidores enfrentam um *trade-off* entre o custo da informação e o custo de possíveis perdas a serem incorridas na ausência de informação. Não comprar a informação não o torna ingênuo, mas apenas reflete o resultado de sua decisão individual.

c) Fixação funcional

– Argumento: os investidores são funcionalmente fixados porque interpretam os números contábeis (resultado líquido, total de ativos) independentemente dos procedimentos contábeis utilizados para a formação desses números. Também é caro pagar para ajustar estes números. Assim, tomam decisões baseados em regras simples e, ao menos que esses números sejam ajustados, a informação será distorcida para tomada de decisões.

– Contra-argumento: os efeitos de procedimentos contábeis são publicamente evidenciados e inúmeros investidores sofisticados farão estes ajustes com menor custo. Os preços irão comportar-se como se todos os investidores discriminassem entre números e procedimentos contábeis. Logo, os investidores funcionalmente fixados que não discriminam, não perdem (em média) em um mercado eficiente.

d) Números sem sentido

– Argumento: o custo histórico ainda exerce forte influência na contabilidade contemporânea e muitas das suas alocações, como encargos de depreciação, são arbitrárias. Além disso, usam-se diferentes métodos de avaliação, o que torna complicado agregar estes números e dar ao resultado total uma interpretação válida. Portanto, o preço de ações baseadas sobre esses números não discriminam entre firmas eficientes e menos eficientes.

– Contra-argumento: nenhuma evidência é oferecida de que a regulação oferece números com mais significados do que os números produzidos no mercado privado. Se existe uma forma melhor de estimar números contábeis fazendo com que os produtores da informação ou gerentes auferissem um retorno anormal, por que eles não oferecem esta informação? Novamente, a resposta é que o custo excede os benefícios. O uso exigido pelo regulador de um método "melhor" somente poderia aperfeiçoar o bem-estar se os custos resultantes de produção fossem menores do que no *free market* e/ou os benefícios sociais fossem maiores do que os benefícios privados.

e) Diversidade de procedimentos

– Argumento: existem vários critérios contábeis alternativos que podem ser usados para registrar eventos particulares. Consequentemente, os gestores podem disfarçar qualquer desempenho inepto e esconder notícia boa ou ruim, até realizar sua negociação sobre a informação. A regulação serviria para reduzir a diversidade de procedimentos e a liberdade de escolha pelos gerentes.

– Contra-argumento: em um mercado eficiente, gerentes não podem usar diversos procedimentos para enganar os investidores sistematicamente. Contratos podem ser firmados para reduzir alternativas contábeis disponíveis para a gestão. Escolhas de métodos contábeis podem afetar o fluxo de caixa da firma porque os números registrados influenciam negociações com diversos *stakeholders*. Se as regras de mensuração forem flexíveis, os gerentes podem escolher regras que maximizem o valor da firma.

f) Falta de objetividade

– Argumento: não há critérios objetivos para escolher o conjunto de técnicas contábeis disponíveis. Contadores diferentes podem apresentar diferentes números referentes ao mesmo conjunto de fatos.

– Contra-argumento: a falta de demanda para regras objetivas de mensuração contábil explica por que aquelas regras não têm sido produzidas pelos teóricos da contabilidade.

A partir dessas visões confrontantes, é possível concluir que não há um consenso teórico se a contabilidade deveria ser regulada, faltando evidências empíricas que tornem irrefutáveis os argumentos de uma das linhas de pensamento. O importante é o desenvolvimento de uma visão crítica que permita a ponderação para se analisar os custos e os benefícios de intervenções regulatórias na contabilidade. Uma forma de ampliar essa visão crítica é o entendimento do propósito dos normatizadores e reguladores da contabilidade, tendo por referência as teorias de regulação econômica.

2.4 TEORIAS DE REGULAÇÃO ECONÔMICA

As teorias de regulação econômica procuram explicar os propósitos pelos quais os reguladores ou normatizadores intervêm no comportamento do mercado. Nesse sentido, algumas teorias desenvolvidas por economistas, e debatidas também por advogados, surgiram no século XX: a teoria do interesse público, a teoria da captura e a teoria do grupo de interesse econômico.

Teoria do Interesse Público (TIP)

A teoria do interesse público defende inicialmente que a regulação é fornecida em resposta à demanda do público para a correção de ineficiências ou práticas de mercado injustas. Nesse sentido, esta teoria presume que a autoridade reguladora possui os melhores interesses para a sociedade, fazendo seu melhor para regular de forma a gerar bem-estar social. Consequentemente, a regulação seria um *trade-off* entre os custos da regulação e seus benefícios sociais na forma de melhores operações de mercado.

Originalmente baseava-se em duas premissas: os mercados econômicos eram extremamente frágeis e aptos a operar muito ineficientemente (ou injustamente) se deixados sozinhos, e a regulação do governo é praticamente sem custo (gratuita). Sendo assim, a intervenção do governo é apenas uma resposta às demandas públicas para a retificação de ineficiências e injustiças na operação de livre mercado. Por esse entendimento, esquemas particulares de regulação do governo não podem ser explicados sob o argumento de aumento da riqueza, ou por um padrão altamente propagado de equidade ou justiça social.

Outros problemas identificados com esta teoria é a definição da quantidade certa de regulação, pois é impossível satisfazer a todos, bem como a identificação da real motivação do corpo regulatório. É difícil monitorar as ações do regulador, por sua natureza complexa e em razão do elevado custo de mensuração, o que cria um problema de risco moral, pois o regulador poderá agir em interesse próprio, ao invés do bem-estar social.

Posner (1974) apresenta uma reformulação da TIP, defendendo que um desempenho decepcionante da regulação não é resultado de uma inconsistência no objetivo, mas sim de fraquezas nas pessoas e nos procedimentos, as quais serão devidamente corrigidas quando a sociedade ganha experiência nos mecanismos de administração pública. Por esta visão, a TIP defende que as agências regulatórias são criadas para propósitos públicos de boa-fé, todavia são mal geridas, resultando que aqueles propósitos nem sempre são alcançados.

Algumas críticas são apresentadas em relação a esta visão reformulada da teoria. As evidências mostram que os resultados socialmente indesejáveis da regulação são frequentemente desejáveis por grupos influentes na promulgação de legislação que instituiu o regime regulatório. Como exemplo, cita-se o caso do setor de companhias aéreas, as quais apoiaram a regulação de transporte porque consideravam concorrências "desreguladas" excessivas. Outra crítica afirma que as agências regulatórias típicas operam com razoável eficiência para atingir deliberadamente ineficiência ou objetivos ineficientes estabelecidos pelo legislador que a criou. Como exemplo, seria a tendência de algumas agências em concentrar seus recursos fortemente sobre casos de pequenas consequências individuais. Por fim, é contra-argumentado que nenhuma teoria tem sido proposta para explicar por que deveria ser esperada menos eficiência das agências do que das outras organizações.

Teoria da Captura

Outra teoria amplamente discutida é a Teoria da Captura, que pressupõe que as indústrias reguladas tentarão controlar o regulador, pois sabem que as decisões tomadas pelo regulador terão um impacto direto em suas atividades e, por isso, procurarão influenciar decisões vantajosas para os seus negócios. A partir da visão dos cientistas políticos, é defendido que, com o tempo, as agências regulatórias chegam a ser dominadas pelas indústrias reguladas.

Há críticas a essa afirmação, defendendo que esta não é uma teoria e sim uma hipótese, faltando fundamentação teórica para questões como a caracterização da interação entre agência regulatória e firma regulada por uma metáfora de conquista. Na ausência dessa razão, o processo regulatório é visto como o resultado de negociações implícitas (e às vezes explícitas) entre a agência e firmas reguladas. Também não é sugerida nenhuma razão para justificar que a indústria regulada deveria ser o único grupo de interesse capaz de influenciar a agência e por que os setores são capazes de capturar somente agências existentes, nunca para conseguir a criação de uma agência que irá promover seus interesses. Ademais, a teoria da captura não prediz os resultados quando uma única agência controla vários setores e quando existem grupos concorrentes dentro de um mesmo setor.

Dentro do âmbito contábil, é razoável supor que diferentes grupos (tais como auditores, contadores, firmas, reguladores nacionais, academia) terão diferentes interesses sociais e econômicos e se interessarão em influenciar o processo (*lobby*) quando percebem uma ameaça ou oportunidade em relação ao novo padrão contábil proposto, ou seja, quando as decisões do regulador impactarão em arranjos contratuais, gerenciais, sociais, ou até mesmo no valor da firma.

Teoria do Grupo de Interesse Econômico

Uma terceira teoria é a do Grupo de Interesse Econômico, que assume que grupos serão formados para proteger interesses econômicos particulares. Portanto, interesses privados são considerados a dominar o processo legislativo.

Nesse sentido, o regulador pode ser entendido como um grupo de interesse, pois deseja manter-se no poder. Logo, fornecerá regulação na medida desejada por aqueles que podem colaborar com seus objetivos. Os interesses do regulador envolvem abraçar estratégias para assegurar reeleição, assegurar manutenção de sua posição de poder ou privilégio dentro da comunidade.

Sob a perspectiva da teoria do grupo de interesse econômico, a regulação por si é considerada uma *commodity* para a qual existe oferta e demanda, que será direcionada para aqueles grupos que forem mais efetivos politicamente em convencer a autoridade política a lhes garantir favores regulatórios.

Assim, o grande cerne é a transferência de riqueza entre os agentes impactados pelas regras regulatórias. Se um grupo particular não tem poder suficiente, seja por meio de controle de votos ou oferecimento de recursos para financiamento de campanhas, então não será capaz de fazer um *lobby* efetivo para o regulador proteger seus interesses. Assim, os reguladores agirão para transferir riquezas de pessoas com baixo nível de poder político para agentes de altos níveis de poder político, com capacidade de influência sobre o próprio regulador. A premissa básica é que os impostos, subsídios, regulações e outros instrumentos políticos são usados para aumentar o bem-estar dos grupos de pressão mais influentes.

Qual a relação dessas teorias com o processo de normatização contábil? É coerente perceber que existe *lobby* sobre os reguladores ou normatizadores contábeis porque a contabilidade possui consequências econômicas, assim posições favoráveis/desfavoráveis serão manifestadas por grupos de interesse quando perceberem que a norma contábil proposta ou uma alteração de uma norma já existente trará reflexos positivos/negativos para o alcance de suas utilidades esperadas. A seção seguinte discutirá as características das firmas que fazem *lobby* no âmbito contábil para influenciar as escolhas de procedimentos contábeis, bem como a efetividade percebida em relação a esse processo.

2.5 *LOBBY* NA EMISSÃO DE NORMAS CONTÁBEIS

Pesquisas de *lobby* na contabilidade podem ser segregadas em três áreas de interesse. A primeira compreende as pesquisas que identificam as características das firmas que fizeram *lobby* a favor ou contra propostas particulares, com o objetivo de compreender e predizer os fatores que motivam as firmas a se posicionar em relação a um padrão proposto.[3] A segunda abordagem de pesquisas centra-se em identificar e comparar as características das firmas que fazem *lobby* daquelas que não fazem, com o propósito de identificar as motivações que levam uma firma a despender recursos e tempo tentando influenciar o processo de normatização contábil.[4] A terceira linha se preocupa em examinar as próprias razões afirmadas pelas firmas para fazerem ou não *lobby*, ou por que apoiam uma decisão particular e qual a efetividade percebida nesse processo.

Apesar de esta seção discutir o processo de *lobby* realizado por firmas, cabe ressaltar que outros agentes contribuem (e, portanto, desejam influenciar) o processo de elaboração de normas contábeis liderado pelo IASB/FASB. Entre esses agentes podem ser citados firmas de auditoria, firmas de contabilidade, órgãos reguladores nacionais, associações de setores (uma entidade representando as empresas de um mesmo setor econômico) e a própria academia. Todavia, os achados de pesquisas são mais relacionados a identificar os incentivos das firmas em contribuir para o devido processo e, por isso, serão explorados nesta seção. Um quadro-resumo evidencia o objetivo das pesquisas de *lobby*, levantadas para este capítulo, e os principais achados encontrados.

Quadro 1 – Pesquisas sobre regulação da contabilidade

Autor(es)	Objetivo	Resultados
Zeff (2002)	Investigar como as indústrias reagiram à proposta do FASB de exigir o registro das opções de ações concedidas a empregados pela estimativa do valor justo destas opções, registrando-se uma despesa.	Associações e empresas pressionaram o Senado para frustrar qualquer tentativa do FASB em continuar com esta proposta, e o Senado, por meio de Resolução, solicitou que o FASB não procedesse com esta iniciativa, em razão das graves consequências econômicas, principalmente para os negócios nos setores em crescimento, que dependem fortemente de empreendedorismo do empregado. O FASB passou a exigir apenas a divulgação, em **notas**, do efeito estimado de diluição das opções de ações sobre os lucros reportados e não a mensuração desses efeitos nas demonstrações contábeis.

---

[3] O estudo seminal nesta abordagem é o de Watts e Zimmerman (1978) e será discutido na seção seguinte.

[4] Um estudo relevante neste aspecto é o de Georgiou (2005).

Autor(es)	Objetivo	Resultados
Georgiou (2004)	Identificar os métodos de *lobby* que as firmas usavam para influenciar o Accounting Standard Board's (ASB), os estágios do processo que empregavam estes métodos e a efetividade percebida, na perspectiva das firmas.	O *lobby* é empreendido durante a exposição pública do *discussion paper* e do *exposure draft*, os quais foram considerados mais efetivos, pelas firmas, do que qualquer outro estágio. Cartas de comentários foram destacadas como o método mais popular, como também o apelo aos auditores externos.
Georgiou (2005)	Identificar as características das firmas que fazem *lobby* ao ASB em relação a firmas não lobistas.	O tamanho das firmas é um fator significativo, com alta probabilidade de explicar o comportamento de *lobby* das empresas. Cláusulas contratuais de dívidas atreladas a números contábeis influenciam nas decisões das empresas para comentar as propostas.
Cortese et al. (2010)	Analisar qualitativamente as contribuições dos agentes do setor de extração (gás, petróleo, mineração), para identificar se conseguiram capturar o IASB para perpetuar a diversidade da prática existente em relação à contabilização dos custos de pré-produção, existindo dois métodos: *the successful efforts* e *the full cost*.	As indústrias extrativas têm capturado o processo de fixação de padrões contábeis internacionais, a fim de garantir regulação favorável a partir do IASB. A IFRS 6, em efeito reforça o *status quo* e simplesmente codifica a prática do setor estabelecido.
Allen e Ramanna (2012)	Analisar como as características profissionais e políticas influenciam os membros do FASB e da SEC na opção por relevância e confiabilidade de normas contábeis.	Associação positiva com os membros do FASB com experiência no setor financeiro, em propor normas que aumentem a relevância, particularmente devido à sua tendência de propor métodos de mensuração a *fair value*.

Fonte: Dados da pesquisa.

Pela análise do Quadro 1, é possível perceber que os estudos de regulação possuem várias vertentes, no sentido de que podem investigar as características das empresas em tentar influenciar o processo, as intervenções do próprio Governo sobre os normatizadores contábeis e a influência que as experiências profissionais e políticas geram sobre a escolha de práticas contábeis.

De modo geral, estudos de regulação apresentam como grande ambiente o teste de pressões políticas. Essas pressões políticas são frequentemente associadas com argumentos de consequências econômicas, as quais podem ser consideradas como "o impacto dos relatórios contábeis sobre vários segmentos de nossa sociedade econômica" (Schroeder et al. 2011). Zeff (1978) afirma que, antes os reguladores eram assumidos como neutros em seus efeitos e que atualmente esta premissa está sendo questionada e a matéria de consequências econômicas e sociais tem se tornado uma questão contemporânea na contabilidade. Isso significa que os reguladores não levam em consideração unicamente questões conceituais para melhores práticas de contabilidade, mas também ponderam o impacto dessas propostas para os setores envolvidos.

Zeff (1978) lista vários casos em que a influência sobre os reguladores ocorreu por meio desse argumento, indicando que partes externas interferiram no processo de fixação de padrões por um apelo a critérios que transcendem a questões tradicionais de mensuração contábil e apresentação justa. As consequências econômicas de padrões contábeis são aderentes à própria natureza social da contabilidade, pois as informações contábeis não são apenas o reflexo das decisões, mas alteram também o curso de decisões estratégicas. A questão é: em que medida devem-se considerar as consequências econômicas na elaboração de padrões contábeis? Considerar esse argumento não significa desrespeitar princípios contábeis, mas sim buscar um delicado equilíbrio entre variáveis contábeis e não contábeis (ZEFF, 1978). Avaliar em que lado da balança um padrão proposto se encontra é uma questão difícil de mensuração, o que torna o estudo de regulação contábil desafiador, crítico, complexo e inacabado.

Como visto, é difícil identificar conjuntamente todas as forças de influências que agem sobre o normatizador/regulador e como este ponderará esses argumentos no padrão final, porém algumas premissas teóricas já foram estabelecidas e preditas, especificamente em relação aos fatores que influenciam as firmas a se posicionar favoravelmente ou desfavoravelmente ao padrão proposto. Um estudo pioneiro é o de Watts e Zimmerman (1978) e será visto na seção seguinte.

2.6 REAÇÃO DAS FIRMAS EM RELAÇÃO A NOVOS/ MUDANÇAS DE PADRÕES CONTÁBEIS

O estudo de Watts e Zimmerman (1978) teve por objetivo desenvolver uma teoria positiva na determinação de padrões contábeis, que ajudaria no entendimento das fontes de pressão dirigidas ao processo regulatório, dos efeitos de vários padrões contábeis sobre diferentes grupos de indivíduos e das razões pelas quais vários grupos estariam dispostos a gastar recursos tentando afetar esse processo.

O estudo também está focado na regulação do setor privado, especificamente o FASB, considerando o *memorandum* de discussão sobre os ajustes do nível geral de preços, e delimitou em compreender os incentivos dos gerentes para apoiarem ou se oporem aos padrões contábeis.

Os autores partem dos mecanismos que aumentam a riqueza dos gerentes, via aumento no preço das ações e aumento nos bônus de incentivos financeiros. Discorrem que as escolhas de padrões contábeis podem afetar ambas as formas de compensação indiretamente, através de impostos, procedimentos regulatórios (se a firma é regulada), custos políticos e custos de produção de informações e diretamente via planos de compensação dos gerentes.

Afirmam que, em geral, existe uma tendência de empresas maiores decidirem por critérios contábeis que reduzam o lucro, em função da possibilidade de serem remuneradas por um acréscimo de taxas e pela influência de custos políticos (uma vez que lucros maiores geram maiores possibilidades de intervenção política). Essa hipótese é condicional sobre se a firma é regulada ou sujeita a pressões políticas.

As Figuras 1A e 1B apresentadas por Watts e Zimmerman (1978) demonstram o impacto do padrão contábil na redução do lucro (1A) ou no aumento (1B), e que o valor presente é uma função do tamanho da firma. Note que na região 0B o – custo de produção da informação (CPI) excede os – benefícios brutos (BB), gerando – benefícios líquidos (BL) negativos. Assim, segundo esses esquemas gráficos desenvolvidos pelos autores, empresas menores, ao analisarem padrões contábeis que reduzam o lucro, têm um incentivo de submissão desfavorável ou não submissão, por não serem submetidas a regulações e pressões políticas, ao contrário de grandes firmas.

Antes de a empresa fazer a submissão, gerentes consideram a probabilidade de o FASB vir a adotar o padrão, caso não haja manifestação, e a probabilidade do FASB adotá-lo se a firma fizer uma submissão de oposição. Os autores citam como exemplo que a firma irá incorrer em benefícios de valor presente negativo de $ 100.000 se o padrão é adotado com probabilidade de 60%. Realizando uma submissão negativa, a probabilidade cai para 59%. O valor presente líquido espera-do dos benefícios da submissão é, então, $ 1.000, representado pelos – benefícios líquidos esperados (BLE). A curva BLE–CS considera os custos de submissão (*cost of the submission*), que consiste no custo de oportunidade do tempo dos gerentes, sendo esta um pouco inferior à curva BLE. A firma então irá fazer submissões se BLE-CS for positivo, ocorrendo nas regiões DA e acima de C; entre 0 e D e entre A e C nenhuma submissão é realizada.

Figura 1A – Redução nos lucros contábeis

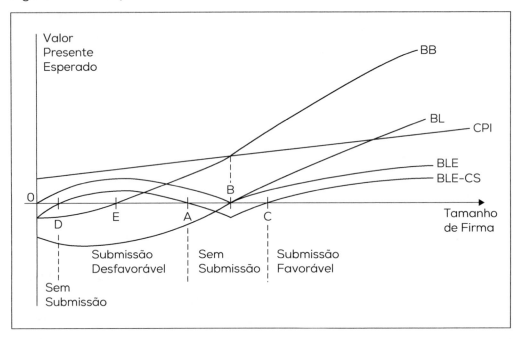

Fonte: Watts e Zimmerman (1978).

Na análise da Figura 1B, os BB são somente positivos para pequenas empresas, a partir do ponto E' os GB são negativos, pois o aumento do lucro pode aumentar interferências governamentais, argumentando possíveis monopólios e possibilitando a atuação de sindicatos. A curva BLE–CS corta o A', a partir desse ponto grandes firmas farão submissões desfavoráveis.

Figura 1B – Aumento nos lucros contábeis

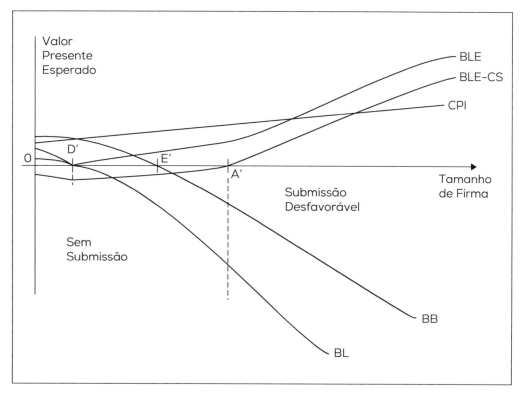

Fonte: Watts e Zimmerman (1978).

Watts e Zimmerman (1978) comprovaram empiricamente que o mais importante fator que impulsiona as contribuições das firmas é o tamanho. Portanto, quanto maior a firma e mais regulada, maior a tendência de apoiar critérios contábeis que reduzam o resultado contábil.

Essa visão é corroborada por Watts (1977), ao afirmar que falhas em grandes firmas são potenciais crises políticas e que a subavaliação de ativos é improvável de levar a qualquer crise política, se a firma é bem-sucedida. Portanto, pela teoria da regulação, é possível esperar o IASB ou FASB propondo padrões contábeis que subavaliem os ativos e consequentemente os resultados, para que não sejam responsabilizados por possíveis crises futuras.

2.7 TEORIA DA REGULAÇÃO × TEORIA DA CONTABILIDADE

A partir da década de 1970, surgiram várias pesquisas preocupadas em analisar o processo de construção das normas contábeis, com base na perspectiva de autointeresse dos agentes envolvidos nessa construção. Como resultados, essas pesquisas mostram que os agentes possuem incentivos e, por isso, desejam influenciar no resultado final do padrão. Assim, quais seriam os incentivos que os pesquisadores contábeis possuem para influenciar a emissão de normas? Ou ainda, para que serve a teoria da contabilidade no mundo regulatório?

Watts e Zimmerman (1979) buscaram refletir sobre o papel da teoria contábil na determinação de práticas contábeis e fixação de padrões. Essa teoria foi vista como um bem econômico, e a natureza para demanda e oferta do bem foi analisada em ambientes desregulados e regulados. No primeiro, onde a contabilidade era utilizada para redução de custos de agência, as práticas variavam porque uma prática contábil que minimiza custos de agência em um setor pode não fazê-lo em outro. Portanto, flexibilidades de procedimentos eram esperadas. Nesse ambiente desregulado, a demanda por teorias contábeis serve para três funções: pedagógica, informação e de justificação. Pedagógica pela necessidade de se examinarem sistemas existentes e resumir diferenças e similaridades. A demanda por informação relaciona-se a predizer os efeitos de procedimentos contábeis sobre o bem-estar de gerentes e auditores via exposição a ações judiciais. E a demanda por justificação exemplifica as manipulações dos gerentes sobre acionistas e credores, o que serve para aperfeiçoar a habilidade do auditor em monitorar tal comportamento.

Segundo os autores, em economias reguladas existe também demanda por teorias contábeis de caráter pedagógico, por informação e justificação. A pedagógica refere-se à demanda de textos detalhados explicando exigências da SEC, Receita Federal etc. A demanda por justificação ocorre porque os defensores e opositores de legislação de interesse especial devem oferecer argumentos para as posições que defendem. Se essas posições incluem mudanças nos procedimentos contábeis, teorias contábeis que servem como desculpas são úteis. Essas defesas tenderão a ser baseadas sobre afirmações que a ação política está no interesse público, porque essas afirmações geram menos oposição do que argumentos baseados em autointeresse. Assim, a regulação do governo cria uma demanda por teorias contábeis normativas, empregando argumentos de interesse público, isto é, por teorias que demonstrem que certos procedimentos contábeis deverão ser usados porque geram melhores decisões para investidores, maior eficiência de mercado etc. Adicionalmente, a demanda não é por uma teoria, mas sim por várias teorias normativas, tendo em vista que os diversos agentes possuem diversos interesses.

Do lado da oferta de teorias, os autores concluem que se os custos de transações são altos – aqueles incorridos para tentar influenciar o processo –, a demanda para desculpas é arma útil, se a demanda por teoria contábil é dominada por demanda de desculpa, e se a demanda determina produção, teorias contábeis irão ser geradas por debates políticos. É esperado que a natureza da teoria contábil mude com as mudanças de questões políticas. Assim, a teoria contábil irá mudar contemporaneamente com as questões políticas, ou com alguma defasagem no tempo. Portanto, sob essa perspectiva, não se espera observar a teoria contábil liderando a ação política. Se a teoria tende a conduzir (aparece antes ou no mesmo momento), a hipótese de teorias contábeis atendendo o interesse público é suportada. Se a teoria é defasada, a hipótese dos autores é confirmada. Eles acreditam que os conceitos são alterados na literatura para permitir que as práticas contábeis se adaptem às mudanças nas questões políticas e instituições, ou seja, a teoria muda após a introdução da regulação do governo.

No artigo são apresentados três casos em que a teoria defendida pelos autores é suportada. O caso das ferrovias nos EUA e no Reino Unido mostra que não havia debates na literatura sobre depreciação (mesmo existindo firmas que possuíam navios), que só iniciaram após a regulação do ICC fixando a taxa das rodovias a partir do lucro. Assim, a depreciação passou a ser reconhecida como despesa e não mais como alocação de lucros – por sua capacidade de se tornar recuperada pela tarifa. Essas regulações precedem os debates observados na literatura contábil sobre depreciação. Outro caso apresentado é sobre a influência da lei tributária, onde é exemplificado que a depreciação, ao ser aceita como dedutível fiscalmente, influenciou o seu conceito resultante e o de resultado contábil. Por fim, a promulgação dos *securities acts* de 1933-34 causaram o deslocamento do objetivo da contabilidade de controle para o objetivo da informação e estimularam a busca por princípios contábeis.

Sob essa premissa, conclui-se que o próprio desenvolvimento da teoria da contabilidade está atrelado ao processo de regulação. Interessante notar que 30 anos após o estudo de Watts e Zimmerman (1979), Fülbier, Hitz, Sellhorn (2009) estudaram sobre as diversas formas que as pesquisas acadêmicas poderiam contribuir para a regulação contábil. A agenda do IASB foi segregada em três categorias: (1) estrutura conceitual, (2) questões de reconhecimento e mensuração e (3) questões de apresentação e *disclosure*. Para cada uma delas, possíveis pesquisas de interesse do normatizador foram apresentadas. Especificamente ao tratar sobre a terceira categoria, é afirmado que pesquisa relevante explorará aspectos de economia do bem-estar para justificar teoricamente a regulação do requisito de evidenciação vinculado.

Dessa forma, é provável que os pesquisadores e, consequentemente, a teoria da contabilidade se desenvolvam mais acentuadamente em momento posterior à emissão da norma, pouco ou nada influenciando o momento de promulgação do normativo, provavelmente porque os incentivos relacionados à vida acadêmica (publicações, fama, reputação) divergem dos incentivos dos agentes que contribuem para a regulação, os quais têm envolvimento efetivo com transferências de riquezas. Todavia, para acadêmicos mais maduros, para os quais a quantidade de publicação passa a não ser mais tão importante, existem incentivos para pesquisa baseada na política, relacionados ao desejo de fazer diferença, ou pelo prestígio de ser nomeado por instituições de renome, isto é, uma motivação mais idealista do que econômica.

2.8 RESUMO

Considerando o exposto, é possível refletir sobre as questões inseridas na introdução do texto. Pela análise da história da regulação, constata-se que as práticas contábeis nem sempre foram reguladas, não existindo, notadamente até o início do século XX, padrões ou normas que determinassem critérios para reconhecimento, mensuração e evidenciação das transações econômicas e financeiras das firmas. Todavia, incentivos existiam para que estas informações fossem divulgadas aos acionistas e credores, sendo estes especificamente relacionados à redução de custos de agência. Portanto, é possível concluir que na ausência de um ambiente regulatório existem divulgações de informações contábeis, principalmente se houver contratos de dívidas com cláusulas de restrições baseadas em números contábeis e dispersão do controle acionário.

Logo, os acionistas precisam assegurar-se de que os gerentes estão atuando em consonância com seus interesses, sendo a figura do auditor possivelmente presente para atestar a credibilidade dessas informações. Todavia, nesse ambiente desregulado não se consegue assegurar que a quantidade de informações necessárias para os usuários da contabilidade serão ofertadas, nem que existirá total credibilidade no que é divulgado, sendo tais fatores de alto risco para a economia moderna, a qual está fortemente lastreada em transferências de riquezas, via operações de recursos próprios e de terceiros.

Por essa razão, a regulação é defendida como forma de normalizar uma distribuição equitativa de informações contábeis, culminando com o equilíbrio de mercado. As crises econômicas são o argumento mais forte para intervenções regulatórias, provavelmente porque expõem falhas de mercado, as quais podem ser minimizadas por critérios impositivos que visam reger determinados comportamentos, acompanhando-os, fiscalizando-os. Todavia, é possível se afirmar, também, que existem falhas de mercado relacionadas à própria regulação, quando, por exemplo, o normatizador ou regulador age em prol de determinados grupos econômicos, a fim de perpetuar ou acrescer suas riquezas auferidas, em detrimento de grupos econômicos politicamente mais frágeis. Assim, a grande questão parece ser quais os princípios que fundamentam essas transferências de riquezas e, portanto, princípios morais como o da equidade permeiam tais decisões. Contudo, não se sabe empiricamente se o bem-estar social proposto pela teoria do interesse público é de fato alcançável e se a normatização de padrões contábeis gera um resultado mais satisfatório do que a não normatização, para o bom funcionamento da sociedade como um todo.

O bem-estar social também está atrelado ao desenvolvimento econômico da própria sociedade e, portanto, os argumentos de consequências econômicas não podem ser desprezados no processo de elaboração de normas. O equilíbrio entre esses diversos argumentos, aliado com os constructos teóricos da contabilidade (representados na estrutura conceitual), deverá ser perseguido incansavelmente, não obstante se perceber que é de difícil mensuração e sujeito a pressões poderosas. Portanto, não há que se falar em neutralidade absoluta nas elaborações de normas contábeis, simplesmente porque os próprios membros dos *Boards* possuem ideologias e experiências profissionais anteriores que influenciam seus julgamentos. Ademais, até por agirem democraticamente, escutam e ponderam os argumentos de consequências econômicas e sociais.

A prática do *lobby* no processo normatizador e regulador relaciona-se com o fato de que os padrões contábeis influenciam na riqueza de gerentes, acionistas, governo e credores, impactando também em diversos acordos contratuais previamente estabelecidos, no fluxo de caixa das empresas e no seu valor. Assim, é uma atividade inerente à premissa de que os agentes agirão para maximizar seu bem-estar e sua utilidade esperada. Nesse sentido, não é razoável imaginar que a ação de *lobby* seja descontinuada, ao menos em uma perspectiva de médio prazo, o que impulsiona a reflexão sobre a função social da própria contabilidade. Parece-nos que esta é envolvida em um ambiente conflituoso de transferências de riquezas, sendo ela própria um mecanismo de viabilização dessas transferências. Os acionistas são recompensados por meio de dividendos, calculados sobre critérios contábeis. Os gerentes são remunerados pelo acréscimo de receitas que conseguem produzir, sendo este faturamento refletido nos números contábeis. Os sindicatos podem exigir aumento salarial, a partir de análise de informações contábeis.

Portanto, a normatização da contabilidade pode ser entendida como a delegação de poder dos profissionais contábeis para uma autoridade central, que possui credibilidade e *expertise* suficiente para decidir o rumo de alocação de riquezas entre agentes econômicos da sociedade, a partir de informações contábeis. Se as forças de interesses, exercidas por meio de *lobby,* são sempre superiores ao que se entende por constructos teóricos contábeis, provavelmente ocorrerá um descrédito dessa entidade, podendo até ser substituída, como ocorreu com o APB nos EUA. Se a autoridade central consegue responder às demandas sociais e, simultaneamente, construir ou se relacionar com teorias contábeis existentes, provavelmente se manterá no poder e conseguirá o apoio de reguladores nacionais que passam a considerar seus padrões essenciais para o desenvolvimento econômico dos seus países.

A academia, representada pelos seus pesquisadores, tem intensificado suas contribuições para o entendimento crítico da regulação da contabilidade, principalmente a partir da década de 1970. Muita evolução precisa ocorrer, principalmente porque o ambiente normatizador passou a ser conjunto entre o IASB e FASB, e, portanto firmas norte-americanas e europeias passam a disputar espaço neste novo cenário. Uma limitação de pesquisa é a dificuldade de capturar todas as forças de influências no ambiente normatizador, por ser uma tarefa de pesquisa extremamente complexa, adicionado a dificuldades de se encontrar tendências no longo prazo. Talvez, a "falha" da academia ocorra pela manifestação ínfima nas cartas de comentários enviadas ao IASB e ao FASB. Esta "falha" ocorre porque não existem incentivos econômicos diretamente relacionados para que se possa efetuar um confronto de custos e benefícios.

Todavia, quanto mais disseminadas as pesquisas de regulação contábil, mais motivação os pesquisadores terão em participar e acompanhar esse processo. Simultaneamente, as futuras gerações terão maior entendimento sobre como uma norma contábil é construída e, com maior criticidade, consequentemente terão mais possibilidade de contribuir com os *Boards*, os quais demandarão contribuições acadêmicas quando perceberem que a essência de tais contribuições está nas possíveis agregações de valor para o equilíbrio idealmente desejado, e não apenas na construção de ideias para o atendimento de exigências acadêmicas relacionadas à quantidade de publicação de artigos.

REFERÊNCIAS

AKERLOF, George A. The market for "lemons": quality uncertainty and the market mechanism. *The Quarterly Journal of Economics*, v. 84, nº 3, p. 488-500, Aug. 1970.

ALLEN, Abigail; RAMANNA, Karthik. **Towards an understanding of the role of standard setters in standard setting**. Working Paper, Harvard Business School, 2012.

BARTON, J.; WAYMIRE, G. Investor protection under unregulated financial reporting. **Journal of Accounting and Economics** 38, p. 65-116, 2004.

BECKER. Gary S. A theory of competition among pressure groups for political influence. **The Quarterly Journal of Economics**, v. 98, nº 3, p. 371-400, Aug. 1983.

CARDOSO, Ricardo Lopes. **Regulação econômica e escolhas de práticas contábeis:** evidências no mercado de saúde suplementar brasileiro. 2005. Tese (Doutorado) – USP, São Paulo.

COOPER, K; KEIM, G. The economic rationale for the nature and extent of corporate financial disclosure regulation: a critical assessment. **Journal of Accounting and Public Policy**, 2, p. 189-205, 1983.

CORTESE, Corinne L.; IRVINE, Helen J.; KAIDONIS, Mary A. Powerful players: how constituents captured the setting of IFRS 6, an accounting standard for the extractive industries. **Accounting Forum** 34, p. 76-88, 2010.

DEEGAN, C.; UNERMAN, J. **Financial accounting theory**. 2. ed. Londres: McGraw-Hill, 2011.

FÜLBIER, Rolf Uwe; HITZ; Joerg-Markus; SELLHORN; Thorsten. Relevance of academic research and researchers' role in the IASB's Financial Reporting Standard Setting. **ABACUS**, v. 45, nº 4, 2009.

GEORGIOU, George. Corporate lobbying on accounting standards: methods, timing and perceived effectiveness. **ABACUS**, v. 40, nº 2, 2004.

_____. Investigating corporate management lobbying in the U.K. accounting standard-setting process: a multi-issue/multi-period approach. **ABACUS**, v. 41, nº 3, 2005.

IASB. **How we develop IFRSs**. Disponível em: <http://www.ifrs.org/How-we-develop-standards/Pages/How-we-develop-standards.aspx>. Acesso em: fev. 2013.

LEFTWICH. R. Market failure fallacies and accounting information. **Journal of Accounting and Economics** 2, p. 193-211, 1980.

LEFTWICH. R. Discussion of: Investor protection under unregulated financial reporting (by Jan Barton and Gregory Waymire). **Journal of Accounting and Economics** 38, p. 117-128, 2004.

POSNER, Richard A. **Theories of economic regulation**. NBER Working Paper Series, 1974.

PREVITS, Gary John.; MERINO, Barbara Dubis. **A history of accountancy in the United Stades**: the cultural significance of accounting. Ohio: Brownbrumfield, 1998.

RIAHI-BELKAOUI, A. **Accounting theory**. 5. ed. Londres: Thomson, 2004.

RODRIGUES, Adriano. **Gerenciamento da informação contábil**: evidências no mercado brasileiro de seguros. 2007. Tese (Doutorado) – USP, São Paulo.

RUTHERFORD, Brian A. Accounting research and accounting policy: what kind of gap? **Accounting in Europe**, 8:2, p. 141-154, 2011.

SCHROEDER, Richard G; CLARK, Myrtle W; CATHEY, Jack M. **Financial accounting theory and analysis**: text and cases. 10. ed. New Jersey, EUA: John Wiley & Sons, 2011.

SCOTT, William R. **Financial accounting theory**. 6. ed. Toronto: Prentice Hall, 2003.

SINGLETON-GREEN, Brian. The communication gap: why doesn't accounting research make a greater contribution to debates on accounting policy? **Accounting in Europe**, 7: 2, p. 129-145, 2010.

SUTTON, Timothy G. Lobbying of accounting standard-setting bodies in the U.K. and the USA: a downsian analysis. **Accounting, Organizations and Society**, v. 9, nº 1, p. 81-95, 1984.

TANDY, Paulette R.; WILBURN, Nancy L. The academic community's participation in standard setting: submission of comment letters on SFAS nºs 1-117. **Accounting Horizons**, v. 10, p. 92-111, Sept. 1996.

WATTS, Ross L. Corporate financial statements: a product of the market and political processes. **Australian Journal of Management**, v. 2, nº 1, p. 53-75, Apr. 1977.

_____; ZIMMERMAN; Jerold L. Towards a positive theory of the determination of accounting standards. **The Accounting Review**, Jan. 1978.

_____; _____. The demand for and supply of accounting theories: the market for excuses. **The Accounting Review**, nº 2, Apr. 1979.

_____; _____. **Positive accounting theory**. New Jersey: Prentice Hall, 1986.

WOLK, Harry I.; DODD, James L.; ROZYCKI, John J. **Accounting theory**: conceptual issues in a political and economic environment. 7. ed. Los Angeles, CA: Sage, 2008, xi, 678 p.

ZEFF, Stephen A. The rise of economic consequences. **The Journal of Accountancy**, Dec. 1978.

_____. "Political" lobbying on proposed standards: a challenge to the IASB. **Accounting Horizons**, v. 16, nº 1, p. 43.54, Mar. 2002.

ZEFF, Stephen. The Evolution of U.S. GAAP: The Political Forces Behind Professional Standards. **The CPA Journal**, 2005. Disponível em: <http://www.nysscpa.org/cpajournal/2005/205/infocus/p18.htm>.

3

Normatização da contabilidade: princípios *versus* regras[1]

José Alves Dantas
Fernanda Fernandes Rodrigues
Paulo César de Melo Mendes
Jorge Katsumi Niyama

3.1 INTRODUÇÃO

O avanço do processo de convergência dos padrões contábeis, com a adoção das *International Financial Reporting Standards* (IFRS), editadas pelo International Accounting Standards Board (IASB), ganhou relevância especial no início dos anos 2000, com a exigência de sua adoção no âmbito dos países da comunidade econômica europeia. No Brasil, os esforços para esse movimento de harmonização começaram na década de 1990 e apresentaram alguns fatos marcantes a partir da virada do século, entre os quais pode-se destacar: (i) a edição da Circular nº 3.068, de 8.11.2001, por parte do Banco Central do Brasil (BCB), determinando critérios para classificação e avaliação de títulos e valores mobiliários de acordo com preceitos das normas internacionais; (ii) a criação, em 2005, do Comitê de Pronunciamentos Contábeis (CPC), com o objetivo de estudar, preparar e emitir pronunciamentos técnicos com vistas ao processo de convergência aos padrões internacionais; (iii) a edição da Instrução CVM nº 457/2007, determinando que a partir do exercício findo em 2010 as companhias abertas passassem a apresentar demonstrações financeiras consolidadas adotando o padrão contábil internacional – normas do IASB; (iv) a promulgação da Lei nº 11.638, de 28.12.2007, alterando dispositivos relativos ao processo de elaboração e de divulgação das

---

[1] Artigo com essa temática foi publicado pelos mesmos autores na *Revista de Contabilidade e Organizações* – FEA-RP/USP, vol. 4, nº 9, p. 3-29, maio/ago. 2010.

demonstrações financeiras; e (v) a edição da Resolução nº 3.786, de 24.9.2009, do Conselho Monetário Nacional (CMN), determinando que as instituições financeiras constituídas sob a forma de companhia aberta ou que sejam obrigadas a constituir comitê de auditoria divulgassem, a partir de 2010, suas demonstrações segundo os padrões definidos pelo IASB, sem prejuízo de publicar também as demonstrações com base nos padrões contábeis definidos pelo BCB.

Embora o objetivo central do IASB seja o desenvolvimento de normas de alta qualidade, que sejam exigidas e aceitas globalmente, aperfeiçoando a divulgação financeira e o funcionamento dos mercados, o processo de convergência dos padrões contábeis traz em seu contexto uma reflexão mais profunda do que simplesmente a mudança de normas orientadoras sobre o reconhecimento, a classificação, a mensuração e o *disclosure* de eventos econômicos.

Contempla, também, uma discussão sobre qual deve ser a linha central para a estruturação normativa do sistema contábil: definir regras detalhadas para os diversos eventos econômicos, priorizando o objetivo de produzir informações consistentes e comparáveis e menos suscetíveis à subjetividade de quem as elabora; ou estabelecer princípios gerais que devem nortear o contador e o auditor em seu julgamento profissional sobre a melhor forma de reconhecer, classificar, mensurar e divulgar cada evento, tendo por propósito informações contábeis que reflitam o mais apropriadamente possível a essência econômica da operação.

Não obstante o fato de o movimento de aceitação e de adesão às normas do IASB, tidas como baseadas em princípios, revelar, de certa forma, que esse tipo de modelo tem prevalecido sobre o baseado em regras, não há unanimidade entre os estudiosos, pesquisadores e profissionais da Contabilidade quanto à conveniência de se adotar uma estrutura normativa que se caracteriza pela ausência de critérios mais específicos para o tratamento dos diversos eventos.

Essa discussão sobre as vantagens e as desvantagens de cada um desses modelos tem sido particularmente relevante nos Estados Unidos (EUA), onde o modelo dos *Generally Accepted Accounting Principles* (US-GAAP), editados pelo Financial Accounting Standards Board (FASB), é geralmente citado como um exemplo de sistema de normas baseadas em regras,[2] ao mesmo tempo em que há pressões para sua modificação, conforme discutido mais apropriadamente na Seção 3.3.

No Brasil, apesar do avanço na implementação das IFRS, por meio dos pronunciamentos do CPC, as discussões têm se concentrado sobre os benefícios as-

---

[2] Cabe ressaltar, de acordo com Schipper (2003), que apesar de os US-GAAP serem, de forma geral, citados como normas baseadas em regras, eles são originalmente suportados na estrutura conceitual, o que atenderia aos preceitos de padrões baseado em princípios. O que os torna baseados em regras são as exceções de escopo e de tratamento, conforme discutido na Seção 3.2.

sociados ao processo de convergência: redução de custo de elaboração de relatórios contábeis; redução de riscos e custos nas análises e decisões; e redução de custo de capital. Não há evidências, porém, de estudos acadêmicos que avaliem empiricamente as vantagens e as desvantagens desse processo, a partir de uma reflexão sobre as características de modelos de normatização baseados em princípios ou em regras.

3.2 O PROCESSO DE NORMATIZAÇÃO CONTÁBIL

A preocupação com o ordenamento normativo é coerente com um dos preceitos da importância da Contabilidade, que é o seu pragmatismo, ou seja, a sua utilidade para os usuários. Como exemplo, pode ser destacado o fato de que a regulamentação, nos EUA, começou com a criação do Interstate Commerce Commission (ICC), que procurou estabelecer um sistema contábil uniforme, em resposta a manipulações para aumentar o preço das ações das estradas de ferro. Na Grã-Bretanha, apesar de enfrentar o mesmo tipo de problema, passou-se a exigir, por meio de leis, volumes crescentes de divulgação financeira específica e geral nos relatórios anuais das empresas. Em síntese, a regulamentação contábil surgiu em decorrência de questões objetivas – a necessidade de disciplinar a divulgação financeira, principalmente em decorrência de casos de fraudes – embora tenham adotado modelos distintos: política de regulação por uniformidade, nos EUA, e política de regulação por divulgação, na Grã-Bretanha.

Um exemplo de como se dá o avanço do processo de regulação contábil[3] é o ocorrido nos anos 1930, quando os prejuízos causados pela quebra da Bolsa de Valores de Nova York provocaram maior preocupação quanto à qualidade das informações contábeis. Como consequência, foi criada a Securities and Exchange Commission (SEC) e instituídos princípios e normas contábeis que refletiam o desejo de garantir a segurança e a objetividade da informação contábil.

Apesar do razoável consenso quanto à necessidade de se estabelecer um padrão normativo que sirva de referência para a atuação dos profissionais, em razão de os mecanismos de mercados eventualmente serem falhos ou contrários aos interesses da sociedade, não há unanimidade quanto ao modelo a ser utilizado. Em um ambiente de grandes transformações no processo de regulação contábil, com um papel cada vez mais preponderante do IASB em relação aos reguladores nacionais, uma discussão permanece subjacente: Qual a linha central para a estruturação normativa do sistema contábil? A resposta pode ser a definição de regras

---

3   Definido como o conjunto de normas coercitivas relativas a determinada matéria ou área de conhecimento, advindas do Estado ou de órgão com poderes para isso (IUDÍCIBUS; LOPES, 2004).

detalhadas para os diversos eventos econômicos ou o estabelecimento de princípios gerais que norteiem o contador e o auditor em seu julgamento profissional sobre a melhor forma de reconhecer, classificar, mensurar e divulgar cada evento.

Nesse particular, destacam-se discussões sobre a adoção ou não do conceito *true and fair view*, bem como sobre a implementação de modelos normativos baseados em princípios ou em regras.

3.2.1 *True and Fair View* (TFV)

O conceito *true and fair view* foi originado no Reino Unido e preceitua que nas demonstrações financeiras deve prevalecer uma visão verdadeira e justa da situação econômico-financeira do negócio e dos resultados, inclusive sobre os eventuais dispositivos legais e normativos. Isso significa dizer que, mesmo em situações em que a norma contábil estabeleça determinados registros e divulgações, se o profissional entender que, seguindo a norma, a essência econômica será afetada, ele deve priorizar o conceito de TFV e não as previsões normativas.

A visão verdadeira e justa tem sido exportada para muitos países e, com a ascensão do Reino Unido à União Europeia, tornou-se parte da lei europeia, além de estar presente na *International Accounting Standard* (IAS) 1, que trata da apresentação das demonstrações financeiras. Não obstante, o conceito TFV permanece sem uma clara definição nos instrumentos legais, o que o torna sujeito a diferentes interpretações.

Em síntese, o objetivo do conceito TFV é deixar as companhias com alguma liberdade para escolher o critério contábil, contanto que as escolhas sejam aceitas pelos auditores independentes e claramente evidenciadas, podendo oferecer aos usuários a percepção dos administradores a respeito dos negócios, o que pode se revelar útil para a compreensão da situação econômico-financeira e dos resultados da empresa. Pelo fato de o conceito TFV não ser expressamente definido, as discussões acerca da supremacia da visão verdadeira e justa sobre os requisitos legais e os princípios contábeis têm se focado, especialmente, na sua subjetividade. A alegação dos seus opositores é que tal expressão serviria apenas de pretexto para que a administração pudesse fazer o que mais lhe conviesse.

Nos EUA, por exemplo, a liberdade implícita no conceito TFV sempre foi repelida, assumindo-se como requisito essencial para a elaboração e a divulgação das demonstrações financeiras os princípios contábeis geralmente aceitos, denominados US-GAAP. Tem-se, assim, uma diferença essencial em relação aos dois modelos: em um, a qualidade da demonstração financeira, a ser atestada pelo auditor, é se ela evidencia uma visão verdadeira e justa sobre as operações, o patrimônio e os resultados da organização; e em outro a referência do auditor para avaliar a qualidade dos relatórios financeiros é a observância aos princípios contábeis geralmente aceitos.

A respeito da subjetividade inerente à TFV, cabe ressaltar que esse é um conceito filosófico, não suscetível de ser definido por regras detalhadas. É essencialmente uma questão de ética e moralidade, o que implica assumir que contadores, usuários e auditores das demonstrações financeiras partilham uma compreensão comum dos propósitos da informação financeira. O pressuposto é que, por conhecer mais apropriadamente o negócio, a administração pode preparar melhores informações que aquelas imaginadas pelo regulador. Adicionalmente, em contraponto às críticas de que o TFV, pela sua subjetividade, facilitaria o gerenciamento de resultados, os seus defensores destacam que os abusos seriam evitados pela autorregulação do mercado.

Em síntese, os argumentos a favor do conceito TFV – um dos pilares da contabilidade baseada em princípios – têm-se concentrado basicamente no pressuposto de que busca a expressão verdadeira e justa nas demonstrações financeiras, com a prevalência da essência sobre a forma. Por outro lado, suscita diversos questionamentos sobre a pertinência de sua adoção, basicamente em função de eventuais consequências indesejadas decorrentes do uso da subjetividade por parte da administração.

3.2.2 Sistema contábil baseado em princípios

De acordo com Schipper (2003), a referência principal para se considerar as normas contábeis como baseadas em princípios é o fato de serem guiadas por uma estrutura conceitual, garantindo que a divulgação financeira seja relevante para os investidores, e que os requisitos de reconhecimento e de mensuração sejam baseados nas características qualitativas da informação contábil. Benston, Bromwich e Wagenhofer (2006), por sua vez, ao refletirem sobre os padrões contábeis dos Estados Unidos, ressaltam que, apesar da ênfase dada de que estão em conformidade com os princípios contábeis geralmente aceitos, são mais baseados em regras que em princípios, pelo número de tratamentos específicos que contemplam.

A partir dessas reflexões, é possível se definir um sistema contábil como sendo "baseado em princípios", quando as normas que dão sustentação à atuação profissional têm por base uma estrutura conceitual e não estabelecem critérios específicos para o tratamento de situações particulares. Pode ser expresso como um conjunto de noções, convenções ou forma de pensar que são consistentemente aplicadas para situações familiares e não familiares. A distinção em relação ao TFV é que, apesar de a visão verdadeira e justa ser considerada uma fortaleza do sistema baseado em princípios, este requer o estabelecimento de referências a serem consideradas no julgamento profissional, enquanto o TFV se sustenta em um conceito fundamental, de natureza abrangente, não traduzido em uma definição clara e objetiva.

O pressuposto é que as normas baseadas em princípios não determinam como fazer, mas sim como decidir o que necessita ser feito. Ao invés de especificar claramente como promover a classificação, o reconhecimento, a mensuração e a divulgação de cada evento econômico, oferecem diretrizes para o julgamento profissional de cada situação particular. Em resumo, sugerem a preparação dos contadores e dos auditores para que estes decidam o que é necessário fazer e como se deve fazer. A justificativa é que o oferecimento de um referencial para o julgamento profissional, combinado com a possibilidade de o contador e o auditor decidirem a melhor forma de elaborar e divulgar as informações a respeito das operações da empresa, permite a consideração da essência do negócio, tendo em vista que nem todas as nuances de uma operação poderiam ser apropriadamente antecipadas pelos reguladores.

As críticas a esse modelo concentram-se, essencialmente, na subjetividade do julgamento profissional, o que pode facilitar ou induzir o gerenciamento de resultados, bem como na perda de comparabilidade, tendo em vista que cada profissional pode julgar questões semelhantes de forma diferente. Como atenuante, há que se ressaltar o fato de que a ampla evidenciação das bases utilizadas para os julgamentos profissionais cria condições para que os usuários das demonstrações contábeis identifiquem essas eventuais diferenças no processo de divulgação financeira.

Os defensores do modelo argumentam, porém, que o conteúdo das demonstrações financeiras é inerentemente subjetivo, sendo mais construções intersubjetivas que realidades mentalmente independentes, por duas razões: primeiro, porque a informação pode ser percebida, apresentada e interpretada por diferentes pessoas e de diferentes formas; e segundo, porque, considerando a flexibilidade e a inventividade da mente humana, regulamentos detalhados podem nunca ser suficientemente completos nem apropriadamente relevantes para dizer adequadamente o que os contadores devem fazer. Com isso, uma harmonização absoluta seria impossível tanto filosoficamente quanto em sua natureza.

Os padrões editados pelo IASB têm sido apontados como exemplo de normas baseadas em princípios, por serem concebidas dentro de uma tradição jurídica consuetudinária (*common law*), oferecendo princípios gerais de orientação e não regras detalhadas, de forma a possibilitar que a essência econômica das operações seja evidenciada. Além do mais, o IASB segue uma política flexível na elaboração e na publicação de normas, indicando, em alguns casos, a adoção de mais de um procedimento contábil válido para uma mesma modalidade operacional.

Como exemplo do espaço para o julgamento profissional nos padrões do IASB, pode ser citado o caso dos instrumentos financeiros, onde as normas indicam a necessidade de apreciar e decidir sobre as seguintes questões: a essência econômica da operação, necessária para a decisão do momento do reconhecimento ou desreconhecimento da operação; a classificação do instrumento financeiro de acordo com a intenção da operação; a avaliação do valor justo do instrumento financeiro; e a identificação da finalidade da operação.

Essa afirmação de que as normas editadas pelo IASB são baseadas em princípios se sustenta principalmente pela comparação em relação aos US-GAAP ou aos BR-GAAP pré-CPC, pelo fato de esses efetivamente possuírem bem menos espaço para o julgamento profissional do que nas IFRS. Na prática, porém, nem todas as normas que constituem o modelo do IASB são totalmente pautadas em princípios. Algumas delas contêm regras de implementação bem específicas, como é o caso da IFRS 8,[4] que trata da divulgação de informações por segmentos, onde são previstos requisitos detalhados em relação ao volume de receitas, de ativos e/ou de resultados para se concluir sobre quais segmentos devem ser evidenciados. A existência de normas muito extensas,[5] bem como o conteúdo dos *Basis for Conclusions*, onde o *Board* justifica as razões para se optar por uma determinada forma de pronunciamento, também oferecem evidências para se questionar a afirmação de que o modelo do IASB é completamente baseado em princípios.

3.2.3 Sistema contábil baseado em regras

Um sistema contábil é tido como "baseado em regras" quando proveem normas detalhadas, com métodos específicos para o tratamento dos problemas e situações esperados. Não significa, necessariamente, que sua previsão seja feita sem considerar uma estrutura conceitual como referência. A característica central é buscar estabelecer critérios que procurem alcançar questões específicas.

É o caso, em particular, conforme Alexander e Jermakowicz (2006), das normas contábeis norte-americanas, que, apesar de denominadas de "princípios contábeis geralmente aceitos", compreendem convenções, regras e procedimentos necessários para definir as práticas contábeis aceitas em determinada situação. A palavra "princípio" não tem, portanto, um sentido estrito. Embora baseadas em uma estrutura conceitual, as normas emitidas pelo FASB são suplementadas por orientações ou guias de implementação e de interpretação muito detalhadas,

---

[4] Incorporado no modelo brasileiro pelo CPC 22.

[5] Como é o caso da IAS 39 (em processo de revisão) ou da IFRS 3, que detalham procedimentos para o reconhecimento e a mensuração de ativos financeiros e de combinações de negócios, respectivamente, em um grande número de páginas (IASB, 2013).

determinando como deve ser feito. São casos em que a aplicação da norma geral não é suficientemente clara e adequada. De acordo com o FASB (2002), o número de exceções a um padrão básico e a quantidade de julgamentos necessários para aplicar uma norma são os direcionadores de complexidade dos padrões contábeis, razão que justificaria a necessidade de regras e orientações.

Em síntese, embora as normas do FASB sejam originalmente emitidas com base na estrutura conceitual, o que atenderia ao preceito de "baseado em princípios", são seguidas de guias detalhadas que admitem exceções de escopo e de tratamentos. Ou seja, as orientações não são apenas detalhamentos das normas originais, permitindo, inclusive: a sua não aplicação em determinados casos (exceções de escopo), geralmente para evitar conflitos com corporações ou outros órgãos emissores de normas específicas; ou a aplicação a situações particulares (exceções de tratamento), muitas vezes para limitar a volatilidade dos resultados divulgados ou para permitir o atendimento a demandas específicas de segmentos.

Como exemplos de exceção de escopo, Schipper (2003) cita: os contratos de seguros, que geralmente são excluídos de normas aplicáveis a determinados tipos de empresas; os acordos de benefícios a empregados, que são excluídos do alcance das normas relativas a instrumentos financeiros; as exceções listadas na *Statement of Financial Accounting Standard* (SFAS) 133 para a definição de um derivativo, sendo que várias delas são claramente com a intenção de reduzir custos para os preparadores das demonstrações. Para as exceções de tratamento, são listados como exemplos: a SFAS 115, que prevê três categorias de títulos de mercado, cada uma com tratamento contábil específico; a SFAS 143, que permite desvios em relação à mensuração do *fair value*, explicitamente para reduzir a volatilidade do resultado; a SFAS 140, que permite a utilização de sociedades de propósitos específicos para o tratamento de desreconhecimento em certos contratos envolvendo ativos financeiros.

O resultado dessas exceções é o aumento do nível de detalhes e da complexidade das normas, o que pode tornar mais oneroso e difícil o processo de elaboração e divulgação financeira, impactando sua efetividade.

Para os seus defensores, o sistema baseado em regras é definido como o estabelecimento de "linhas claras", tendo em vista que eliminaria as eventuais dúvidas de interpretação de uma norma de caráter geral e seria um importante instrumento de uniformidade de atuação, o que garantiria a comparabilidade das informações produzidas. Os seus opositores, por sua vez, denominam-no pejorativamente de "*cookbook approach*", "indigestão contábil" ou "sobrecarga de padrões", refutando a premissa de "linhas claras" e destacando ser mais apropriado tratá-lo como "obscurantismo", por induzir a interpretação literal.

Entre os críticos desse modelo, destaca-se o argumento de que as regras são, por natureza, incompletas e podem tornar as normas inflexíveis ao longo do tem-

Normatização da contabilidade: princípios *versus* regras 75

po, dificultando as adaptações a novas situações conjunturais e ambientais, tornando-se obsoletas. Além do mais, ao não permitir a incorporação da percepção da administração, pode limitar a qualidade da informação divulgada aos usuários. Por fim, o aumento dos detalhes, notadamente com exceções especiais, torna as normas especialmente complexas, dificultando sua aplicabilidade.

3.3 DEBATE SOBRE A QUALIDADE DOS *US-GAAP*

Embora os *US-GAAP* sejam baseados em uma estrutura conceitual, são suplementados por orientações detalhadas de implementação e de interpretação, que proporcionam soluções contábeis mais coerentes com a letra da lei/norma que com o seu espírito. A esse respeito, inclusive, Hendriksen e Van Breda (1999) afirmam que a estrutura conceitual não tem sido o motor do estabelecimento de padrões que seus proponentes imaginavam, tendo em vista que, na prática, são extraídos termos da estrutura conceitual para reforçar argumentos, mas o que prevalece são, essencialmente, as decisões políticas, como previam os críticos.

Esse modelo se consolidou principalmente a partir da crise de 1929, quando a Contabilidade foi questionada pela ausência de padrão das informações divulgadas, o que teria dificultado a percepção dos investidores quanto à situação financeira das companhias. A partir dos escândalos corporativos do início dos anos 2000 – como os da Enron, da WorldCom e da Tyco –, o modelo contábil americano, porém, passou a ser criticado quanto à sua eficácia, sendo-lhe atribuída parte da culpa pelas ações de engenharia financeira promovidas pelas empresas, que estão na origem dos graves problemas identificados na ocasião.

Uma das consequências desse questionamento foi a determinação, na seção 108 da Lei *Sarbanes-Oxley* (SOX), de 2002, para que a SEC conduzisse um estudo para a adoção de um padrão de divulgação baseado em princípios. Nesse contexto também foi firmado, em setembro de 2002, o *Norwalk Agreement*, entre o IASB e o FASB, com o propósito de buscar eliminar as diferenças entre suas normas contábeis, tendo esses esforços de convergência recebido forte apoio da SEC, da Comissão Europeia e da comunidade corporativa ao redor do mundo.

A preocupação central nas discussões sobre os US-GAAP é se a eventual inflexibilidade das normas compromete a capacidade para se acomodar a mudanças do mercado, prejudicando a qualidade e a transparência das informações financeiras. O preceito seria que normas baseadas em regras podem se tornar inúteis e disfuncionais quando o ambiente econômico muda ou quando os gestores criam transações inovadoras.

Duas nuances emergem dessa discussão. A primeira é que o atual sistema de divulgação financeira nos EUA seria indesejável ou inapropriado, porque é baseado em regras, encorajando um alegado processo de *compliance* mental, o que, na visão de muitos, representaria um convite para a estruturação financeira e outras atividades que subvertem a preconizada qualidade da informação contábil. A segunda é que mudar para um sistema baseado em princípios seria desejável, porque requer o exercício apropriado do julgamento profissional.

Em síntese, os argumentos para se defender a reformulação do modelo contábil norte-americano podem ser sintetizados em duas vertentes: o padrão baseado em regras é de difícil aplicabilidade e oneroso, em decorrência do seu detalhamento excessivo, ao mesmo tempo em que impede a adaptação às mudanças ambientais; e o estabelecimento de critérios detalhados para o reconhecimento, a mensuração e a divulgação das operações não tem sido suficientes para evitar as ocorrências de engenharia financeira para estruturação de transações que possibilitem o alcance de objetivos contábeis, contrariando a intenção e o espírito das normas.

3.3.1 A proposta do FASB

Enquanto a SEC realizava os estudos determinados pela SOX, o próprio FASB (2002) publicou uma proposta para consulta pública de um sistema contábil baseado em princípios, discutindo aperfeiçoamentos potenciais na qualidade e transparência da divulgação financeira nos Estados Unidos. Destacando que o objetivo central das normas deve ser o provimento de informação útil para os investidores atuais e potenciais, os credores e outros usuários, o estudo ressaltou, inicialmente, que para o atendimento a esse requisito (utilidade para decisão), as qualidades primárias da informação são a relevância[6] e a confiabilidade.[7] A comparabilidade,[8] incluindo consistência, seria, na visão do *Board*, uma qualidade secundária que interage com a relevância e a confiabilidade para contribuir para a utilidade da informação.

Ao justificar o estudo, o FASB destaca as preocupações surgidas sobre a qualidade e a transparência da contabilidade e da divulgação financeira americana, ressaltando que a principal é decorrente do crescente detalhamento e complexida-

---

[6] Para ser relevante, a informação deve ser capaz de fazer uma diferença em um processo decisório, ao ajudar os usuários a formar predições sobre os resultados de eventos passados, presentes e futuros ou para confirmar ou corrigir expectativas posteriores. A tempestividade é um aspecto implícito na relevância (IASB, 2013).

[7] Para ser confiável, a informação deve ser adequadamente representada, verificável e neutra, reportando a atividade tão adequadamente quanto possível, não podendo ser enviesada para atender a um resultado predeterminado (IASB, 2013).

[8] A comparabilidade é atendida se transações e eventos similares são contabilizados similarmente e transações e eventos diferentes são contabilizados diferentemente (IASB, 2013).

de das normas, tendo como resultado: a dificuldade de aplicação prática; os altos custos envolvidos em sua operacionalização; a dificuldade de os profissionais se manterem atualizados; e a permissão de estruturação de operações que atendem ao teor das regras especificadas, embora contrariem a intenção e o espírito das normas, configurando o gerenciamento dos resultados.

Como diagnóstico causal para essa situação, o *Board* aponta que muito da complexidade e detalhes dos US-GAAP tem sido definido por demanda. No caso das exceções aos princípios, as regras contábeis criam situações em que aqueles não se aplicam às normas, geralmente em decorrência de acordos realizados para equilibrar os preceitos da utilidade da informação para o processo decisório com os problemas práticos do FASB e seus constituintes. A ocorrência de exceções, por si só, aumenta o nível de detalhe e de complexidade nas normas, porque regras e orientações específicas são necessárias para descrever e limitar as transações e eventos que são excetuadas.

Em relação às guias de implementação e interpretação, o argumento do FASB é que são criadas para garantir algum nível de comparabilidade. Adicionalmente, lidam com situações em que as exceções são aplicadas, funcionando como ferramenta educacional, e, em um ambiente de crescente litígio, proveem uma resposta única a várias questões. Ressalta ainda o *Board* que essas orientações detalhadas proveem um efetivo mecanismo de coerção à SEC, além de atenderem à demanda de outros (incluindo contadores e auditores) para limitar a possibilidade de julgamentos profissionais posteriores.

Com esse diagnóstico, o FASB afirma a decisão de considerar a possibilidade de adotar uma referência baseada em princípios para a edição de normas, similar à usada pelo IASB, ressaltando que isso deverá exigir mudanças nas ações e no comportamento de todos os participantes do processo de elaboração e divulgação de informações financeiras, ou seja, todos os envolvidos devem estar igualmente comprometidos com essas mudanças.

Como principais referências do *Proposal* apresentado pelo FASB (2002), podem ser destacadas: as normas continuariam a refletir os requerimentos fundamentais de reconhecimento, mensuração e divulgação, tendo por base uma referência conceitual, mas os princípios seriam aplicados de forma mais abrangente, oferecendo poucas, talvez nenhuma, exceções aos princípios; haveria menos guias de implementação e interpretação para a aplicação das normas; poderia se incluir a TFV, desde que em situações extremamente raras. Isso, por sua vez, aumentaria a necessidade de aplicação de julgamento profissional consistente com a intenção e o espírito das normas.

Por fim, o *Board* destaca que a implementação de um modelo baseado em princípios pode impor muitos custos ou riscos. Como exemplos, cita as possibilidades: de julgamentos profissionais, feitos de boa-fé, resultarem em diferentes interpretações para eventos e transações similares, aumentando a preocupação sobre a comparabilidade; de o vazio de orientações mais específicas formuladas por órgãos com melhor referência, como o FASB, ser ocupado por outros de menor qualificação; de ocorrência de abusos, onde os princípios não sejam aplicados de boa-fé, em consonância com a intenção e o espírito das normas.

Por outro lado, o FASB entende que as normas baseadas em princípios trazem os seguintes benefícios e oportunidades: devem ser mais fáceis de compreender e implementar, tendo em vista que seriam mais abrangentes; devem ajustar melhor as informações à substância econômica dos eventos e transações, a partir do uso do julgamento profissional; devem reduzir as possibilidades de engenharia financeira para o gerenciamento de resultados; devem aumentar o grau de comparabilidade, pela redução ou eliminação das exceções; permitem a reação mais positiva a situações emergentes no ambiente de transformações financeiras e econômicas em que as companhias operam.

Como consequência, o FASB espera normas contábeis de alta qualidade, que aumentem a transparência da informação financeira, essencial para o funcionamento eficiente da economia, além de facilitar a convergência com as normas do IASB, o que é objetivo do *Board*.

3.3.2 O estudo da SEC

Posteriormente à proposta do FASB, a SEC (2003) divulgou relatório tratando da adoção de um sistema contábil baseado em princípios, que foi submetido à apreciação do Congresso dos EUA, conforme determinado pela SOX. O relatório conclui que nem os US-GAAP nem as IFRS são representativos de um tipo ótimo de padrões contábeis baseados em princípios. Requer que sejam estabelecidos, claramente, os objetivos de um padrão contábil. Então, para distinguir sua proposta de sistema contábil baseado em princípios das outras propostas, a SEC se refere a ele como "normas orientadas para objetivos".

De acordo com o relatório, as normas orientadas para objetivos seriam baseadas em uma estrutura conceitual estabelecida e consistentemente aplicada e proveriam estrutura e detalhes suficientes para que as normas pudessem ser operacionalizadas e aplicadas em uma base consistente. Deveriam minimizar expectativas em relação às normas e, ao mesmo tempo, evitar o uso de testes percentuais, característicos das regras detalhadas.

O relatório contesta não apenas as normas baseadas em regras, mas também as normas baseadas em princípios, definidas como normas de alto nível, com pouca ou nenhuma orientação operacional. A rejeição de uma estrutura baseada em princípios se justifica porque, no entendimento da SEC, muitas das normas

Normatização da contabilidade: princípios *versus* regras **79**

requerem orientação específica para se tornarem operacionalmente viáveis. Como normas baseadas apenas em princípios requerem que contadores e auditores exercitem julgamentos contábeis para transações e eventos sem prover uma estrutura suficiente para esse julgamento, o resultado pode ser uma significante perda de comparabilidade entre as informações divulgadas.

O estudo resgata uma manifestação da própria SEC, de 1942, para afirmar que a questão básica é se as demonstrações financeiras cumprem a função de esclarecimento, que é a única razão de existir. Com essa lógica, defendem que esse debate sobre normas baseadas em princípios ou em regras é uma falsa polêmica, porque as empresas e os usuários necessitam é de uma contabilidade baseada em "objetivos".

A título de conclusão, além de se posicionar no sentido de que o FASB deve ser a única entidade autorizada a emitir normas contábeis nos EUA, formula as seguintes recomendações ao *Board*: que passe a emitir normas orientadas para "objetivos"; que trate as deficiências no *framework* conceitual; que continue os esforços de convergência; que trabalhe na redefinição da hierarquia dos GAAP; que aumente o acesso à literatura autorizada; que promova uma revisão abrangente de sua literatura para identificar normas que sejam mais baseadas em regras e adote um plano de transição para modificar essas normas.

Em resposta, o FASB (2004) se posicionou formalmente concordando com as recomendações da SEC, reforçando que o processo de emissão de normas contábeis deve ser consistentemente baseado em objetivos, compreendendo as seguintes características: (i) que seja aplicada a estrutura conceitual consistentemente;[9] (ii) que seja estabelecido claramente o objetivo contábil da norma; (iii) que sejam providos detalhes e preceitos suficientes para que a norma possa ser operacionalizada e aplicada de forma consistente; (iv) que sejam minimizadas as exceções à norma; que sejam evitados os testes de percentagens, que proporcionam o uso de técnicas de engenharia financeira que permitem o *compliance* técnico com o padrão contábil enquanto atua de forma contrária ao interesse da norma.

De qualquer forma, a respeito da proposta da SEC, permanecem dúvidas sobre a possibilidade do preconizado equilíbrio entre princípios e regras. Benston, Bromwich e Wagenhofer (2006), por exemplo, afirmam que a história sugere que isso é um "sonho impossível", tendo em vista que quando as companhias e os auditores buscam orientação sobre uma transação que não foi considerada pelo

---

[9] Em atendimento à recomendação do estudo da SEC, o FASB emitiu o *Statement of Financial Accounting Concepts* nº 8, em setembro de 2010, com a Estrutura Conceitual para o Reporte Financeiro, contemplando: a especificação do objetivo das demonstrações financeiras de propósito geral; e as características qualitativas da informação financeira útil.

3.4 CARACTERÍSTICAS QUALITATIVAS DA INFORMAÇÃO CONTÁBIL: UM PARÂMETRO DE ANÁLISE PARA A DECISÃO

Tanto na proposta original do FASB quanto no estudo da SEC, um parâmetro importante de análise para concluir sobre a pertinência ou não de se alterar o modelo contábil americano para baseado em princípios é a consideração das características qualitativas da informação financeira. O pressuposto é que os requerimentos de reconhecimento e mensuração das normas contábeis devem ter como referência as características qualitativas da informação. O conceito considerado é a utilidade da informação para a tomada de decisão, suportada pelas características da relevância, da confiabilidade e da comparabilidade.

Se, de certa forma, é até intuitivo se considerar as características qualitativas como referência para decidir sobre qual seria o modelo normativo mais apropriado, a questão subjacente é como se decidir em relação a uma eventual hierarquia dessas características qualitativas.

Para Schipper (2003), por exemplo, o desejo de alcançar a comparabilidade e sua contraparte temporal, a consistência, é a razão para se ter normas de divulgação contábil. Isto é, se eventos similares são contabilizados de forma equivalente, entre as empresas e ao longo do tempo, é possível se avaliar as demonstrações de diferentes entidades ou da mesma empresa em diferentes pontos do tempo, para compreender os eventos econômicos que lhes dão suporte. Se fosse dada pouca importância ao requisito de se aplicar o mesmo tratamento contábil a itens similares, seria razoável se esperar que os preparadores das demonstrações poderiam ser levados a escolher a divulgação que melhor atendesse às suas estratégias de comunicação. Aceitando-se que a comparabilidade é desejável, a relevância e a confiabilidade auxiliam na decisão das normas a serem aplicadas para se alcançar esse objetivo, ou seja, orientam na definição de quais requerimentos para reconhecimento, mensuração e *disclosure* dos eventos econômicos devem ser utilizados. Com base nesse entendimento, se a divulgação financeira é comparável, relevante e confiável, então seria baseada em princípios.

Desse raciocínio, chama a atenção o fato de que a característica da comparabilidade é destacada como a referência básica para a normatização contábil, enquanto o FASB (2002) ressalta a relevância e a confiabilidade como qualidades primárias da informação. Para o *Board*, a comparabilidade, incluindo a consistência, seria uma qualidade secundária, que interage com as duas primeiras para contribuir para a utilidade da informação.

De qualquer forma, a discussão entre normas baseadas em princípios ou em regras envolve, em última instância, a possibilidade de *trade-offs* entre essas características qualitativas do *framework* conceitual. Como exemplo pode ser citado o fato de muitos acreditarem haver uma escolha inerente entre a relevância – representada por uma maior tempestividade na divulgação financeira – e a confiabilidade da informação. A exigência de maior relevância (tempestividade)[10] requer mais estimativas e julgamentos, enquanto a confiabilidade pressupõe que a informação está suportada nos montantes transacionados, com pouca ou nenhuma estimação. Outro exemplo também pode ser a necessidade de se escolher entre a comparabilidade, que facilita as comparações entre as empresas, e a habilidade preditiva, que facilita os cálculos do valor intrínseco. O *trade-off* se justifica porque essa habilidade preditiva pode requerer escolhas específicas por parte da administração, para refletir mais apropriadamente as idiossincrasias dos modelos de negócios.

Pelas situações descritas, percebe-se que nesses *trade-offs* em relação às características qualitativas da informação financeira, sempre há uma dualidade entre princípios e regras. A questão é como solucionar apropriadamente esses conflitos. Seria conveniente o estabelecimento de uma hierarquia entre essas características qualitativas? Ou isso representaria outro "engessamento" do padrão normativo?

Por fim, cabe ressaltar que, não obstante a importância de se concluir sobre o impacto de normas baseadas em princípios ou em regras nas características qualitativas da informação, faltam evidências empíricas que demonstrem o impacto das exceções e tratamentos alternativos autorizados pelas regras detalhadas para a comparabilidade, a relevância e a confiabilidade da divulgação financeira. Isso se deve, especialmente, à dificuldade de se formatar metodologicamente pesquisas que respondam objetivamente a questões desse tipo.

3.5 EFEITOS DOS MODELOS BASEADOS EM REGRAS OU EM PRINCÍPIOS

Conforme destacado, os debates sobre sistema contábil baseado em regras ou em princípios têm se intensificado, particularmente nos Estados Unidos, em decorrência do processo de convergência internacional e da determinação, na Lei Sarbanes-Oxley, para que fossem empreendidos estudos para avaliar a possibilidade e a conveniência técnica e econômica de se alterar o modelo americano

---

[10] A tempestividade é um conceito implícito na relevância (SCHIPPER, 2003).

de normatização contábil. Uma de suas consequências foi o *Norwalk Agreement*, firmado entre o IASB e o FASB em setembro de 2002, com o propósito de buscar eliminar as diferenças entre suas normas contábeis. Mais recentemente, esse movimento recebeu mais um impulso, com as discussões no âmbito do G-20 sobre os problemas decorrentes da crise financeira de 2008, sendo recomendada a adoção de esforços no sentido de consolidar o processo de convergência.

O avanço das discussões não significou, necessariamente, a formação de um consenso, tanto que a proposta formulada pela SEC sugeriu um modelo intermediário entre esses dois, denominado de modelo orientado para objetivos. De qualquer forma, das discussões empreendidas é possível se identificar uma série de efeitos e consequências decorrentes da adoção de cada um desses modelos.

3.5.1 Efeitos de um modelo baseado em regras

Os diversos estudos revelam que cada modelo apresenta vantagens e desvantagens, sob determinados aspectos. Em relação ao sistema contábil baseado em regras, a partir das manifestações de Nelson, Elliott e Tarpley (2002), Schipper (2003), Nelson (2003), Alexander e Jermakowicz (2006) e Benston, Bromwich e Wagenhofer (2006),[11] são destacadas as seguintes consequências principais:

a) Aumento da comparabilidade ou comparabilidade de fachada

Um benefício alegado das regras é o aumento da comparabilidade, partindo do pressuposto de que as orientações detalhadas de como aplicar uma norma deve reduzir os efeitos de diferenças no julgamento profissional. Por outro lado, se a regra for inapropriadamente estrita, poderá estabelecer uma comparabilidade de fachada, forçando negócios não similares a um mesmo tratamento contábil, embora não haja evidências empíricas de que um maior detalhamento das regras aumente ainda mais esse risco.

b) Aumento da verificabilidade

Outro benefício da utilização de regras é o aumento da verificabilidade, isto é, o aumento do consenso sobre reconhecimentos, classificações e mensurações. Em tese, as orientações detalhadas oferecem aos contadores e aos auditores uma base de conhecimento comum, o que deve se refletir na redução da incidência de diferenças na prática contábil, o que não representa sua eliminação.

---

[11] São estudos teóricos ou experimentais, reforçando a mencionada carência de evidências empíricas.

c) Impactos nas oportunidades de gerenciamento de resultados

A redução da probabilidade de gerenciamento de resultados, por meio da interpretação subversiva da norma, é apontada como um efeito positivo da adoção de regras detalhadas, que eliminam ou reduzem a possibilidade de interpretação tendenciosa. Por outro lado, o detalhamento das regras tem permitido a estruturação de operações, no que tem ficado conhecido como engenharia financeira, que atendem às regras especificadas, embora contrariem a intenção das normas, conforme comprovado, particularmente, por Nelson, Elliott e Tarpley (2002).

d) Reflexos no processo de regulação e nas ocorrências de litigância

Outros efeitos decorrentes da adoção de modelo com base em regras detalhadas se referem especificamente aos interesses de contadores, auditores e reguladores: reduz as dificuldades dos profissionais com os órgãos reguladores em disputas *after-the-fact* em relação a um tratamento contábil; reduz a incidência de litigância em relação a uma contabilização alegadamente defeituosa, tendo em vista que as regras detalhadas limitam os questionamentos sobre possibilidades de interpretação; reduz os custos de *staff* dos reguladores para compreender os julgamentos idiossincráticos dos gestores e para orientar os profissionais sobre aspectos não muito claros na norma.

e) Custo de normas "precisas"

Em relação ao dispêndio financeiro, a adoção de um sistema contábil com base em regras "precisas" tem como consequência o aumento dos custos com *experts*, para interpretar as regras ou para estruturar contratos/acordos para evadir normas legais.

3.5.2 Efeitos de um modelo baseado em princípios

Por outro lado, a implementação de um sistema contábil baseado em princípios também traz algumas consequências positivas e outras negativas, entre as quais, a partir das reflexões de Nelson, Elliott e Tarpley (2002), Schipper (2003), Nelson (2003), Alexander e Jermakowicz (2006) e Benston, Bromwich e Wagenhofer (2006), podem ser destacadas:

a) Efeitos sobre a comparabilidade

Em decorrência da adoção de um sistema contábil baseado em princípios, podem-se ter dois tipos de efeitos distintos sobre a comparabilidade das informações: um negativo, como consequência das diferenças de interpretações decorrentes dos julgamentos profissionais requeridos; e outro positivo, tendo em vista que a eliminação das exceções de escopo e de tratamento torna as informações mais comparáveis.

b) Volatilidade do lucro divulgado

A eliminação das regras de exceções de escopo e de tratamento direcionadas para reduzir a volatilidade do resultado tem como consequência óbvia o aumento da variabilidade dos lucros divulgados. Apesar dessa suavização das flutuações inerentes atender aos interesses dos agentes econômicos, o próprio FASB argumenta que essas exceções de escopo e tratamentos alternativos permitidos nos US-GAAP obscurecem a substância econômica dos eventos e transações. Em suma, essa maior volatilidade traduz mais adequadamente a essência econômica na divulgação financeira, embora possa influenciar efeitos econômicos indesejados, principalmente em decorrência da prociclicalidade.[12]

c) Inconsistências no processo de transição

A adoção de um sistema baseado em princípios requer um processo demorado de substituição de todo o arcabouço normativo e até da literatura contábil. Nesse sentido, o processo de migração deve acontecer paulatinamente, o que compromete a característica qualitativa da consistência, oferecendo informações não comparáveis ao longo do tempo. Em suma, a qualidade da divulgação financeira é temporariamente diminuída, em dimensão desconhecida, durante o período de transição. Uma alternativa a esse problema seria a aplicação retroativa, que implica em restabelecer a divulgação financeira para todos os períodos apresentados, o que garantiria a consistência e a comparabilidade, mas isso impõe maiores custos às empresas, aos contadores e aos auditores.

d) Expertise de contadores e auditores

Como decorrência do fato de que as normas baseadas em princípios exigem aumento substancial no julgamento profissional, é de se esperar que a *expertise* requerida, tanto de contadores quanto de auditores deva ser substancialmente mais relevante. Se as orientações detalhadas são removidas, aumenta o número de estimativas e julgamentos requeridos, com o consequente impacto nas responsabilidades dos profissionais, particularmente em relação ao processo de mensu-

---

[12] Caracteriza-se pela tendência à superavaliação do valor justo dos ativos nos momentos de expansão econômica, enquanto nos momentos de retração, a redução do valor dos ativos tende a ser mais acentuada do que seria indicada pela substância econômica, configurando um movimento de maior volatilidade nos resultados apurados.

ração. Se a ênfase na *expertise* de mensuração aumenta, uma potencial implicação para a educação contábil é a necessidade de incluir ferramentas de mensuração no processo de formação dos contadores.

e) Oportunidades para outros órgãos reguladores

A ausência de regras esclarecedoras, por parte do regulador central, pode fazer com que outros órgãos, de menor representatividade, passem a suprir os profissionais com orientações específicas para a aplicação das normas baseadas em princípios. O problema é que os órgãos que podem ocupar esse espaço não necessariamente têm o mesmo nível de qualificação do regulador central, comprometendo a efetividade prática do modelo instituído com base em princípios.

f) Ajustamento à substância econômica dos eventos e transações

Ao menos em tese, as normas contábeis baseadas em princípios devem ser mais fáceis de se compreender e implementar, além de facilitar o ajustamento à substância econômica dos eventos e transações. Por outro lado, a subjetividade implícita nos julgamentos profissionais pode facilitar a ocorrência de abusos, em que os princípios incorporados nas normas não sejam aplicados de boa-fé.

g) Resistência dos auditores

Como forma de se prevenir de eventuais riscos de litigância *after-the-fact*, os auditores tendem a resistir à adoção de normas com maior grau de subjetividade, sob o argumento de que esse tipo de norma aumenta a pressão por demandas oportunistas, otimismo exagerado ou administradores desonestos. Por outro lado, se questionados posteriormente por terem aceitado exceções exigidas pela administração em determinada situação, podem simplesmente alegar julgamento profissional.

h) Custo de normas "imprecisas"

A instituição de um modelo baseado em princípios, com normas "imprecisas", tem como consequência uma maior exposição a custos de erro e de risco de litigância. A reação é uma preocupação maior com o *compliance* em relação ao espírito das normas.

3.5.3 As tendências do debate princípios *versus* regras

Segundo Giner e Ress (2005), alguns especialistas acham que, ao contrário das críticas recentes, as normas baseadas em regras podem se tornar dominantes nos EUA e na Europa, considerando que o risco de litigância contra os preparadores das demonstrações e os auditores tende a forçar o surgimento de normas de implementação que reduzam a exposição nos julgamentos profissionais. Na ausência de um posicionamento mais claro do órgão emissor das normas, os autores entendem que deve ocorrer a busca por pronunciamentos de outros órgãos e até de jurisprudências, que os auxiliem. Daí o pressuposto de que um modelo baseado em regras, no fundo, pode prevalecer.

Não obstante esse entendimento, o fato é que o contexto das discussões aponta para uma tendência de se priorizar o modelo baseado em princípios, com o argumento principal de que aumenta a transparência e a qualidade da informação financeira, além de facilitar a convergência com as normas do IASB, que, como destacado, é visto como baseado em princípios, não obstante as ressalvas destacadas.

Essa tendência é reforçada, por exemplo, pelo diagnóstico realizado pelo grupo dos países mais ricos do mundo, G-20, sobre a crise financeira que eclodiu em 2008, onde foi recomendado, textualmente, que os órgãos responsáveis pela emissão de normas contábeis deveriam reduzir a sua complexidade e aumentar os esforços para facilitar a convergência global para uma estrutura simples de normas de alta qualidade.

Cabe ressaltar que a adoção de modelo baseado em princípios requer que reguladores, investidores, credores e outros usuários devem aceitar as consequências dessa aplicação, incluindo mais divergências na prática, dada a subjetividade implícita nos julgamentos profissionais.

Outro fato a se destacar é que as discussões sobre benefícios, custos, oportunidades e riscos dos dois modelos em questão são essencialmente teóricas, e às vezes opinativas, salvo as questões relacionadas ao gerenciamento de resultados. Isso porque é excepcionalmente difícil se formatar metodologicamente uma pesquisa que permita responder objetivamente a questões dessa natureza, tendo em vista que requereria, em tese, o acompanhamento cotidiano dos preparadores das demonstrações e dos auditores no tratamento dos eventos e/ou transações a serem reconhecidos, mensurados e divulgados, para identificar como eles reagem a normas que permitem maior ou menor espaço para o julgamento profissional.

Considerando que é uma questão de natureza comportamental, uma alternativa metodológica a esse tipo de dificuldade pode ser a utilização da pesquisa experimental.[13] A importância desse tipo de método de pesquisa, notadamente para as situações em que as pessoas são demandadas para julgamentos imparciais, mas sofrem, inconsciente e poderosamente, vieses que correspondem ao interesse

---

[13] Método de investigação que envolve a manipulação de tratamentos na tentativa de estabelecer relações de causa-efeito nas variáveis investigadas (THOMAS; NELSON, 2002).

Normatização da contabilidade: princípios *versus* regras   87

próprio do juiz, configurando o fenômeno definido pelos psicólogos como "viés do interesse próprio".

Cuccia, Cuccia, Hackenbrack e Nelson (1995),[14] por exemplo, avaliaram, por meio de experimentos, se os incentivos que os contadores recebiam para divulgar informações agressivas ou conservadoras mudavam a forma como os profissionais interpretavam as normas. Os resultados demonstraram que: quando a norma é imprecisa (vaga), os profissionais a interpretam de forma a atender os seus propósitos de divulgação; e quando a norma é mais rígida, os contadores utilizam o viés na avaliação das evidências de suporte, alcançando, por outros meios, a posição preferida. Essa pesquisa dá a dimensão do quão difícil é definir um modelo ótimo entre o estabelecimento de normas subjetivas, baseadas em princípios, ou mais restritas, com base em regras.

3.6 A SITUAÇÃO BRASILEIRA

No Brasil, a regulamentação contábil se inicia com o primeiro Código Comercial Brasileiro, de 1850, que obrigou as empresas a manterem escrituração contábil, e com a Lei nº 1.083, de 1860, considerada a primeira lei das sociedades anônimas, e que exigiu a publicação das demonstrações. Nesse caso, há que se destacar que não houve a preocupação com um modelo contábil, mas apenas a previsão legal da exigibilidade da escrituração e divulgação financeira. Apenas na segunda metade do século XX é que se estrutura um modelo contábil mais abrangente no Brasil, com a edição da Lei nº 6.404, de 1976, e a instituição dos princípios fundamentais de contabilidade, por parte do Conselho Federal de Contabilidade (CFC).

Quanto à caracterização do modelo brasileiro, é possível se afirmar que, ao longo dos tempos, as normas contábeis foram fortemente influenciadas pelos preceitos legais, em particular as previsões da lei das sociedades anônimas. A legislação fiscal também tem papel determinante na adoção de certas práticas contábeis, como, por exemplo, no caso das operações de arrendamento mercantil de natureza financeira, em que claramente se desconsideravam preceitos básicos da teoria contábil para se atender aos requisitos tributários.

Considerando a natureza de um sistema contábil baseado em princípios, onde são estabelecidos preceitos gerais que servem de referência para o julgamento profissional quanto à melhor forma de evidenciar a essência econômica das ope-

---

[14] Embora essa pesquisa tenha sido realizada em um momento anterior à efervescência das discussões tratadas no presente estudo, aplica-se ao caso em questão, tendo em vista que avalia a reação dos contadores/auditores em relação a normas mais vagas (com maior espaço para o julgamento profissional) ou mais restritas (regras).

rações, fica claro que esse modelo é mais apropriado onde há uma tradição jurídica consuetudinária (*common law*).[15] Como destacado, esse, claramente, não é o caso brasileiro, onde prevalece a tradição jurídica *code law*, sendo o contador acostumado a cumprir normas, o que influenciava, inclusive, o padrão de formação dos profissionais da contabilidade.

Não obstante esse contexto, várias ações têm sido adotadas no Brasil, com vistas ao processo de convergência internacional, com a adoção dos padrões contábeis do IASB, que diferem substancialmente da prática contábil que historicamente vinha sendo adotada no país. Ainda durante a década de 1990, começaram os esforços institucionais nesse sentido, mediante o aperfeiçoamento das normas contábeis, com a incorporação de preceitos dos padrões do IASB, e a apresentação de anteprojeto de lei para a alteração da legislação societária, posteriormente transformada no Projeto de Lei (PL) 3.741/2000. Em 2001, o BCB editou a Circular 3.068/2001, tratando dos procedimentos de reconhecimento e mensuração de ativos financeiros, iniciando o processo de adaptação das normas do Plano Contábil das Instituições do Sistema Financeiro Nacional (Cosif) aos parâmetros das normas internacionais. Outro evento importante nesse processo foi a criação do Comitê de Pronunciamentos Contábeis (CPC), por meio da Resolução do Conselho Federal de Contabilidade (CFC) nº 1.055, de 7.10.2005, com a missão de estudar, preparar e emitir pronunciamentos técnicos com vistas ao processo de convergência aos padrões internacionais.

No ano de 2007, dois fatos marcantes impulsionaram o movimento de convergência das normas brasileiras ao padrão internacional. Primeiro, a edição da Instrução CVM nº 457/2007, determinando que, a partir do exercício findo em 2010, as companhias abertas devem apresentar demonstrações financeiras consolidadas adotando o padrão contábil internacional – normas do IASB. Segundo, a promulgação da Lei nº 11.638, de 28.12.2007, alterando dispositivos da legislação societária relativos ao processo de elaboração e de divulgação das demonstrações financeiras.

Em 2009, o CMN editou a Resolução nº 3.786/2009 determinando que, a partir dos exercícios encerrados a partir de 2010, as instituições financeiras constituídas sob a forma de companhia aberta ou que sejam obrigadas a constituir comitê de auditoria divulguem suas demonstrações segundo os padrões definidos pelo IASB. Cabe ressaltar que essa publicação é feita paralelamente à publicação das demonstrações também sob os preceitos dos padrões contábeis definidos pelo Banco Central do Brasil, tendo em vista que o regulador mantém o seu modelo

---

[15] Não obstante a aparente contradição em relação ao fato de que os US-GAAP são geralmente citados como exemplo de modelo baseado em regras, embora a tradição jurídica dos Estados Unidos seja consuetudinária.

contábil específico, não obstante alguns movimentos no sentido de alinhar suas normas contábeis aos padrões das IFRS.

Como se percebe, a adoção no Brasil de um modelo contábil tido como baseado em princípios (não obstante as ressalvas já destacadas anteriormente nesse estudo), com mais espaço para o julgamento profissional, embora tenha sido precedida de estudos e discussões no âmbito das organizações profissionais e dos órgãos reguladores do mercado, não foi acompanhada de um debate acadêmico com a amplitude e a abrangência requerida. Questões como o impacto cultural decorrente da alteração do modelo, a eventual defasagem de *expertise* profissional e o grau de preparo das universidades brasileiras para atender aos novos requisitos de formação dos contadores, por exemplo, parecem não ter sido suficientemente discutidas.

Ademais, se é verdade que as discussões empreendidas desde a década de 1990 alcançaram os agentes envolvidos com o mercado de capitais, o sistema financeiro e as grandes corporações, incluídas as firmas de auditoria, a aprovação do CPC PME, que disciplina o processo contábil das pequenas e médias empresas, alcança um público bem mais amplo. O impacto mais imediato é uma necessidade de discussão sobre a adoção de ações que supram uma parcela relevante da profissão, envolvida no atendimento a esse tipo de empresas, com o conhecimento sobre o novo modelo contábil, que exige muito mais julgamento profissional que o anterior.

Outra questão a se destacar no processo de convergência do padrão brasileiro às normas do IASB, é que os pronunciamentos do CPC não incorporam um elemento importante das divulgações das IFRS, que são os *Basis for Conclusions*, onde o *Board* justifica as razões que levaram a se optar por emitir o pronunciamento de uma forma e não de outra. Isso é particularmente importante para orientar o profissional em seu julgamento profissional, permitindo uma reflexão sobre os objetivos da norma. Como o CPC não está traduzindo o *Basis for Conclusions*, é possível que isso aumente ainda mais o risco de divergências relevantes na interpretação das normas, considerando a ausência desse suporte para os profissionais.

Por fim, também é importante ressaltar o fato de que as características do ambiente econômico e legal no Brasil contemplam outros tipos de dificuldades para a implementação de um modelo contábil baseado em princípios. Isso porque os pronunciamentos do CPC, para terem força coercitiva, precisam ser homologados/referendados por órgãos reguladores abrangentes como o Conselho Federal de Contabilidade (CFC) e a Comissão de Valores Mobiliários (CVM), além de diversos outros de natureza setorial, com poderes de regular segmentos econômicos específicos, tais como: o Conselho Monetário Nacional (CMN) ou Banco Central do Brasil (BCB); a Superintendência de Seguros Privados (SUSEP); a Agência Nacional de Energia Elétrica (ANEEL); a Secretaria de Previdência Complementar (SPC); Agência Nacional de Transportes Terrestres (ANTT); Agência Nacional de

Saúde (ANS); entre outros. Essa estrutura complexa pode, eventualmente, fazer com que determinado pronunciamento seja referendado por alguns órgãos, mas não por outros, como evidenciado na tabela a seguir:

Tabela 1 – Quantidade de pronunciamentos aprovados pelo CPC e pelos órgãos reguladores[16]

Descrição	Quant.	Perc.
Pronunciamentos em vigor	42	
Aprovados pela CVM	42	100,0%
Aprovados pelo CFC	36	85,7%
Aprovados pela ANS	29	69,0%
Aprovados pela SUSEP	29	69,0%
Aprovados pela ANEEL	16	38,1%
Aprovados pela CMN	7	16,7%
Aprovados pelo ANTT	4	9,5%

Fonte: Sítio do CPC (www.cpc.org.br), em 6.5.2013.

Como se percebe, apenas a CVM aprovou as últimas versões de todos os pronunciamentos instituídos pelo CPC. Mesmo o CFC, órgão regulador da profissão contábil, ainda não aprovou a última das versões de seis dos 42 pronunciamentos instituídos pelo CPC. Entre os reguladores setoriais, a ANS e a SUSEP registram o maior nível de aprovação dos pronunciamentos, mesmo alcançando menos de 70% dos documentos emitidos pelo Comitê.

Outra situação que também pode ocorrer é determinado regulador adaptar alguns pronunciamentos do CPC, incorporando outros parâmetros/requerimentos em suas normas. É o caso, por exemplo, das normas previstas no Cosif para reconhecimento, mensuração, apresentação e evidenciação dos instrumentos financeiros, que contemplam aspectos bem mais específicos que os dos Pronunciamentos 38, 39 e 40 do CPC.

Por fim, chama a atenção o fato de que a estrutura conceitual é um requisito essencial para a adoção de um modelo contábil baseado em princípios, mas o

---

[16] Desconsiderando-se o Pronunciamento Conceitual Básico – Estrutura Conceitual e o CPC PME, relativo às pequenas e médias empresas.

Pronunciamento Conceitual Básico do CPC (R1) só foi aprovado pela CVM e pelo CFC. Nenhum dos reguladores setoriais referendou o documento.

3.7 RESUMO

Tendo em vista o exposto, é possível se afirmar que a literatura contábil indica que, não obstante haver certo consenso de que um sistema contábil baseado em princípios apresenta uma série de benefícios – traduzidos em oportunidades profissionais – em relação a uma estrutura normativa baseada em regras, a adoção de um modelo que exige mais julgamento profissional e uso de critérios subjetivos também traz custos e riscos.

Se é esperado, por exemplo, que a qualidade da informação melhore, tendo em vista a possibilidade de contadores e auditores poderem escolher critérios de reconhecimento, mensuração e divulgação que melhor reflitam a essência econômica das transações, por outro lado há o risco de que essa prerrogativa profissional não seja aplicada de boa-fé ou mesmo que aumente o risco de litigância, com o questionamento, *after-the-fact*, dos critérios utilizados no julgamento profissional. Esse é apenas um exemplo de uma série de questões mapeadas ao longo do texto, que reproduz uma dualidade entre aspectos positivos e negativos de cada um dos modelos.

A relação de benefícios e custos, oportunidades e riscos, vantagens e desvantagens, aspectos positivos e negativos da adoção de sistemas contábeis baseados em princípios ou em regras aumenta a importância dos argumentos expostos no estudo da SEC, de que a melhor solução não necessariamente está em se optar por um modelo ou outro. A solução pode ser um sistema intermediário, que atenda objetivamente à função intrínseca da Contabilidade, o esclarecimento da situação econômico-financeira da empresa, aumentando a condição preditiva por parte do usuário.

A reflexão sobre os *trade-offs* das características qualitativas da informação financeira parece ser um elemento relevante de análise para se concluir sobre o modelo que melhor atende às necessidades dos diversos usuários, não obstante as dificuldades de se formatar metodologicamente pesquisas que ofereçam respostas claras a esse tipo de questão.

REFERÊNCIAS

ALEXANDER, David; JERMAKOWICZ, Eva. A true and fair view of the principles rules debate. **Abacus**, v. 42, nº 2, p. 132-164, 2006.

BALL, Ray; BROWN, Philip. An empirical evaluation of accounting income numbers. **Journal of Accounting Research**, v. 6, nº 6, p. 159-178, 1968.

BAZERMAN, Max H. **Processo decisório**. 5. ed. São Paulo: Campus, 2004.

BEAVER, W. H. The information content of earnings announcements empirical research in accounting: selected studies 1968. **Journal of Accounting Research**, Suplement v. 6, nº 6, p. 67-92, 1968.

BANCO CENTRAL DO BRASIL. **Plano contábil das instituições do SFN (COSIF)**. Disponível em: <http://www.bcb.gov.br/?COSIF>. Acesso em: 6 nov. 2009.

BENSTON, George J.; BROMWICH, Michael; WAGENHOFER, Alfred. Principles *versus* rules-based accounting santandards: the Fasb's santandard setting strategy. **Abacus**, v. 42, nº 2, 2006.

COMISSÃO DE VALORES MOBILIÁRIOS (CVM). **Instrução nº 457, de 13.7.2007**. Dispõe sobre a elaboração e divulgação das demonstrações financeiras consolidadas, com base no padrão contábil internacional emitido pelo International Accounting Standards Board – IASB. Disponível em: <www.cvm.gov.br>. Acesso em: 29 ago. 2010.

COMITÊ DE PRONUNCIAMENTOS CONTÁBEIS (CPC). **Pronunciamentos 38, 39 e 40.** Disponível em: <http://www.cpc.org.br/pronunciamentosIndex.php>. Acesso em: 7 maio 2010.

CONSELHO FEDERAL DE CONTABILIDADE (CFC). **Resolução 1.055**, de 7.10.2005. Cria o Comitê de Pronunciamentos Contábeis (CPC), e dá outras providências. Disponível em: <http://www.cpc.org.br/pdf/RES_1055.pdf>. Acesso em: 29 ago. 2010.

CONSELHO MONETÁRIO NACIONAL (CMN). Resolução nº 3.786, de 24.9.2009. Dispõe sobre a elaboração e a divulgação de demonstrações contábeis consolidadas com base no padrão contábil internacional emitido pelo International Accounting Standards Board (IASB). Disponível em: <www.bcb.gov.br>. Acesso em: 11 ago. 2012.

CUCCIA, Andrew D.; HACKENBRACK, Karl; NELSON, Mark W. The ability of professional standards to mitigate aggressive reporting. **The Accounting Review**, v. 70, p. 227-248, Apr. 1995.

DANTAS, José A.; RODRIGUES, Fernanda F.; NIYAMA, Jorge K.; MENDES, Paulo C. M. Normatização contábil baseada em princípios ou em regras? Benefícios, custos, oportunidades e riscos. **Revista de Contabilidade e Organizações – FEA-RP/USP**, v. 4, nº 9, p. 3-29, maio/ago. 2010.

FINANCIAL ACCOUNTING STANDARD BOARD (FASB). Proposal for a principles-based approach to u.s. standard setting. Oct. 2002. Disponível em: <http://www.fasb.org.br>. Acesso em: 11 maio 2013.

FINANCIAL ACCOUNTING STANDARD BOARD (FASB). **FASB response to SEC study on the adoption of a principles-based accounting system.** July 2004. Disponível em: <http://www.fasb.org/response_sec_study_july2004.pdf>. Acesso em: 11 maio 2013.

_____. **Conceptual framework for financial reporting.** Sept. 2010. Disponível em: <http://www.fasb.org>. Acesso em: 11 maio 2013.

G-20 WORKING GROUP. **Enhancing sound regulation and strengthening transparency**: final report. Mar. 2009. Disponível em: <http://www.g20.org>. Acesso em: 20 ago. 2009.

GALLO, José A. A. **Contratos incompletos.** 2009. Dissertação (Mestrado) – Faculdade de Direito Milton Campos, Nova Lima (MG).

GINER, B.; REES, W. The adoption of IAS in Europe: introduction. **European Accounting Review**, v. 14, nº 1, 2005.

HENDRIKSEN, Eldon S.; VAN BREDA, Michael F. **Teoria da contabilidade.** São Paulo: Atlas, 1999.

INTERNATIONAL ACCOUNTING STANDARDS BOARD (IASB). **2013 International Financial Reporting Standards IFRS (Red Book).** London: IASB, 2013.

IUDÍCIBUS, Sérgio de; LOPES, Alexsandro Broedel (Coord.). **Teoria avançada da contabilidade.** São Paulo: Atlas, 2004.

JREIGE, Elionor Farah. True and fair view: um entrave ou um impulso para a Contabilidade? **Caderno de Estudos FIPECAFI**, v. 10, nº 17, p. 35-46, jan./abr. 1998.

KOTHARI, S. P. Capital markets research in accounting. **Journal of Accounting and Economics**, v. 31, p. 105-231, 2001.

KROENKE, Adriana; CUNHA, Jacqueline V. A. **Harmonização contábil:** um estudo bibliométrico no Congresso USP e EnANPAD de 2004 a 2007. SEMEAD, XI., ago. 2008. Disponível em: <http://www.ead.fea.usp.br/semead/11semead/resultado/trabalhosPDF/743.pdf>. Acesso em: 6 set. 2010.

LEITE, Joubert S. J. Normas contábeis internacionais: uma visão para o futuro. **Cadernos da FACECA**, Campinas, v. 11, nº 1, p. 51-65, jan./jun. 2002.

LEMES, Sirlei; CARVALHO, Luis N. G. **Efeito da convergência das normas contábeis brasileiras para as normas internacionais do IASB.** Congresso USP de Controladoria e Contabilidade, São Paulo, 4., 2004. Disponível em: <http://www.congressousp.fipecafi.org/ artigos42004/345.pdf>. Acesso em: 6 set. 2010.

LOPES, Alexsandro Broedel. **A informação contábil e o mercado de capitais.** São Paulo: Pioneira Thomson Learning, 2002.

_____; IUDICIBUS, Sérgio de; MARTINS, Eliseu. Sobre a necessidade de se estudar contabilidade e (e não ou) finanças. Editorial. **Revista Contabilidade & Finanças**, nº 47, p. 5, maio/ago. 2008.

_____; GALDI, Fernando Caio; LIMA, Iran Siqueira. **Manual de contabilidade e tributação de instrumentos financeiros e derivativos.** São Paulo: Atlas, 2009.

NELSON, Mark W.; ELLIOTT, John; TARPLEY, Robin L. Evidence from auditors about manager's and auditor's earnings management decisions. **The Accounting Review**, v. 77, Suplement, p. 175-202, 2002.

_____. Behavioral evidence on the effects of principles – and rules-based standards. **Accounting Horizons**, v. 17, nº 1, p. 91-104, 2003.

NIYAMA, Jorge Katsumi; SILVA, César Augusto Tibúrcio. **Teoria da contabilidade**. São Paulo: Atlas, 2008.

PARKER, R. H.; NOBES, O. W. True and fair: a survey of UK financial directors. **Journal of Business Finance & Accounting**, p. 359-375, Apr. 1991.

SANTOS, Luis S. R.; SARLO NETO, Alfredo; TEIXEIRA, Aridelmo J. C. **Projeto de Lei 3.741/2000 – efeitos sobre a avaliação dos ativos de uma empresa do setor explorador de granito**: um estudo de caso. Congresso USP de Controladoria e Contabilidade, 4., São Paulo, 2004. Disponível em: <http://www.congressousp.fipecafi.org/artigos42004/406.pdf>. Acesso em: 6 set. 2010.

SECURITIES AND EXCHANGE COMMISSION (SEC). Study pursuant to Section 108(d) of the Sarbanes-Oxley Act of 2002 on the adoption by the United States Financial Reporting System of a Principles-Based Accounting System. 2003. Disponível em: <www.sec.gov/news/studies/principlesbasedstand.htm>. Acesso em: 11 maio 2013.

SCHIPPER, Katherine. Principles-based accounting standards. **Accounting Horizons**, v. 17, nº 1, p. 61-72, 2003.

_____. The introduction of International Accounting Standards in Europe: implications for international convergence. **European Accounting Review**, v. 14, nº 1, 2005.

THOMAS, J.; NELSON, J. **Métodos de pesquisa em atividade física e saúde**. 3. ed. São Paulo: Artmed, 2002.

UNITED STATES OF AMERICA (USA). **Sarbanes-Oxley Act of 2002**. Disponível em: <http://www.sarbanes-oxley.com/section.php>. Acesso em: 11 maio 2013.

4

Teoria da mensuração e a sua relação com a contabilidade

Antônio Maria Henri Beyle de Araújo

4.1 INTRODUÇÃO

A Contabilidade é uma disciplina que se destina tanto à mensuração como à comunicação de fatos e elementos de natureza econômico-financeira. Segundo Christensen e Demski (2003), para atingir o objetivo de transmitir informações aos seus usuários, a Contabilidade se utiliza da linguagem e da álgebra da avaliação.

Por se tratar de um atributo essencial da Ciência Contábil, que somente é capaz de registrar fenômenos aos quais se possa atribuir valores monetários, a mensuração representa um importante aspecto da teoria da contabilidade. Para Riahi-Belkaoui (2004), enquanto a teoria da contabilidade está preocupada, no final das contas, com a informação que venha a suprir a necessidade dos usuários, a mensuração se ocupa do objeto que está sendo mensurado e da forma como está sendo realizada essa mensuração. Assim, observa-se uma relação direta entre a mensuração e aquilo que se entende tratar-se da principal preocupação da teoria da contabilidade. Nesse sentido, Wolk, Dodd e Rozycki (2008) afirmam que o processo de mensuração está tão integrado à teoria da contabilidade que não é possível separá-los com facilidade.

A mensuração é definida por Stevens (1986) como o processo de atribuição de números a objetos ou eventos, de acordo com regras. Kerling (1986) entende a mensuração como um jogo, que deve ser jogado com objetos e números, segundo as regras. Para Mason e Swanson (1981), a mensuração representa a ligação entre o mundo empírico e o mundo teórico, tornando possível, por exemplo, o uso da matemática e da estatística no desenvolvimento de explicações e previsões.

Sarle (1997) entende a mensuração como um processo de atribuição de números ou outros símbolos para as coisas, de tal forma que as relações entre os números ou símbolos reflitam as relações dos atributos das coisas que estão sendo mensuradas. Dessa forma, o que se mensura não é o objeto em si, mas as propriedades (características ou atributos) que ele carrega. São justamente as leis que governam essas propriedades que irão determinar os números a elas atribuídos.

A atribuição de signos (sinais ou símbolos) quantitativos para representar uma propriedade de um objeto ou evento é, portanto, uma característica essencial de qualquer processo de mensuração. O problema com relação à atribuição de números a objetos ou eventos é que tais elementos podem apresentar atributos diversos, sendo necessária a escolha do atributo que se pretende mensurar antes de se atribuir valor a esses elementos.

Segundo Wolk, Dodd e Rozycki (2008), os atributos representam as características particulares, ou as propriedades específicas, dos objetos a serem mensurados. Um torno mecânico, por exemplo, apresenta atributos físicos diversos, tais como comprimento, largura, dimensão e peso. O resultado da mensuração desse torno mecânico dependerá, portanto, do atributo escolhido para representá-lo.

Há outros atributos do torno mecânico, não físicos, que podem ser representados em termos de unidades monetárias, sendo esses os que despertam maior interesse por parte da Contabilidade. Nesse grupo encontram-se, por exemplo, o custo histórico do torno mecânico; o custo corrente do torno mecânico, que leva em conta as condições atuais do objeto; o preço de venda do torno mecânico e o valor presente dos fluxos de caixa futuros que o torno mecânico é capaz de gerar.

4.2 A TEORIA DA MENSURAÇÃO

4.2.1 Fundamentos

A Teoria da Mensuração representa um ramo da matemática aplicada, utilizada nos processos de mensuração e análise de dados. Tornou-se popular na psicologia, a partir do trabalho desenvolvido por Stevens (1951). De acordo com Willet (1987), no entanto, trata-se de uma matéria interdisciplinar cuja aplicação é válida tanto nas ciências sociais como nas ciências exatas. No pano de fundo da Teoria encontram-se discussões envolvendo conceitos e fundamentos da mensuração. Nesse sentido, pode-se definir a Teoria da Mensuração como o conjunto de princípios que fundamentam o fenômeno da mensuração.

Segundo Hille (1987), a Teoria da Mensuração tem por objetivo permitir o entendimento e a reprodução das características da mensuração, expondo de forma clara as bases e os conteúdos relacionados ao processo de mensuração, com vistas a propiciar a tomada de decisões seguras. Staubus (1986) classifica-a como uma teoria normativa, sob o argumento de que fornece informações gerais acerca do modo pelo qual as mensurações devem ser realizadas, de forma que o objetivo específico que se tem em mente seja alcançado.

Kam (1990) afirma que a mensuração permite a vinculação de um sistema formal a um sistema numérico, através de regras determinadas, que envolvem definições operacionais por meio das quais podem ser estabelecidas conexões.

Segundo Hille (1997), os fundamentos cognitivos que serviram de ponto de partida para a Teoria da Mensuração são os seguintes:

a) Os critérios utilizados no processo de mensuração devem ser lógicos, embora não precisem necessariamente ser verdadeiros ou falsos. O importante é que os graus de lógica apresentados pelos critérios estejam abertos à discussão; e

b) As características representam critérios transferidos aos objetos, de modo que as pessoas possam se apropriar mentalmente deles. Essas características, por seu turno, não são verdadeiras nem falsas. Contudo, é essencial que sejam lógicas e adequadas, de forma que representem o objeto, seja mental ou virtualmente.

O objeto de estudo da Teoria da Mensuração são as magnitudes e as quantidades. O conhecimento dessas magnitudes e quantidades se dá por meio do próprio processo de mensuração, sendo que o recurso utilizado para tal é a comparação. O auxílio ao processo de mensuração vem de padrões e escalas.

Para que os objetos possam ser mensurados, faz-se necessária a definição de uma unidade padrão de medida. A partir daí, a mensuração é realizada em termos de múltiplos dessa unidade padrão. Por exemplo, a unidade padrão da massa é o quilograma. Assim, a mensuração da massa será feita em termos de múltiplos, ou frações, de 1 quilograma.

A escala surge quando uma regra semântica é utilizada para relacionar a expressão matemática a objetos ou eventos. A escala mostra que informação os números representam, dando-lhes significado. Segundo Godfrey et al. (2006), quando as regras semânticas atribuem números a objetos ou eventos de tal forma que as relações entre esses objetos ou eventos (em relação à propriedade escolhida) correspondam a relações matemáticas, uma escala foi então estabelecida, já se podendo afirmar que a propriedade foi mensurada.

4.2.2 Categorias

Willett (1988) afirma que a Teoria da Mensuração pode ser classificada em duas categorias: a teoria fundamental e a teoria derivada. A teoria fundamental, que é não numérica, se ocupa do estudo da qualidade das propriedades que as estruturas empíricas devem apresentar para que os números atribuídos aos seus elementos possam ser validados. A teoria derivada, por outro lado, tem por finalidade descobrir as relações existentes entre os atributos obtidos por meio da mensuração fundamental, apresentando-as sob a forma de funções numéricas. Para Willett (1988), existe uma hierarquia entre essas categorias: o nível I é formado pela mensuração fundamental, onde são listadas as mensurações das amostras de dados, enquanto o nível II é composto da mensuração derivada, onde são contempladas as mensurações matemáticas e estatísticas.

Na mensuração fundamental, os números são atribuídos aos objetos de acordo com leis naturais, num processo que independe da mensuração de qualquer outra variável. A concepção da mensuração é arquitetada de tal forma que não se pressupõe possa haver outra técnica de mensuração capaz de substituí-la. As medições do tempo, da distância e da corrente elétrica, por exemplo, são realizadas por meio da mensuração fundamental, que apresenta propriedade aditiva.

A mensuração derivada, por outro lado, envolve a mensuração de duas ou mais variáveis, sendo realizada com base em medidas que resultam da mensuração fundamental. A densidade, que pode ser obtida a partir da massa e do volume, é um exemplo de um elemento decorrente da mensuração derivada. O conhecimento das relações existentes entre as variáveis que serão mensuradas é requisito fundamental para a mensuração derivada.

A mensuração derivada pode ser classificada em:

a) Mensuração por lei, que se realiza através de funções matemáticas resultantes de teorias destinadas a estabelecer o relacionamento entre propriedades específicas do objeto ou do evento a ser mensurado, as quais foram obtidas por meio de mensurações fundamentais.

b) Mensuração por meio de estipulação, em que novas propriedades são obtidas a partir do relacionamento de outras. É chamada de mensuração por decreto (*fiat measurement*) sempre que depender de relações presumidas entre as observações obtidas e o conceito de interesse, a exemplo dos indicadores usados nas ciências sociais.

4.2.3 Representação

Sob a ótica da Teoria da Mensuração, a mensuração é simplesmente uma função cujo objetivo é representar uma regra que se convencionou estabelecer. Essa função pode ser apresentada da seguinte forma:

$$f = (x,y)$$

em que:

x = alguma característica do objeto; e

y = um numeral.

Dessa forma, o processo de mensuração parte das propriedades de um objeto, que compõem o chamado Sistema Relacional Empírico (SRE). Essas propriedades devem ser capazes de representar o objeto ou evento a ser mensurado, levando em conta o objetivo a que se propõe a mensuração. A partir de regras (onde ocorre o mapeamento de funções para a atribuição de valor ao objeto), essas propriedades serão convertidas em medidas, que compõem o chamado Sistema Relacional Numérico (SRN).

Na Teoria da Mensuração, além da escolha do atributo ou da propriedade do objeto a ser mensurado, a avaliação vai depender também da escolha de uma escala, que é determinada pela relação entre o próprio sistema de mensuração e os atributos dos objetos que estão sendo avaliados. As escalas podem ser de quatro espécies:

a) Escala nominal – é o mais simples sistema de mensuração que se tem conhecimento. Trata-se de um sistema básico de classificação, que pode ser traduzido como um sistema de nomes. Imagine um sistema desenhado para classificar alunos de acordo com o Estado de origem. Nesse caso, poderíamos atribuir o número 1 para estudantes nascidos no Acre, o número 2 para estudantes nascidos no Amapá e assim por diante. Nesse caso, o sistema numérico está exclusivamente a serviço do propósito de classificação dos alunos por Estado. Um plano de contas seria um bom exemplo da utilização da classificação nominal na Contabilidade.

b) Escala ordinal – é o próximo sistema de mensuração no que se refere ao quesito "rigor". Trata-se de um sistema de mensuração cujo objetivo é indicar uma ordem de preferência. A classificação de candidatos que pleiteiam vagas de emprego é um exemplo da utilização de escala ordinal. Na Contabilidade, a classificação de ativos em ordem decrescente de liquidez e a apresentação de passivos em ordem decrescente de exigibilidade representam *rankings* de natureza ordinal.

c) Escala intervalar – é o sistema de mensuração em que a variação no atributo mensurado entre os números assinalados na escala deve ser igual. A escala de temperatura Celsius é um exemplo. O aumento de calor quando a temperatura vai de 8° para 9° é o mesmo quando a temperatura sai de 18° para 19°. Tal condição vale para qualquer aumento de 1° na temperatura.

d) Escala de razão – semelhante à escala intervalar no sentido de atribuir igual valor aos intervalos entre os números indicados na escala, a escala de razão apresenta uma vantagem adicional: o ponto zero deve apresentar uma qualidade única. Na escala de temperatura Celsius, por exemplo, isso não acontece. O ponto zero no termômetro Celsius não implica ausência de temperatura. Em consequência, não podemos afirmar que 4° é o dobro da temperatura de 2°. Então, 4° dividido por 2° não é igual a 10° dividido por 5°. No entanto, usando uma escala de razão na Contabilidade essa divisão se torna possível porque o ponto zero implica ausência de valor monetário. Dessa forma, na Contabilidade, tanto R$ 150.000,00 de ativos correntes divididos por R$ 50.000,00 de passivos correntes e R$ 210.000,00 de ativos correntes divididos por R$ 70.000,00 de passivos correntes indicam que os ativos correntes representam o triplo do valor dos passivos correntes.

A escala de razão é, sem dúvidas, a mais utilizada na Contabilidade, permitindo que se façam comparações entre mensurações contábeis similares feitas por diferentes empresas. A Contabilidade pode fazer uso de outras escalas em situações específicas, conforme já foi exemplificado anteriormente.

A depender da escala utilizada no processo de mensuração, os atributos de um objeto ou evento podem receber números distintos. A temperatura, por exemplo, é um atributo que pode ser mensurado por meio de duas escalas distintas: Fahrenheit e Celsius. Em razão das diferenças existentes entre essas escalas, 40° Fahrenheit nunca será o dobro de 20° Celsius. Isso significa dizer que na Teoria da Mensuração a relação se dá entre os números e não entre os atributos que estão sendo mensurados. Trazendo o exemplo para a Contabilidade, não se pode exigir que um estoque avaliado a R$ 5.000,00 pelo critério do custo histórico seja exatamente o dobro de um estoque cujo valor é R$ 2.500,00, mas que teve como critério de avaliação o seu valor realizável líquido.

Outro fundamento da Teoria da Mensuração diz respeito ao fato de os atributos e propósitos da mensuração serem mutáveis ao longo do tempo. Tal condição deve ser levada em conta sempre que se fizer necessária uma atualização dos números que deverão representar os objetos ou eventos que estão sendo avaliados.

4.2.4 Formas

A mensuração pode se dar de duas formas: direta ou indireta. Se o número atribuído a um objeto representa uma mensuração real do atributo escolhido, estaremos diante de uma mensuração direta, o que não significa necessariamente a adoção de uma mensuração precisa (WOLK; DODD; ROZYCKI, 2008). Se, por outro lado, a mensuração é feita com base em recursos que indiretamente permitam que se chegue ao valor do atributo que se deseja mensurar, estaremos tratando da mensuração indireta.

Wolk, Dodd e Rozycki (2008) apresentam a seguinte situação que permite seja feita a distinção entre a mensuração direta e a mensuração indireta na contabilidade: (i) assuma que você deseja mensurar o custo de reposição dos estoques de uma empresa de varejo no final de um período contábil. Se o estoque é vendido frequentemente, o seu custo de reposição pode ser obtido pela multiplicação do preço corrente de atacado desse estoque pela quantidade mantida em estoque no final do período. Tal procedimento deve ser feito para cada tipo de estoque mantido pela empresa, sendo que o valor final do estoque será o somatório do resultado obtido para cada tipo de estoque. Esse procedimento representa uma mensuração direta do estoque; (ii) assuma agora que a empresa de varejo tem no seu estoque um casaco de prata de raposa que não é mais considerado elegante por questões de cunho social (pressões de sociedades protetoras dos animais, por exemplo). Considere que o custo de aquisição do casaco foi $ 1.000, mas a empresa estima que se fosse vendê-lo agora obteria apenas $ 600. Se a margem de lucro normal para casacos de pele for 20% sobre o custo, poderíamos estimar o custo de reposição em $ 500 ($ 600 : 1,2 = $ 500). Nesse caso, estamos diante de uma mensuração indireta. Ressalte-se que a mensuração direta é geralmente preferível à mensuração indireta.

4.2.5 Elementos

Wolk, Dodd e Rozycki (2008) afirmam que vários elementos devem ser considerados em conjunto no processo de mensuração. Assim, até a mais simples das mensurações dependerá de diversos fatores, tais como:

a) o objeto em si, que pode se diferenciar bastante em termos de espécie e complexidade;

b) o atributo a ser mensurado, que pode se diferenciar bastante em termos de espécie e complexidade;

c) o mensurador, que pode se revestir de habilidades distintas para conduzir o processo de mensuração;

d) operações de contagem ou enumeração, que podem variar de uma simples aritmética para contagem de caixa até a utilização de amostras estatísticas na avaliação de estoques;

e) instrumentos disponíveis para a tarefa de mensuração, que podem contemplar desde computadores pessoais até calculadoras de mão e lápis e papel; e

f) restrições que afetem o mensurador, sendo a mais óbvia delas o fator tempo.

No que se refere à precisão do número atribuído ao objeto que se deseja mensurar, o que nem sempre é garantido por uma mensuração direta, Larson (1969) alerta que a mensuração nunca é mais do que uma aproximação. Margenau (apud LARSON, 1969) também se mostrou cético quanto à existência de um valor empírico que possa ser chamado de verdadeiro quando o assunto é a mensuração de um objeto ou evento. O que acaba mesmo passando por verdadeiro nos resultados considerados possíveis para uma mensuração é o alcance da chamada "máxima probabilidade", um conceito que terá significado somente se uma amostra estatisticamente significativa dos diversos valores mensurados estiver realmente disponível. Nesse sentido, à exceção da contagem, nenhuma mensuração parece estar isenta de erro. A questão que se faz então é com relação às prováveis fontes de erro no processo de mensuração. Citaremos algumas delas, que não podem ser consideradas mutuamente exclusivas:

a) a imprecisão nas operações utilizadas no processo de mensuração;

b) problemas relacionados ao mensurador;

c) problemas relacionados ao instrumento de mensuração;

d) o ambiente em que se dá a mensuração; e

e) a falta de clareza no que diz respeito ao atributo a ser mensurado.

Kerlinger (1986) cita outra dificuldade que pode ser encontrada no processo de mensuração de objetos ou eventos: enquanto algumas propriedades são observáveis com facilidade, como o sexo dos animais, por exemplo, outras são mais complexas e de difícil entendimento, o que torna o emprego da observação direta praticamente inviável. O autor reclama ainda das situações em que a inferência sobre as propriedades do objeto somente se revela possível por meio da observação de indicadores de propriedade descritos através de definições operacionais.

O importante, no entanto, para a escolha e utilização de uma determinada mensuração é que ela apresente as seguintes propriedades: validade, sensibilidade e precisão (MASON; SWANSON, 1981). Uma mensuração será válida se medir aquilo que realmente se propõe a medir, ou seja, se for de fato capaz de atingir a sua finalidade. Será sensível na medida em que discriminar diferentes níveis de mensuração, capturando pequenas variações entre eles. Será precisa na medida em que permanecer constante em repetidas medições, tomadas mediante condições específicas.

Wolk, Dodd e Rozycki (2008) afirmam que a análise da qualidade de uma mensuração requer que diversas condições sejam consideradas em conjunto. Os mensuradores e suas habilidades e as ferramentas e técnicas de mensuração, por exemplo, são variáveis muito importantes nessa análise. No entanto, o consenso entre os mensuradores, no sentido estatístico, é um critério que não pode, em hipótese alguma, deixar de ser considerado. Na Contabilidade, por exemplo, o importante é que os números sejam os mesmos, independentemente de quem seja o contador que esteja preparando a informação.

Segundo Wolk, Dodd e Rozycki (2008), tal consenso entre os mensuradores é exatamente o que autores como Ijiri e Jaedicke entendem por objetividade. Dessa forma, a objetividade existe quando um grupo de mensuradores, que dispõe de instrumentos e restrições similares, chega a um número bem próximo ao mensurar o mesmo atributo de um dado objeto. Ijiri e Jaedicke utilizaram a medida estatística "variância" como uma métrica para quantificar o grau de concordância entre os mensuradores. Quanto mais próximo cada valor estiver da média, mais objetiva será a mensuração e menor será a variância. A comparação entre mensurações alternativas em termos de objetividade pode ser feita, portanto, comparando-se as suas variâncias em experimentos controlados.

A objetividade valida, portanto, o número que foi escolhido para representar o objeto que está sendo mensurado. Além da objetividade, a utilidade do número para fins de previsão, a tempestividade em sua obtenção e a inexistência de custos elevados para o seu cálculo são outras características que devem ser consideradas por ocasião da análise da qualidade dos valores obtidos com o processo de mensuração.

Segundo Sellitz (1974), um instrumento de medição é válido quando as diferenças de resultados obtidos com um determinado instrumento refletem diferenças reais entre os objetos da mensuração quanto à característica que se procura medir ou então indicam diferenças reais no mesmo objeto de um período para o outro, não podendo assim tais diferenças ser consideradas erros constantes ou casuais. A precisão decorre, portanto, da estabilidade do poder de representação da medida.

4.3 A TEORIA DA MENSURAÇÃO APLICADA À CONTABILIDADE

4.3.1 A mensuração na contabilidade

Segundo Hendriksen e Van Breda (1999, p. 304), "em contabilidade, a mensuração é o processo de atribuição de valores monetários significativos a objetos ou eventos associados a uma empresa, e obtidos de modo a permitir agregação (tal como na avaliação total de ativos) ou desagregação, quando exigida em situações específicas".

Em linha com os fundamentos cognitivos que nortearam a criação da Teoria da Mensuração, a teoria da contabilidade deve estabelecer critérios lógicos, que não precisam necessariamente ser verdadeiros ou falsos, para o processo de mensuração contábil. A mensuração deve gerar, portanto, valores monetários compatíveis com o uso que os usuários da informação contábil farão do resultado obtido com a avaliação. Assim, se determinado usuário da informação contábil deseja saber o valor que será gasto no futuro para que uma empresa possa repor os seus estoques, nada mais lógico do que a utilização do custo corrente como critério de avaliação. Nesse caso, o custo histórico e o valor realizável líquido não serão critérios de mensuração defensáveis para suprir a demanda desse usuário. Enquanto o custo histórico melhor serviria para informar ao usuário quanto a empresa gastou para adquirir os estoques, o valor realizável líquido bem se prestaria a comunicar quanto seria a provável entrada líquida de caixa com a venda desses estoques no mercado.

O processo de mensuração contábil tem início com a identificação dos objetos ou eventos a serem avaliados e com a seleção dos atributos que sejam de fato relevantes para os usuários da informação contábil. A partir daí, são atribuídos valores monetários significativos a esses objetos ou eventos, de modo a se garantir uma fácil agregação ou desagregação de dados.

Estoques, disponibilidades e obrigações exigíveis no longo prazo são exemplos de objetos mensurados pela Contabilidade. A venda de mercadorias e a distribuição de dividendos aos acionistas representam, por outro lado, eventos (ou atividades) que precisam ser traduzidos em termos monetários pelo contador.

Cabe refletir, no entanto, se os objetos mensurados pela Contabilidade estão claramente definidos, pois a compreensão da natureza desses objetos é requisito indispensável a um adequado processo de avaliação. Dessa forma, de acordo com os fundamentos da Teoria da Mensuração, embora essas características não precisem necessariamente ser verdadeiras ou falsas, devem ser lógicas e adequadas, no sentido de representarem fidedignamente os objetos que estão sendo mensurados, seja no sentido mental ou no sentido virtual.

Ainda em relação à adequada conceituação dos objetos de interesse da Contabilidade, Larson (1969) já fazia uma advertência: quando a pergunta envolve quais são essas "coisas" mensuradas pela Contabilidade, uma resposta apressada pode remeter a uma lista diversa de itens, tais como: ativo, capital, receita, despesa e lucro. No entanto, a extensa literatura existente à época sobre a natureza desses itens indicava que eles representavam apenas vagas noções acerca das "coisas" mensuradas pela Contabilidade. Larson (1969) citou o seguinte exemplo para justificar a sua preocupação: uma pessoa que olhasse uma demonstração de resultado e identificasse que o lucro líquido do ano foi um montante específico de dólares teria dificuldades em obter uma explicação dos contadores em relação ao significado preciso das "coisas" que estariam sendo rotuladas como lucro líquido. O fato é que ainda hoje se discute se a questão levantada por Larson já se encontraria superada ou se a teoria da contabilidade ainda enfrentaria dificuldades para oferecer conceitos "precisos" sobre os diversos itens sujeitos à mensuração pela Contabilidade.

Outro problema enfrentado pela Contabilidade no processo de atribuição de números a objetos ou eventos, à luz dos fundamentos da Teoria da Mensuração, reside no fato de os objetos ou eventos possuírem diversos atributos, que podem ser igualmente relevantes para os usuários, a depender do tipo de decisão que lhes está sendo demandada. Nesse sentido, Hendriksen e Van Breda (1999) citam o caso das instalações e equipamentos, cujos atributos podem ser a capacidade física de produção, o gasto realizado no momento de sua aquisição, ou os recursos necessários para a reposição imediata desses ativos por parte da entidade que detém o seu controle.

Hendriksen e Van Breda (1999) destacam ainda que, apesar de a mensuração contábil ser, de forma geral, imaginada em termos monetários, dados não monetários, como a capacidade de produção e o número de operários, podem ser muitas vezes relevantes para a tomada de decisão e para a realização de determinadas estimativas. Os autores destacam que os contadores até registram tais informações em notas explicativas ou em outros pontos das demonstrações contábeis, mas o problema é que a necessidade crescente de dados não monetários na Contabilidade só faz crescer a quantidade de atributos passíveis de mensuração. Tal condição, no entanto, só vai ao encontro do objetivo principal da Contabilidade, que é atender igualmente bem as necessidades de informações econômicas e financeiras por parte dos seus mais diversos usuários.

Ijiri (1975) afirma que a atribuição de números a objetos nada pode significar se ela não expressar uma relação válida entre tais elementos, pois uma compreensão inadequada dos fenômenos implica mensurações igualmente inadequadas. Assim, fazendo uma relação dessa afirmação com a Teoria da Mensuração, o Sistema Relacional Empírico (SRE), que contempla as propriedades do objeto a ser mensurado pela Contabilidade, deve ser adequadamente identificado e conceituado pelo contador para que possa, por meio de regras bem definidas, ser traduzido em medidas válidas, as quais comporão o chamado Sistema Relacional Numérico (SRN).

Ressalte-se, no entanto, que, por melhor que seja essa ligação entre o Sistema Relacional Empírico (SRE) e o Sistema Relacional Numérico (SRN), riscos de mensuração sempre estarão presentes na Contabilidade, pois nenhum instrumento de mensuração é livre de imperfeições técnicas. Nesse sentido, a mensuração contábil muito se assemelha a um processo de estimação, em que o objetivo acaba sendo aproximar-se o máximo possível do valor real do objeto ou evento que está sendo avaliado.

Esse sentido de aproximação do valor real de um objeto ou evento já faz parte da consciência do contador. A própria Estrutura Conceitual do International Accounting Standard Board (IASB) destaca que as demonstrações contábeis são, em larga extensão, baseadas muito mais em estimativas, julgamentos e modelos do que em representações exatas, e que os conceitos dos atributos dos objetos contábeis representariam as metas que tanto o IASB como os próprios preparadores das demonstrações contábeis deveriam se esforçar em atingir. O IASB entende, no entanto, que, como a maioria das metas, demonstrações contábeis ideais são improváveis de serem alcançadas em sua plenitude, pelo menos no curto prazo, pois se leva tempo para entender, aceitar e colocar em prática novos caminhos para a análise de transações e outros eventos. Apesar disso, estabelecer uma meta na qual se empenhar é essencial se a Contabilidade quiser de fato evoluir e melhorar a utilidade das informações prestadas aos seus usuários.

Além da imperfeição técnica do instrumento de medição, outros riscos presentes no processo de mensuração contábil estão relacionados aos seguintes fatores:

a) o padrão monetário de medida não é estável em termos de representatividade de uma propriedade econômica; e

b) não há uma escala de medida universal para o lucro, ou seja, inexiste um padrão de medida que apresente a mesma ordem de grandeza e representatividade para todas as pessoas indistintamente quando o assunto é o lucro de uma entidade.

Para Almeida e Haji (1997), outro desafio da Contabilidade é atribuir um significado comum a todos os objetos ou eventos que ela se propõe a mensurar. Chegar ao que se convencionou chamar de "denominador comum monetário" não é tarefa fácil quando os elementos patrimoniais apresentam atributos e finalidades distintos. Como se não bastasse tal restrição, Riahi-Belkaoui (2004) ressalta que fatores como a limitação na disponibilidade dos dados, bem como aspectos específicos do ambiente, como a incerteza e a falta de objetividade e verificabilidade, podem também provocar restrições ao processo de mensuração. Nas situações em que a mensuração se apresentar inadequada ou não confiável, Riahi-Belkaoui (2004) defende que informações não quantitativas ou não monetárias sejam prestadas em notas explicativas às demonstrações contábeis.

4.3.2 As características da informação contábil

Hendriksen e Van Breda (1999) entendem que a informação contábil deve se revestir de duas características básicas: a relevância e a confiabilidade, as quais exercerão influência no critério de mensuração a ser utilizado pela Contabilidade em situações específicas. Para o IASB, informação relevante é aquela capaz de fazer a diferença nas decisões tomadas pelos usuários, sendo que essa diferença será feita sempre que a informação contábil apresentar valor preditivo, valor confirmatório ou ambos. Por outro lado, para atender o requisito da confiabilidade, a informação contábil deve ser completa, neutra e livre de erros.

Diante da dificuldade de se atingir a perfeição no processo de atribuição de valor a objetos ou eventos contábeis, faz-se necessário que a Contabilidade recorra a um meio "justo" ou "razoável" de atribuição de valor, que seja capaz de proporcionar a melhor aproximação possível entre os objetos, de um lado, e os números que vierem a lhe representar, de outro.

A necessidade de promover a aproximação do valor contábil com o verdadeiro valor de um item patrimonial tem feito a Contabilidade recorrer a práticas diversas, tais como a utilização de uma moeda de poder aquisitivo constante e a utilização do ajuste a valor presente. Essas práticas seriam, na visão de Martins (1999), indispensáveis ao processo de mensuração contábil. O fato é que a Contabilidade não pode deixar de levar em conta o que a Teoria da Mensuração preconiza em relação aos atributos e propósitos da mensuração: o fato de eles serem elementos mutáveis ao longo do tempo.

Ressalte-se ainda que os caminhos da mensuração contábil passam necessariamente pelo conhecimento dos diferentes objetivos e das múltiplas necessidades dos usuários das demonstrações contábeis. Assim, o procedimento contábil de atribuição de valor a objetos ou eventos requer a investigação das suposições que esses usuários fazem quando usam os valores das demonstrações contábeis em qualquer que seja o propósito. Dessa forma, conhecer o modelo decisório do usuário parece ser ainda o grande desafio do processo de mensuração contábil.

4.3.3 Objetivos da mensuração

Hendriksen e Van Breda (1999) entendem que a escolha da medida a ser utilizada no processo de mensuração contábil requer uma análise cuidadosa dos objetivos da mensuração e defendem que a mensuração seja uma função das finalidades mais amplas de divulgação financeira. Para os autores, os valores monetários devem se basear nos preços de mercados decorrentes de transações realizadas entre partes independentes. O problema, no entanto, é a existência de uma variedade de mercados e de uma gama diversa de períodos dos quais os preços podem ser extraídos. Além disso, existe ainda a questão da definição do mercado a ser considerado como referência, ou seja, se deve ser tomado por base o mercado no qual o ativo é adquirido (valor de entrada) ou o mercado no qual o ativo é vendido (valor de saída). Esses mercados, em conjunto com o período no qual a mensuração pode ser realizada (passado, presente e futuro), fornecem uma grande variedade de medidas passíveis de utilização na Contabilidade. Isso sem contar com a existência de outros conceitos, como o de custo-padrão, por exemplo, que visa a atender prioritariamente uma necessidade gerencial das entidades.

A preocupação externada pelos autores em relação à existência de uma variedade de mercados de onde podem ser extraídos os preços a serem atribuídos aos itens patrimoniais tem sensibilizado os órgãos responsáveis pela elaboração de padrões contábeis. O IASB, por meio da *IFRS 13 – Fair Value Measurement*, que trata da mensuração a valor justo, assinala que a mensuração do valor justo presume que a transação para a venda do ativo ou transferência do passivo ocorre no mercado principal para o ativo ou passivo ou, na ausência desse mercado principal, no mercado mais vantajoso para o ativo ou passivo.

Para Hendriksen e Van Breda (1999), portanto, a escolha de uma determinada base de mensuração é influenciada pelos objetivos da mensuração, que podem ser classificados em sintáticos, semânticos e pragmáticos, cujos conceitos serão discutidos a seguir.

A sintática refere-se à ordem e à estrutura das coisas, compreendendo suas relações e combinações. Na Contabilidade, os objetivos sintáticos induzem a duas possibilidades de escolhas, de acordo com o enfoque adotado à mensuração: o enfoque tradicional "receita-despesa" (em que o lucro é definido pela diferença entre as receitas totais e o valor de entrada de todas as despesas associadas a essas receitas, num processo conhecido por "vinculação") e o enfoque "ativo-passivo" (em que existe lucro sempre que houver aumento de valor, num processo conhecido por "crescimento natural").

A semântica diz respeito ao estudo dos significados. Assim, uma forma de garantir o atendimento de objetivos semânticos é assegurar-se que todas as medidas usadas pela Contabilidade tenham fidelidade de representação, ou seja, que haja uma correspondência ou concordância entre a medida selecionada e o fenômeno que se pretende representar. Por exemplo, a utilização do custo histórico como base de valor não é condizente com um dos principais objetivos da Contabilidade, que é proporcionar uma medida relativa dos recursos disponíveis à entidade para a geração de recebimentos futuros.

A pragmática se ocupa do estudo da forma como os indivíduos utilizam e compreendem os signos. Os objetivos pragmáticos têm por foco a utilidade ou relevância da informação contábil. Estão relacionados, portanto, à capacidade que a informação contábil deve ter visando fazer alguma diferença na decisão a ser tomada pelo usuário. Como o principal usuário da informação contábil é o investidor, os objetivos pragmáticos tendem a levar a Contabilidade a apresentar medidas que permitam a avaliação das magnitudes, das datas de ocorrência e da incerteza relacionadas a entradas futuras de caixa.

4.3.4 Natureza do problema da mensuração contábil

Segundo Willett (1988), o problema da mensuração contábil pode ser de duas naturezas: (i) o problema da representatividade, que diz respeito à definição de quais atributos do mundo real e de quais propriedades desses atributos devem ser representados pelos números; e (ii) o problema da uniquicidade, que se refere à possibilidade de utilização de outros números, igualmente válidos, para fazer essa representação.

A solução encontrada pela Teoria da Mensuração para enfrentar o problema da representatividade parece ter sido definir uma função para servir de base ao processo de avaliação contábil. A proposta é justamente criar uma estrutura da qual os teoremas de representação possam enfim ser derivados. Formular essa estrutura qualitativa parece ser o grande desafio da Contabilidade, sendo este um processo que exige a definição de uma base conceitual de mensuração, o que não se apresenta como uma tarefa fácil diante dos diversos critérios de mensuração passíveis de uso pelo contador (custo histórico, custo corrente, valor realizável líquido, entre outros). Essa diversidade de critérios contábeis, que surgiu como resposta à necessidade de informações específicas por parte dos mais diversos usuários, aparece como o grande empecilho à prática da uniquicidade na contabilidade, pois não há como se produzir uma mensuração contábil única, aplicável a todas as circunstâncias indistintamente.

Larson (1969) chegou a destacar duas áreas problemáticas no processo de mensuração contábil: (i) a existência de uma série de problemas conceituais relacionados ao isolamento e à precisa definição das propriedades a serem mensuradas; e (ii) a existência de uma série de problemas metodológicos que envolvem a determinação de procedimentos de mensuração adequados à atribuição de números que bem representem essas propriedades.

Suspeita-se até que o ambiente contábil possa estar sendo vítima de uma espécie de proliferação de parâmetros de mensuração, um fenômeno que estaria sendo agravado pela utilização de conceitos vagos e ambíguos. A ambiguidade e a vaguidão existem quando uma palavra ou conceito têm múltiplos significados, sendo utilizados para descrever subconceitos distintos ou quando a palavra ou o conceito não tem forma ou fronteiras precisas. Assim, se a mensuração é dicotômica, conclui-se que a ambiguidade e a vaguidão são, em essência, inimigos da mensuração. Conclui-se então que mensuração, ambiguidade e vaguidão não podem existir lado a lado em uma disciplina.

O que ocorre, no entanto, é que a Contabilidade, por se tratar de uma ciência social, tem que conviver com termos que foram estruturados na própria incerteza. Por exemplo, não se pode exigir que expressões como "valor justo" e "materialidade" tragam em si um significado matemático preciso quando uma pessoa as utiliza. Assim, a incerteza acaba se fazendo presente de forma natural, devendo a Contabilidade encontrar meios para lidar com esses termos incertos, com o mínimo de prejuízo ao processo de mensuração.

Outras questões relevantes que podem servir de limitação ao processo de mensuração contábil são as seguintes: (i) as unidades monetárias representarem padrões de medida que mensuram uma dada quantia de poder de compra em um momento específico, o que implica que tal poder de compra não permanece estável ao longo do tempo; (ii) condições do próprio mercado podem provocar alterações na mensuração do ativo; e (iii) o próprio conhecimento de valores por parte dos interessados na mensuração pode variar de empresa para empresa ou de gestor para gestor.

Bunge (1967), ao tratar das dimensões da mensuração contábil, afirma que o processo de atribuição de valor a objetos ou eventos deve contemplar os seguintes aspectos:

a) uma estimativa do valor numérico de uma propriedade quantitativa;

b) um teste das afirmações envolvendo aquela magnitude;

c) uma ilustração do seu uso; e

d) um entendimento psicológico do significado da expressão contida no termo concernente.

Para Vickrey (1970), o problema da interpretação das propriedades aritméticas dos dados contábeis parece ter relação com a ausência de entendimento do verdadeiro atributo que está sendo mensurado nas demonstrações contábeis. Diante dessa dificuldade, a Teoria da Mensuração defende que o processo de mensuração contábil, para produzir os resultados esperados, atenda os seguintes requisitos:

a) propósito, entendido como o conhecimento da utilização que será dada ao resultado obtido com o processo de mensuração;

b) fenômeno, que contempla o entendimento dos objetos relevantes, ou fenômenos, que serão descritos pelo processo de mensuração;

c) atributo, que envolve a escolha correta do atributo a ser mensurado; e

d) método, que exige a escolha de uma técnica que produza resultados confiáveis, ou seja, que gere valores que representem com fidedignidade o atributo que se pretende avaliar com relação ao objeto mensurado.

Guerreiro (1989) apresenta as sete etapas tidas como básicas e necessárias à estruturação de um modelo científico de mensuração que possa ser visto como tecnicamente correto:

a) identificar o tipo de decisão a ser tomada;

b) identificar o sistema relacional empírico, ou seja, o conjunto de objetos e eventos que serão mensurados;

c) identificar a característica de interesse da medição;

d) identificar a unidade de mensuração;

e) definir a base conceitual, ou seja, os critérios de mensuração;

f) identificar o sistema relacional numérico, ou seja, evidenciar a escala ou unidade a ser utilizada; e

g) analisar o sistema de mensuração à luz do *purpose view* (informação adequada) e do *factual view* (confiabilidade, validade, tipo de escala e significado numérico).

Em comum entre as proposições de Bunge (1967), Vickrey (1970) e Guerreiro (1989), a necessidade de se conhecer a essência do atributo a ser mensurado e a importância de se fazer uma apropriada relação entre a mensuração desse atributo e o uso que dela será feito na prática.

4.3.5 A mensuração na contabilidade

Da mesma forma que na Teoria da Mensuração, as mensurações contábeis podem ser diretas ou indiretas. Segundo Riahi-Belkaoui (2004), as mensurações diretas, também chamadas de primárias, são medidas reais de um objeto (ou de seus atributos), enquanto as mensurações indiretas ou secundárias são obtidas indiretamente por meio de uma transformação algébrica de um conjunto de números que representam mensurações diretas de alguns objetos (ou atributos) e que acabam se tornando elementos intrínsecos de uma mensuração indireta. O custo unitário de produção, que é obtido da divisão do custo total de produção pela quantidade produzida, é um exemplo de uma mensuração indireta ou secundária.

Para Riahi-Belkaoui (2004), a maioria das mensurações utilizadas na contabilidade são mensurações indiretas, pois resultam de algum processo de transformação. É justamente o grau de transformação que determina a distinção entre o que é percebido como uma mensuração direta ou indireta, e que define a própria fonte do erro de mensuração. Dessa forma, o erro de mensuração pode ocorrer tanto na quantificação original primária de um objeto como no processo de transformação observado na mensuração indireta.

As medidas contábeis pertencem, em sua maioria, à categoria das mensurações derivadas, podendo ser subclassificadas como "mensuração por meio de estipulação (*fiat measurement*)". Segundo Riahi-Belkaoui (2004), essa classificação decorre do fato de a Contabilidade fazer uso de definições arbitrárias para atribuir valor aos objetos ou eventos de interesse dos usuários das demonstrações contábeis. Para o referido autor, essa arbitrariedade acaba sendo reduzida por meio da aplicação de uma abordagem científica à construção da teoria da contabilidade, numa tentativa de prover o teste empírico necessário e capaz de reduzir, ou até eliminar, algumas das arbitrariedades possíveis no processo de definição e mensuração de conceitos contábeis.

Ocorre que a mensuração por meio de estipulação depende fortemente da intuição do agente responsável pelo processo de mensuração e geralmente oferece um número muito grande de possibilidades e alternativas de elaboração. A mensuração do valor de um ativo pode ser feita, por exemplo, pelo seu preço de compra (custo histórico), pelo fluxo de caixa descontado das receitas líquidas futuras esperadas com o uso do ativo, pelo seu valor provável de realização e por diversas formas alternativas. O fato é que ainda não se encontrou uma forma de inferir valores contábeis por meio de leis naturais, nem mesmo pela combinação de duas ou mais medidas fundamentais que possam resultar em uma mensuração derivada.

Outro aspecto da Contabilidade que tem relação com a Teoria da Mensuração diz respeito à aditividade. Essa propriedade aparece como um requisito fundamental ao processo de mensuração sempre que se desejar somar ou subtrair um conjunto específico de medidas. A aditividade exige que todas as mensurações contempladas nas demonstrações contábeis sejam mensurações do mesmo fenômeno econômico e que sejam realizadas em termos da mesma unidade de medida. A principal implicação da aplicação da aditividade na Contabilidade é a necessidade de ajustes sempre que um conjunto de medidas realizadas em unidades monetárias tiver diferentes significados para os usuários da informação contábil.

4.3.6 Bases de mensuração

Riahi-Belkaoui (2004) defende que quatro atributos podem ser utilizados pela Contabilidade para mensurar todas as classes de ativos e passivos: (i) o custo histórico; (ii) o custo corrente de entrada (ou custo de reposição); (iii) o custo corrente de saída (ou valor realizável líquido); e (iv) o valor presente (ou capitalizado) dos fluxos de caixa esperados. As duas unidades de medidas que podem ser utilizadas para os quatro atributos apresentados são: (i) unidades de moeda; e (ii) unidades de poder de compra. Combinando os quatro atributos com as duas unidades de medidas, podem-se construir oito alternativas de avaliação de ativos e modelos de determinação de resultados.

4.3.6.1 Quadro das alternativas de avaliação de ativos, segundo Riahi-Belkaoui (2004)

Critérios de Avaliação Contábil	Conceitos
Contabilidade a custo histórico	Refere-se ao montante de caixa ou equivalente de caixa pago para adquirir um ativo ou o montante do passivo em termos de equivalente de caixa. A mensuração é feita em unidades de moeda.
Contabilidade a custo de reposição	Refere-se ao montante de caixa ou equivalente de caixa que seria pago para adquirir hoje o mesmo ativo, ou um ativo equivalente, ou que poderia ser recebido hoje para incorrer no mesmo passivo. A mensuração é feita em unidades de moeda.
Contabilidade a valor realizável líquido	Refere-se ao montante de caixa ou equivalente de caixa que seria obtido com a venda do ativo no momento presente, ou que poderia ser pago para extinguir hoje o passivo. A mensuração é feita em unidades de moeda.
Contabilidade a valor presente	Refere-se ao valor presente dos fluxos de caixa que devem ser recebidos com o uso do ativo, ou as saídas líquidas de caixa destinadas a liquidar o passivo. A mensuração é feita em unidades de moeda
Contabilidade a nível geral de preços	Refere-se ao montante de caixa ou equivalente de caixa pago para adquirir um ativo ou o montante do passivo em termos de equivalente de caixa. A mensuração é feita em termos de unidade de poder de compra.

Critérios de Avaliação Contábil	Conceitos
Contabilidade a custo de reposição a nível geral de preços	Refere-se ao montante de caixa ou equivalente de caixa que seria pago para adquirir hoje o mesmo ativo, ou um ativo equivalente, ou que poderia ser recebido hoje para incorrer no mesmo passivo. A mensuração é feita em termos de unidade de poder de compra.
Contabilidade a valor realizável líquido a nível geral de preços	Refere-se ao montante de caixa ou equivalente de caixa que seria obtido com a venda do ativo no momento presente, ou que poderia ser pago para extinguir hoje o passivo. A mensuração é feita em termos de unidade de poder de compra.
Contabilidade a valor presente a nível geral de preços	Refere-se ao valor presente dos fluxos de caixa que devem ser recebidos com o uso do ativo, ou as saídas líquidas de caixa destinadas a liquidar o passivo. A mensuração é feita em termos de unidade de poder de compra.

Cada uma dessas alternativas apresenta significado e relevância distintos para os usuários da informação contábil. Nesse sentido, tais alternativas podem receber três classificações distintas:

a) em relação ao tempo: custo histórico – foco no passado; custo de reposição e valor realizável líquido – foco no presente; e valor presente – foco no futuro.

b) em relação ao tipo de transação das quais as alternativas foram derivadas: custo histórico e custo corrente dizem respeito à aquisição de ativos ou à geração de passivos; valor realizável líquido e valor presente ocupam-se da venda de ativos ou do pagamento de passivos.

c) em relação à natureza do evento que originou a mensuração: o custo histórico baseia-se num evento real; o valor presente refere-se a um evento esperado; e o custo de reposição e o valor realizável líquido dizem respeito a eventos hipotéticos.

De acordo com a Estrutura Conceitual do IASB, a base de mensuração mais utilizada pela Contabilidade é o custo histórico, que costuma ser geralmente combinada com outras bases de mensuração. Por exemplo, os estoques costumam ser "carregados" pelo menor valor entre o custo histórico e o valor realizável líquido; os títulos negociáveis no mercado costumam ser "carregados" pelo seu valor de mercado; e os passivos decorrentes de benefícios a serem pagos por ocasião da aposentadoria dos empregados são apresentados no balanço patrimonial pelos seus valores presentes. Além disso, algumas empresas utilizam a base do custo corrente como resposta à incapacidade apresentada pelo modelo contábil a custo histórico de lidar com os efeitos das variações de preços verificadas nos ativos não monetários.

Mensurar elementos contábeis requer o entendimento do conceito de valor, o qual ainda se encontra envolto em indefinição, fato que tem provocado limitações ao processo de escolha de uma base única de mensuração para os itens patrimoniais. O problema para definir valor é que ele pode ser utilizado na prática em circunstâncias bem distintas: (i) como um instrumento de troca (negociação); (ii) como uma reserva de valor (retenção); (iii) como uma medida de valor (catálogo de vendas); e (iv) como uma unidade contábil (provisão para créditos de liquidação duvidosa).

A possibilidade de utilização de uma gama diversa de atributos para avaliar o patrimônio das entidades tem levado a Contabilidade a utilizar-se de diferentes mensurações para atender a distintos propósitos, o que parece ser um procedimento comum às chamadas "ciências sociais". Nesse processo, são fundamentais a discussão e o estabelecimento dos objetivos da mensuração, que devem estar em linha com as necessidades dos usuários da informação contábil. A adequada conceituação dos objetos a serem avaliados e dos seus atributos de interesse é outro requisito essencial, que, aliado à utilização de escalas e unidades que atendam ao princípio da aditividade, podem levar a Contabilidade a produzir um resultado de avaliação que apresente a melhor aproximação possível do valor "verdadeiro" dos itens sujeitos à mensuração.

4.4 A TEORIA DA MENSURAÇÃO VOLTADA À AVALIAÇÃO DE BENEFÍCIOS ECONÔMICOS FUTUROS

4.4.1 Benefícios econômicos futuros como requisito para a atribuição de valor

Tomando-se por base os fundamentos da Teoria da Mensuração, a seleção e a adequada conceituação dos atributos a serem mensurados são condições fundamentais ao processo de atribuição de valor a um objeto ou evento. Nesse sentido, quando nos propomos, por exemplo, a atribuir valor a um ativo, devemos inicialmente identificar que característica (ou atributo) desse elemento patrimonial pode representá-lo de forma mais fidedigna. Nesse sentido, uma característica que tem sido destacada como fundamental à existência de um ativo diz respeito à sua capacidade de geração de benefícios econômicos futuros.

O Financial Accounting Standard Board (FASB) considera a expectativa de geração de benefícios econômicos futuros como uma das três características essenciais de um ativo. As outras características são: (i) o controle desses benefícios, no sentido de se evitar que terceiros tenham acesso a eles; e (ii) o fato de a transação ou evento que originou o direito aos benefícios já ter ocorrido. Segundo Hendriksen e Van Breda (1999), é suficiente que apenas uma dessas características não se faça presente para que a Contabilidade deixe de reconhecer um elemento como ativo.

O IASB também adota conceito similar para o ativo, definindo-o como um recurso controlado pela entidade como resultado de eventos passados e do qual se espera que resultem futuros benefícios econômicos. O IASB exige inclusive que a expectativa de geração de benefícios econômicos futuros para a entidade seja suficientemente certa para que um ativo seja reconhecido pela Contabilidade. A avaliação do grau de incerteza em relação aos fluxos de benefícios econômicos futuros é efetuada com base em evidências existentes no momento em que as demonstrações contábeis são preparadas. Por exemplo, quando for provável que um recebível sob o controle de uma entidade será pago, então se justifica, na ausência de qualquer evidência em contrário, o reconhecimento do referido recebível como um ativo.

Vale ressaltar que a estrutura conceitual do IASB está passando por um processo de revisão, cujo papel de discussão está aberto a comentários até o dia 14 de janeiro de 2014. Nessa revisão, o IASB propõe que a definição de ativo seja clarificada, visto que contém referência às entradas esperadas de benefícios econômicos e alguns usuários têm interpretado essa referência como se os ativos fossem as próprias entradas de benefícios econômicos, muito mais do que os recursos subjacentes dessas entradas. O IASB pretende deixar bem claro, portanto, que um ativo é a fonte subjacente de entradas de benefícios econômicos, muito mais do que as entradas de benefícios econômicos em si, e ao mesmo tempo reforçar que os ativos devem ser capazes de gerar essas entradas de benefícios econômicos.

Segundo Hendriksen e Van Breda (1999, p. 285), para o reconhecimento de um ativo, "deve haver algum direito específico a benefícios futuros ou potenciais. Direitos e serviços que tenham expirado não podem ser incluídos".

Martins (1972) conceitua o ativo como os resultados econômicos futuros esperados de um agente, entendido o agente como o elemento que dá origem a esses resultados (por exemplo, um computador presta serviços diversos relacionados ao armazenamento e processamento de dados, devendo, portanto, esse computador ser considerado o verdadeiro ativo). Segundo Martins (1972), o potencial de resultado econômico representa a verdadeira caracterização de um ativo. E o autor vai além: considera o potencial de resultado econômico como o real ativo de uma entidade. Nesse sentido, pode-se concluir que o valor dos benefícios econômicos futuros é que determinará o valor de um ativo, e não o ativo em si.

O FASB considera que um benefício futuro provável diz respeito à capacidade que tem um ativo de, isoladamente ou em conjunto com outros ativos, contribuir, direta ou indiretamente, para a geração de entradas líquidas futuras de caixa. Na mesma linha de raciocínio, Iudícibus (2004, p. 139) afirma que "o teste de um ativo é que, ao trazer benefícios imediatos ou futuros, transformará esses benefícios em entradas líquidas de caixa ou em economia de saídas líquidas de caixa". Para o IASB, os benefícios econômicos futuros incorporados nos ativos podem fluir para a entidade de diversas formas, destacando-se entre elas as seguintes:

a) usado isoladamente ou em conjunto com outros ativos na geração de bens ou serviços a serem negociados pela entidade;

b) trocado por outros ativos;

c) usado para a liquidação de um passivo; ou

d) distribuído aos proprietários da entidade.

O entendimento do ativo como um elemento capaz de prestar serviços e de gerar benefícios econômicos futuros faz com que o problema da mensuração possa ser tratado pela Contabilidade como a tradução, em termos de unidades monetárias, do potencial de serviços incorporados no ativo. Se aí reside a verdadeira natureza do ativo, uma adequada metodologia de mensuração de seu valor seria o cálculo do valor presente dos fluxos de benefícios dele esperados. Assim, de acordo com Iudícibus (2004, p. 140), o Comitê de Conceitos Contábeis da American Acounting Association (AAA) defendia, já em 1957, que "conceitualmente, a medida de valor de um ativo é a soma dos preços futuros de mercado dos fluxos de serviços a serem obtidos, descontados pela probabilidade de ocorrência e pelo fator juro, a seus valores atuais".

O próprio IASB, ao tratar do cálculo do valor em uso de um ativo para fins de aplicação do teste do valor recuperável de um ativo, afirma que os seguintes elementos devem ser refletidos no processo de mensuração:

a) uma estimativa dos fluxos de caixa futuros que a entidade tem por expectativa obter do ativo;

b) expectativas em relação a possíveis variações tanto no valor como na época de realização desses fluxos de caixa futuros;

c) o valor do dinheiro no tempo, refletido na taxa de juros corrente de mercado livre de riscos;

d) o preço capaz de sustentar a incerteza que é própria do ativo; e

e) outros fatores, como a possibilidade de os ativos serem ilíquidos.

Os elementos apresentados nos itens "c" a "e" podem ser contemplados como ajustes aos fluxos de caixa futuros ou como ajustes à própria taxa de desconto.

Apesar de o conceito da AAA parecer ideal, contemplando os elementos que o IASB destaca como necessários a uma adequada mensuração de ativos em uso, Iudícibus (2004) defende que tal definição apresenta bases práticas que limitam o processo de mensuração, o que acaba levando a Contabilidade a adotar outros métodos que estariam servindo apenas como estimadores do método ideal. É o que na Teoria da Mensuração se convencionou chamar de aproximação do valor ideal (ou verdadeiro) do objeto mensurado. É nesse momento que a mensuração contábil acaba sendo entendida como uma probabilidade, pois, em geral, não parece tarefa fácil encontrar um valor empírico verdadeiro para uma unidade de medida de natureza monetária. No cerne da questão, estão a subjetividade e a inexatidão inerentes ao próprio conceito de "benefícios econômicos futuros".

4.4.2 As dificuldades na mensuração dos benefícios econômicos futuros

As dificuldades enfrentadas no processo de mensuração contábil são decorrentes também da própria incerteza relacionada ao futuro, o que impede que a previsão dos fluxos de caixa a serem gerados pelo ativo e a própria escolha da taxa de desconto para trazer tais fluxos a valores presentes sejam realizadas sem que se incorra em uma dose mínima que seja de riscos. Nesse sentido, o IASB recomenda que as projeções de fluxos de caixa utilizadas no processo de mensuração de um ativo em uso, por exemplo, estejam pautadas em premissas razoáveis e sustentáveis que representem a melhor estimativa da gerência em relação às condições econômicas que deverão estar presentes ao longo de toda a vida útil remanescente do ativo.

A própria noção do conceito de "benefícios esperados do ativo" pode gerar mensurações distintas na Contabilidade. Por exemplo: a adoção de valores de venda para um ativo é justificável somente na hipótese de descontinuidade, situação em que os benefícios econômicos futuros desse ativo devem se traduzir no valor que se obteria com a negociação do mesmo no mercado. Na continuidade, no entanto, o que importa são os fluxos de serviços futuros do ativo, os quais não se confundem necessariamente com o seu preço de venda, mas sim devem traduzir a melhor estimativa do valor presente das receitas esperadas durante o tempo em que a entidade detiver o controle desse ativo.

O que importa, então, é que o ativo seja avaliado pelo método que mais se aproxime dos benefícios econômicos esperados, considerado o uso que se pretende fazer dele. Um método tido como não ideal pode, no entanto, até ser aceito pela

Contabilidade, em razão da pouca praticidade de critérios alternativos ou até em função da capacidade de apresentar, comparativamente aos demais métodos, uma melhor relação custo-benefício.

Ressalte-se ainda que a questão dos benefícios econômicos futuros também está contemplada no conceito de passivo, que é definido pelo IASB como uma obrigação presente, derivada de eventos já ocorridos, cuja liquidação se espera que resulte em saída de recursos capazes de gerar benefícios econômicos. Isso faz com que o atributo "benefícios econômicos futuros" também possa servir de base ao processo de mensuração de passivos na Contabilidade.

A utilização de uma função para representar a mensuração de elementos patrimoniais, de acordo com o que propõe a Teoria da Mensuração, tendo por foco o conceito de benefícios econômicos futuros, pode ser exemplificada por meio da seguinte situação:

Uma empresa detém o controle de uma máquina da qual espera a geração, durante um período de três anos, de receitas anuais de R$ 185.000,00, com custos anuais de $ 25.000,00. No final da vida útil da máquina, espera-se que ela possa ser negociada no mercado por $ 40.000,00 (valor residual). Se considerarmos uma taxa de retorno desejada de 12% a.a., o valor presente deste ativo pode ser calculado da seguinte forma:

Valor Presente das Receitas Líquidas Futuras

$$VPRLF = \frac{\$\,160.000,00}{1,12} + \frac{\$\,160.000,00}{(1,12)^2} + \frac{\$\,160.000,00}{(1,12)^3}$$

$$VPRLF \cong 384.293,00$$

Valor Presente do Valor Residual

$$VPVR = \frac{\$\,40.000,00}{(1,12)^3} \cong \$\,28.471,21$$

Valor Presente da Máquina

$$VPM = VPRLF + VPVR = \$\,384.293,00 + \$\,28.471,21 = \$\,412.764,21$$

Iudícibus (2004) ressalta três importantes aspectos no exercício da mensuração contábil por meio da soma dos benefícios econômicos futuros esperados de um ativo:

a) a importância da seleção de uma taxa apropriada de desconto, que deve contemplar o risco inerente ao investimento realizado;

b) a importância de não se subtrair a depreciação das receitas; e

c) a restrição quanto ao fato de que vários ativos contribuem, em conjunto, para a produção dos fluxos de receitas líquidas, sendo difícil calcular a contribuição individual de cada um e, mesmo que fosse possível tal cálculo, a soma das contribuições individuais não seria igual ao valor dos ativos como um todo, em razão de fatores intangíveis não individualizáveis provocarem receitas líquidas maiores (ou menores) que a soma das contribuições individuais;

d) a existência de fatores subjetivos na projeção das entradas líquidas futuras de caixa.

Vale ressaltar, por fim, que valores monetários alternativos podem ser utilizados para a mensuração de ativos. Preços correntes de venda, por exemplo, acabam sintetizando o valor dos benefícios econômicos futuros de um bem que se destina à venda. Nesse caso, o preço de venda do ativo representa um senso comum dos agentes de mercado em relação aos benefícios econômicos futuros que esse ativo é capaz de gerar. Nesse sentido, pode-se afirmar que a avaliação de itens patrimoniais com base em benefícios econômicos futuros pode também gerar valores distintos para esses elementos, a depender do objetivo da mensuração e do atributo que está sendo mensurado.

4.5 RESUMO

O objetivo principal deste capítulo foi, por meio de uma discussão conceitual, buscar a relação entre a Teoria da Mensuração e a Contabilidade.

Observou-se que, à luz dos fundamentos da Teoria da Mensuração, os caminhos da mensuração contábil passam por duas condições consideradas essenciais: (i) o conhecimento dos diversos objetivos e das distintas necessidades dos usuários das demonstrações contábeis e (ii) a necessidade de se proceder a uma investigação acerca das suposições que esses usuários fazem quando utilizam os valores das demonstrações contábeis em suas mais diversas decisões. Nesse sentido, é desejável que as atuais discussões envolvendo os critérios de avaliação contábil, especialmente no processo de convergência internacional, observem essas condições.

O próprio conceito de valor econômico "verdadeiro" ainda está envolto em discordâncias no que se refere à sua definição. Em alguns casos, a ausência da determinação desse valor induz a Contabilidade a utilizar-se de aproximações, especialmente quando se trata de valores como o valor presente dos fluxos futuros líquidos de caixa e o valor de mercado. Dessa forma, a subjetividade, a dificuldade de se fazer estimativas e a própria imperfeição ou ausência do mercado são empecilhos para a adoção plena desses valores, motivando questionamentos acerca da confiabilidade dos valores contidos nas demonstrações contábeis das empresas. É a contabilidade fazendo, portanto, uso de métodos que seriam apenas estimadores do método ideal.

O processo de mensuração contábil ainda tende a ser marcado pela imprecisão e pela incerteza, assim como a função de respaldar a atribuição de variáveis numéricas a objetos deve continuar dependendo da propriedade específica do objeto a ser mensurado e do próprio objetivo a que se propõe a mensuração. Nesse sentido, pode-se observar que a mensuração contábil apresenta relação com a Teoria da Mensuração quando faz com que o valor do objeto mensurado dependa de regras específicas. Além disso, observa-se a preocupação com o estabelecimento de critérios lógicos, que não são verdadeiros nem falsos, mas que se justificam à medida que apresentam relação direta com os conceitos de ativo e passivo e com a própria Teoria da Contabilidade.

REFERÊNCIAS

ALMEIDA, M. G. H.; HAJI, Z. S. E. Mensuração e avaliação do ativo: uma revisão conceitual e uma abordagem do *goodwill* e do ativo intelectual. **Caderno de Estudos da Fipecafi**, São Paulo, v. 9, nº 16, 1997.

BUNGE, M. **Scientific research I**: the search for system. New York: Springer-Verlag, 1967.

CHRISTENSEN, John A.; DEMSKI, Joel S. **Accounting theory**: an information content perspective. New York: McGraw-Hill Higher Education, 2003.

GUERREIRO, R. **Modelo conceitual do sistema de informação de gestão econômica**: uma contribuição à teoria da comunicação da Contabilidade. São Paulo, 1989. Tese (Doutorado em Contabilidade) – Faculdade de Economia, Administração e Contabilidade, Universidade de São Paulo, São Paulo.

HENDRIKSEN, Eldon S.; VAN BREDA, Michael F. **Teoria da Contabilidade**. São Paulo: Atlas, 1999.

HILLE, H. **Fundamentals of a theory of measurement**. Lecture delivered on the Spring-Meeting of the German Physical Society. 1997. Ludwig-Maximilians-University. Munich, German. Disponível em: <http://www.helmut-hille.de>. Acesso em: 7 nov. 2010.

IJIRI, Yuji. Theory of accounting measurement. **Studies in Accounting Research**, #10. Flórida: American Accounting Association, 1975.

IUDÍCIBUS, Sérgio de. **Teoria da contabilidade**. 7. ed. São Paulo: Atlas, 2004.

KAM, Vernon. **Accounting theory**. 2. ed. New York: John Wiley & Sons, 1990.

KERLINGER, F. N. **Foundations of behavioral research**. 3. ed. New York: Holt, Rinehart and Winston, 1986.

LARSON, K. D. Implications of measurement theory on accounting concept formulation. **The Accounting Review**, v. 44, nº 1, p. 38-47, 1969.

MASON, R. O.; SWANSON, E. B. **Measurement for management decision**. California: Addison-Wesley, 1981.

RIAHI-BELKAOUI, Ahmed. **Accounting theory**. 5. ed. London: Thompson Learning, 2004.

SARLE, W. S. **Measurement theory**: frequently asked questions. Version 3, Sept. 14, 1997. Originalmente publicado em Disseminations of the International Statistical Applications Institute, volume 1, edition 4, 1995, Wichita: ACG Press, p. 61-66. Disponível em: <http://www.creative.net.au/mirrors/neural/measurement.html>. Acesso em: 29 nov. 2010.

SELLTIZ, Claire et al. **Métodos de pesquisa nas relações sociais**. Tradução de Dante M. Leite. São Paulo: Editora Pedagógica e Universitária, 1974.

STAUBUS, J. G. The market simulation theory of accounting measurement. *Accounting and Business Research*, v. 16, nº 62, p. 117-132, 1986.

STEVENS, S. S. Mathematics, measurement and psychophysics. **Handbook of experimental psychology**. New York: S. Stevens, 1951.

VICKREY, D. W. Is accounting a measurement discipline? **The Accounting Review**, v. 45, nº 4, p. 731-742, 1970.

WILLETT, R. J. An axiomatic theory of accounting measurement. **Accounting and Business Research**, v. 19, nº 73, p. 79-91, 1988.

WOLK, Harry I.; DODD, James L.; ROZYCKI, John J. **Accounting theory**: conceptual issues in a political and economic environment. 7. ed. California: Sage, 2008.

5

Contabilidade para *heritage assets*[1]

Adriana Isabel Backes Steppan
Diego Rodrigues Boente

5.1 INTRODUÇÃO

Este capítulo tem como objetivo principal apresentar e discutir os aspectos contábeis de uma categoria de bens que não costumam estar evidenciados nos relatórios contábeis. Você já se deparou com a contabilização de uma coleção de livros de uma biblioteca, acervos de um museu ou de uma paisagem natural de relevância histórica para uma comunidade? Estamos falando dos *Heritage Assets* (HAs). São bens que têm como intenção fundamental contribuir com o conhecimento e a cultura de uma sociedade, a qual pode ser pública ou privada. Nesse contexto, observa-se que esses ativos são bem específicos no que tange às suas características quando comparados ao conceito dos ativos, pois a sua manutenção não tem como meta a geração de fluxos positivos de caixa ao longo do tempo.

Sendo assim, o que permeia as discussões sobre os HAs são reflexões sobre a definição do que é ativo, da identificação das características subjacentes aos ativos, como também dos critérios de reconhecimento e mensuração. A normatização desses tipos de ativos ainda é pouco discutida no mundo. O Reino Unido foi o primeiro a tratar desta temática e, portanto, representa o enfoque desse estudo. No entanto, identificaram-se legislações pertinentes sobre os HAs nos Estados

---

[1] Preferimos manter a expressão *Heritage Assets*, em inglês, por não ter uma tradução precisa na língua portuguesa. Os significados mais próximos seriam: bens de patrimônio cultural, bens de uso comum ou bens de herança.

Unidos, na Austrália e Nova Zelândia. No Brasil, até o presente momento não se tem ainda uma regulamentação.

5.2 DEFINIÇÕES

Antes de tratar dos *Heritage Assets* é interessante rever o significado dos ativos, proposta pelo FASB e IASB, pois representa a base da compreensão do tratamento contábil desses bens. De acordo com IASB (2006), o ativo pode ser considerado como sendo "um recurso controlado pela entidade como resultado de eventos passados e do qual se espera que futuros benefícios econômicos resultem para a entidade". Na definição do FASB (2006), os "Ativos são prováveis benefícios econômicos futuros, obtidos ou controlados por uma entidade particular, como resultado de transações ou eventos passados".

Ao se analisar a demarcação conceitual dos ativos, observa-se a presença de três elementos fundamentais: existência do controle do ativo por parte da organização, decorrente de eventos passados e possibilidade de gerar benefícios econômicos futuros. Ou seja, para que determinado bem possa ser aprovado como um ativo ele necessita das características expostas anteriormente. No entanto, ao se referir aos HAs constatam-se algumas divergências em termos de atributos inerentes a tais ativos.

Para o ASB (2006), órgão do Reino Unido que trata da norma do HA, os *Heritage Assets* são "ativos com qualidades histórica, artística, científica, tecnológica, geofísica ou ambiental e, mantidos, principalmente, por sua contribuição para o conhecimento e cultura". Dentro dessa mesma linha, o SFFAS 29, que representa a normatização americana apresenta a sua definição referindo-se aos *Heritage Assets* como sendo "são bens imóveis, instalações e equipamentos que são exclusivos para uma ou mais das seguintes razões: significado histórico ou natural, cultural, educacional ou artístico".

Das duas definições acima descritas, o que determina o HA é a sua intenção, ou seja, o objetivo da sua manutenção para o uso exclusivo da preservação da cultura e disseminação do conhecimento não só da geração atual, mas também das futuras gerações. Outro ponto que merece destaque refere-se à questão da exclusividade. No Reino Unido é condição *sine qua non* o uso do ativo para fins de contribuição a cultura e ou/conhecimento para ser um HA. Já a norma americana é mais flexível neste sentido e aceita que o ativo seja usado para atender múltiplas finalidades, ou seja, além da contribuição a cultura e conhecimento, também pode ser usado pelo governo para a execução de suas operações.

Trazendo o exemplo do Forte Bragg, localizado nos EUA, é possível observar o multiúso do ativo. Inicialmente as terras do forte eram usadas por tribos indígenas americanas para fazer o ritual dos seus povos e, assim sendo, tinha um forte significado espiritual e cultural. Posteriormente, as mesmas terras foram usadas para o povoamento dos primeiros imigrantes no século 19 e, em função da guerra, os mesmos foram obrigados pelo governo a deixar o lugar porque seriam construídas instalações militares para fins de estudo e testes de armas nucleares. Após a guerra e na atualidade, estas terras apresentam as ruínas dessas instalações.

5.3 PRINCIPAIS DISCUSSÕES ACERCA DOS HAs RELACIONADAS COM SEU RECONHECIMENTO E/OU MENSURAÇÃO

A maioria dos *heritage assets* não apresenta todas as características conceituais do ativo expostas anteriormente. Ao se analisar as características dos ativos, são observadas divergências que nos remetem à reflexão da própria definição do ativo. No que se referem aos futuros benefícios econômicos, com relação aos HAs os custos de manutenção tendem a ser maiores que a geração de fluxos de caixa, ou seja, os fluxos apresentam-se negativos e, no que tange ao controle desses ativos, na maior parte das vezes o mesmo é compartilhado. Neste contexto, os debates são direcionados sobre o atual conceito de Ativo, bem como da sua forma inapropriada quando a mesma se refere às entidades sem fins lucrativos, as quais têm por fim a prestação de um serviço em benefícios de terceiros.

O IASB, em 2006, propôs uma nova definição de ativo como sendo "um recurso econômico presente para o qual uma entidade tem um direito presente ou outro privilégio de acesso". Partindo dessa definição, o ativo deve possuir três características essenciais: (i) um recurso econômico; (ii) a entidade tem direitos ou outros privilégios de acesso a esse recurso; (iii) ambos existem na data da demonstração financeira. Portanto, sob esta ótica, mesmo que um ativo, nesse caso o *heritage asset*, estivesse gerando fluxo de caixa negativo, poderia ser considerado como tal.

A proposição acima pode ser confirmada quando percebemos a importância dos HAs ao atender os propósitos de entidades. Imagine museus e galerias de arte sem as *obras de arte*! Sem elas essas entidades não funcionariam. O pronunciamento do ASB (2006, p. 13) corrobora ao afirmar que "os benefícios econômicos futuros associados aos artefatos estão primariamente na forma de seu potencial de serviço em vez de fluxos de caixa". De acordo com Tavares, Gonçalves e Niyama (2010), a partir das definições do ativo, entendem que o HA mesmo gerando fluxos negativos de caixa ainda assim pode ser considerado ativo, uma vez que constitui a base da existência da própria organização que o preserva ou mantém.

Por fim, destaca-se a existência de *Sterwardship Land*, conforme a SFFAS 29, que se trata de gestão de terrenos nas quais os direitos de propriedade são do governo federal; no entanto, a administração das mesmas é realizada por intermédio de agências. Por outro lado, se os terrenos são usados nas atividades operacionais da entidade, o tratamento contábil é classificá-los como ativo imobilizado. Exemplo: terrenos utilizados para a instalação de bases militares.

Antes de 2001, nada era reconhecido nos Balanços. A linha de discussão recente no Reino Unido principiou com o artigo intitulado *Heritage Assets – Can accounting do better?* (2006). Discutiu-se a possibilidade de aplicar, quando <u>praticável</u>, *valuation* para HA mantidos pela entidade. Quando não fosse possível, adotou-se o modelo do não reconhecimento. Em dezembro de 2006, o ASB lançou o *FRED 40 – Accouting for heritage assets*, onde discute o princípio da <u>praticabilidade</u>, mas ao nível de uma coleção individual. Surgiram então críticas e problemas associados à definição de "coleção" por parte dos preparadores dos relatórios financeiros e auditores.

Em junho de 2008, o ASB revê sua posição e lança o *FRED 42 – Heritage Assets*. Discute principalmente as exigências para capitalização de HA no Balanço, quando houver informação disponível de custo ou valor. Esta posição serviu de base para a elaboração da norma *FRS 30 – Heritage Assets*, em junho de 2009. O ASB crê que o impacto regulatório pela adoção da norma trará benefícios superiores ao custo da preparação da informação.

5.4 RECONHECIMENTO DOS *HERITAGE ASSETS*

Para tratarmos do reconhecimento dos HAs, é necessário compreender suas características inerentes. Tomando-se como exemplo seus atributos como o valor cultural, ambiental, educacional e histórico, observa-se que os mesmos não estão refletidos, na sua totalidade, no valor financeiro puramente baseado no preço de mercado. Outro fato é que esses ativos, de uma forma geral, são insubstituíveis, além de que, seus valores podem aumentar através do tempo mesmo se sua condição física se deteriorar. Outras características dos *heritage assets* referem-se às obrigações legais ou estatutárias, as quais podem impor proibições ou restrições severas na alienação por venda, como também são de difícil estimação de sua vida útil, a qual em alguns casos podem ser centenas de anos.

Sendo assim, com base no que foi descrito anteriormente, a discussão sobre o reconhecimento está relacionada com os modelos que são propostos, os quais se apresentam como pontos extremados: não capitalizar ou capitalizar os *heritage assets*. Ao se decidir não capitalizar os HAs, fica prejudicada a comparabilidade e os balanços apresentam-se como incompletos. Por outro lado, a ideia de capitalizar é o conselho vigente e parte do pressuposto que toda categoria desses ativos deveria estar contemplada no balanço, tendo como consequência relatórios que retratam com mais fidedignidade a realidade. Contudo, em função das especificidades desses bens, têm-se como fragilidade as questões associadas às formas de mensuração. Ao se analisar a legislação que trata desse ponto, constata-se que a interpretação vigente no Reino Unido, Austrália e Nova Zelândia é capitalizar, enquanto nos EUA a tendência é não evidenciar essa classe de ativos em suas demonstrações contábeis. O Quadro 1 a seguir sumariza o tratamento dos HAs em países de cultura anglo-saxã.

5.5 MENSURAÇÃO DOS *HERITAGE ASSETS*

Heritage Assets são definidos como ativos que têm qualidades históricas, artísticas ou culturais e que são mantidos principalmente por sua contribuição ao conhecimento e cultura. No Reino Unido, é requerido reconhecer, mensurar e evidenciar, incluindo o tratamento de ganhos e perdas de reavaliação, de acordo com a FRS 30. Não há IFRS que trata de *Heritage Assets*.

Barton (2000) ressalva que a plena aplicação dos princípios contábeis não é apropriada para estes bens, vez que os objetivos dos *Heritage Assets* são eminentemente sociais ao invés de financeiros. Por isso, nem todos os modelos tradicionais de mensuração podem ser aplicáveis a estes ativos. Existe pouca literatura sobre modelos para avaliar *Heritage Assets* (GIBSON, 1996). A falta de literatura específica oferece uma orientação pouco adequada sobre como encontrar um valor para esses ativos (*valuation*). Nenhum método de avaliação para esses ativos tem aceitação universal.

Segundo a FRS 30, os *Heritage Assets* devem ser incluídos no Balanço pelo seu valor corrente. Quando não for praticável obter uma avaliação a um custo razoável, os *Heritage Assets* devem ser avaliados ao custo histórico. Se, mesmo assim, as informações de custo histórico não podem ser obtidas facilmente, o ativo pode ser excluído do Balanço e evidenciado em notas explicativas.

A norma FRS 30 define que a avaliação de um HA pode ser feita por qualquer método que seja apropriado e relevante. Nela também não há qualquer exigência de que as avaliações sejam realizadas ou verificadas por avaliadores externos à entidade. Estes aspectos podem se constituir em pontos frágeis da norma, uma vez que a avaliação do que seja um "método apropriado e relevante" dá margem à alta discricionariedade do gestor e dos auditores externos. Adicionalmente, a possibilidade de realização de avaliações internas, devido à inexistência de um valor de mercado para determinado ativo, pode vir a afetar a confiabilidade das informações contidas nos relatórios econômico-financeiros da entidade, dada a possível falta de isenção dos avaliadores em relação ao objeto da mensuração.

Quadro 1 – Tratamento dos *Heritage Assets* em países de cultura anglo-saxã

	UK FRS 30	USA SFFAS 29	USA GASBS 34	Austrália AASB 116	Nova Zelândia FRS 3 (quando o IAS 16 não se aplica)
Validade	Governo e entidades privadas.	Governo (nível federal).	Governo (Estados-membros e territórios).	Governo e entidades privadas.	Governo e entidades privadas.
Aplicabilidade	Todos *Heritage Assets* (por sua característica cultural e natural, e que são usados exclusivamente nessa qualidade).	*Heritage Assets* (culturais e naturais), exceto aqueles que não são mantidos nessa qualidade.	Trabalhos de arte, tesouros históricos ou ativos similares (ou seja, culturais).	Todos *Heritage Assets* (ou seja, bens culturais).	Todos *Heritage Assets* (ou seja, bens culturais).
Capitalização	Sim, quando há informação disponível sobre custo ou valor corrente, assim como outros ativos tangíveis.	Não, os custos de aquisição são lançados para resultado.	Sim, para as coleções, não para ativá-las, mas para capturar o custo histórico na demonstração de resultados.	Como outros ativos tangíveis.	Como outros ativos tangíveis.
Mensuração subsequente	Escolha entre custos históricos e valores correntes (assim como para outros ativos tangíveis). Depreciação e *impairment* em casos excepcionais.	–	Custos históricos. Depreciação e *impairment* em casos excepcionais.	Reavaliação a valor justo para entidades governamentais. Depreciação e *impairment* em casos excepcionais.	Escolha entre custos históricos e reavaliação a valor justo (tal como para outros ativos tangíveis, mas é recomendável a reavaliação dos *Heritage Assets*).
Tratamento de doações	Ativação a valores correntes (sempre que possível).	Não registra a doação como ativo.	Ativação a *fair value*, para coleções.	Ativação a *fair value*.	Ativação a *fair value*.
Aplicação inicial	Como outros ativos tangíveis.	–	Coleções previamente ativadas permanecem ativadas.	Como outros ativos tangíveis.	Como outros ativos tangíveis.
Representação	Identificados separadamente no Balanço.	–	Não regulado.	Não identificados separadamente no Balanço.	Não identificados separadamente no Balanço.
Divulgação	Extensiva, informação não financeira em notas.	Extensiva, informação não financeira em notas.	Informação não financeira em notas.	Como outros ativos tangíveis.	Como outros ativos tangíveis.

Fonte: Glanz (2011, adaptado).

Não há nenhuma exigência para as avaliações a serem realizadas ou certificado por avaliadores externos, nem regra de período mínimo entre as avaliações. No entanto, quando os *Heritage Assets* são avaliados pelo valor corrente, o valor deve ser revisto com periodicidade suficiente para garantir sua adequação na data do Balanço.

Quando os *Heritage Assets* são avaliados para fins de Balanço Patrimonial, a base de valoração dependerá de como estes bens são usados pelo proprietário ou mantidos para fins de investimento. Uma análise dos possíveis modelos de mensuração associados aos *Heritage Assets* é apresentada a seguir:

a) **Valor de Mercado** – é a quantia estimada, sob a ótica de mercado ativo e organizado, pela qual se espera trocar um ativo na data da avaliação, entre um comprador e um vendedor interessados na transação, em que as partes agiram de forma esclarecida, prudente e sem coação. Embora se possa argumentar que o valor de mercado possa incorporar as mudanças biológicas de certos ativos (ex.: crescimento de árvores), na ausência de um mercado ativo e organizado, este valor não pode ser estabelecido claramente com grau de confiabilidade razoável.

b) **Valor recuperável** – é a quantia estimada que se espera recuperar após o uso contínuo e subsequente alienação do ativo. Quando o ativo está disponível para alienar, refere-se ao valor realizável líquido (venda menos custos). Quando o ativo ainda está em uso, refere-se ao valor presente líquido. Problemas associados ao valor realizável líquido incluem o fato de que raramente há um mercado para estes bens, que geralmente são únicos e incomparáveis. Já o valor presente líquido depende do potencial de "ganhos" do ativo, com fluxos de caixa descontados a valor presente. Certos *Heritage Assets* não geram fluxos de caixa positivos. Também há dificuldade para a escolha da taxa de desconto apropriada, particularmente para entidades do setor público. Além disso, taxas (ingressos) podem ser cobradas para uma determinada área, não para um ativo individualmente e, como tal, pode não ser representativo do valor total a ser atribuído.

c) **Valor de uso** – é a quantia estimada pela qual se espera trocar uma propriedade na data da avaliação, entre um comprador e um vendedor interessados na transação, em que as partes agiram com conhecimento, prudência e sem coação. Deduz-se que ao comprador é concedida a posse da propriedade negociada, desconsiderando usos alternativos potenciais e quaisquer outras características do ativo que poderia influir no valor de mercado em substituição do potencial de serviço a um custo menor. Há, entretanto, a possibilidade que o comprador altere o uso do bem para uma posição economicamente mais vantajosa do que a do proprietário. Valores realizáveis adicionais devem ser considerados neste conceito.

d) **Custo de reposição depreciado** – refere-se ao custo corrente de substituir um ativo por seu equivalente moderno menos deduções de deterioração física e outras formas relevantes de obsolescência e otimização. Os problemas inerentes ao custo de reposição são óbvios: a probabilidade de compra ou construção destes ativos é remota. As características destes ativos são predominantemente naturais, históricas ou culturais, que muitas vezes não podem ser substituídas ou reproduzidas.

e) **Custo histórico** – trata-se do registro do ativo com referência ao seu valor de "aquisição" num dado momento. Há algumas preocupações no uso deste modelo. Primeiro, pode não haver registro de custo relevante para bens doados, que não possuem valor de "aquisição" ou não é possível obtê-lo a um custo razoável; ou certas entidades, como as do setor público. Segundo, certos ativos têm vida útil estimada indefinida e os benefícios a serem acumulados não refletem no custo do ativo, nem alterações de preços ao longo de um período, nem mudanças biológicas. Portanto, é preciso cautela ao utilizar este modelo, onde o "custo" é baseado em dados desatualizados e podem fornecer informação incorreta sobre o patrimônio da entidade.

Adicionalmente, alguns métodos convencionais aplicáveis aos *Heritage Assets* imobiliários compreendem os seguintes modelos direcionados ao mercado:

a) uso de vendas comparáveis ou evidências de vendas e aluguéis apropriadamente analisadas (método comparável e método de investimento);

b) capitalização do lucro (ou perda) líquido oriundo do estabelecimento ou análise do valor justo sustentável (método de lucros ou contas);

c) fluxo de caixa descontado baseado nas projeções de receitas e custos em um determinado período de tempo previsto.

O último método é geralmente o mais adotado quando se quer encontrar algum valor. Quando há evidências de transações de mercado onde o avaliador pode mensurar ou o ativo em questão produz (ou deveria produzir sob uma administração proativa) um fluxo de caixa significante, então o avaliador com conhecimento apropriado pode ser capaz de estabelecer um valor de uso.

Do exposto acima, alude-se que nenhum modelo de mensuração pode ser considerado adequado para avaliar os *Heritage Assets,* pois não reflete os valores intrínsecos e sociais destes. Isto é particularmente relevante onde não há benefícios econômicos diretos ou, apesar da ausência de mercado, valores sociais e ambientais são obtidos de forma indireta.

No intuito de melhorar a compreensão dos critérios de reconhecimento e mensuração, tem-se a figura abaixo (Figura 1), que contempla a comparação das normas do Reino Unido e dos EUA.

Figura 1 – Reconhecimento e mensuração dos *heritage assets*

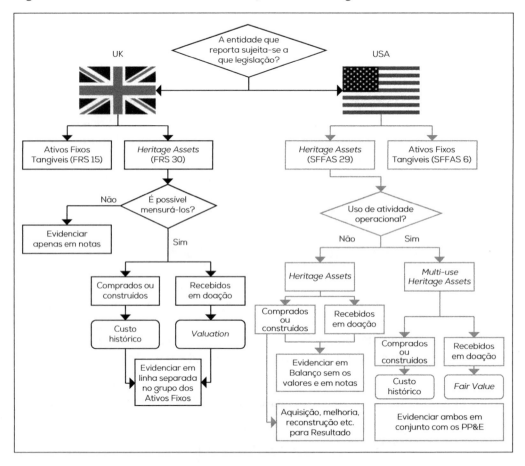

No Reino Unido, uma vez que ativo é considerado como um *Heritage Assets*, segue-se a FRS 30 (que trata dos HAs para o governo e entidades privadas), e não sendo possível mensurá-lo, o mesmo apenas evidencia-se nas notas explicativas. Havendo a possibilidade de quantificar o HA, avaliam-se pelo custo histórico os bens comprados ou construídos e aqueles recebidos em doação são mensurados por *valuation*. Essa expressão deve ser entendida como um processo de dar valor e, sendo assim, todos os modelos de mensuração acima elencados são aceitos pela

Contabilidade para *heritage assets* 133

norma. Com relação à evidenciação, os mesmos são inseridos no grupo dos ativos fixos, porém destacados em uma linha separada para essa categoria.

Nos EUA, o ativo pode ser considerado um *Heritage Assets* ou *Heritage Multi-use*. Nesse caso, o HA, além de referir-se a um bem cultural, é usado para o desenvolvimento das atividades operacionais do governo. Em ambos os casos, os mesmos seguem a norma do SFFAS 29 (que trata dos HAs apenas para o governo federal). Para os HAs comprados, construídos ou recebidos em doação, os valores correspondentes aos gastos com aquisição, melhoria e reconstrução são registrados no resultado, sendo os mesmos evidenciados no balanço e nas notas explicativas, no entanto, sem os valores correspondentes. No que se refere aos HAs *multi-use*, as regras de mensuração sofrem algumas alterações. Os ativos comprados e construídos são avaliados pelo custo histórico, enquanto os bens recebidos em doação são mensurados pelo *fair value*. Ambas as categorias são evidenciadas no balanço em conjunto com os PP&E (plantas, propriedades e equipamentos).

Especificamente com relação à depreciação, a FRS 30 requer o reconhecimento da depreciação e do *impairment* apenas para os HA avaliados a custo, o que é perfeitamente compreensível à medida que os critérios de mensuração que têm como base preços de mercado refletem seu real valor. Em geral, a depreciação dos HA capitalizados é conforme sua vida útil estimada, não sendo permitido para aqueles de vida útil indefinida. E, por fim, com relação ao reconhecimento do *impairment*, os valores históricos só serão revisados quando houver evidências: (a) de deterioração física, (b) de quebra, rupturas e (c) quando não houver dúvidas quanto à autenticidade de *impairment*.

5.6 EVIDENCIAÇÃO

Apesar do foco deste estudo contemplar os critérios de reconhecimento e mensuração, é possível perceber pelas descrições acima expostas a necessidade de comentar alguns aspectos de evidenciação. As normas exigem uma indicação da natureza e escala dos *Heritage Assets* mantidos pela entidade, devem mostrar a política de aquisição, preservação, administração e alienação dos HAs, bem como as políticas contábeis adotadas, incluindo a base de mensuração utilizada (custo ou *valuation*). No caso dos *Heritage Assets* não informados no Balanço, as notas devem contemplar os motivos pela não evidenciação e a natureza desses ativos, incluindo aqueles adquiridos em doação.

Assim sendo, as demonstrações financeiras devem conter um resumo das transações relacionadas aos *Heritage Assets*, para cada período e quatro períodos antecedentes contendo as seguintes informações: (a) o custo de aquisição; (b) o valor dos HAs adquiridos em doação; (c) a quantidade de bens baixados e adquiridos no período; (d) o *impairment* reconhecido no período.

5.7 RESUMO

Discute-se que, em essência, existem relevantes dificuldades de se estabelecer o real valor dos HAs cujo valor intrínseco é sua contribuição para a cultura e o conhecimento, e se há ou não algum reflexo na expectativa econômica. Apesar disso, de todo o exposto, eles têm atributos que possam ser considerados como ativos.

Ao mesmo tempo, há preocupações sobre a mensuração, a evidenciação quantitativa e o custo da informação envolvido. A dificuldade de mensuração e evidenciação em valores no balanço faz com que a divulgação em notas explicativas seja mais exequível, apesar das desvantagens dos aspectos relacionados à comparabilidade e à falta de qualidade da evidenciação, apontados anteriormente.

Constata-se que faltam normas internacionais específicas sobre o tratamento dos *Heritage Assets*, mas há estudos com relação às práticas de gestão sob a ótica política, econômica e turística (PORTER, 2004). Também o fato de permitirem receitas que cubram os custos de manutenção, especialmente em países "em crise" ou com dificuldade financeira para mantê-los, como também gerir de uma forma que amplie o seu valor cultural existente.

REFERÊNCIAS

ASB – ACCOUNTING STANDARDS BOARD. HERITAGE ASSETS: can accounting do better? **Discussion Paper**, 2006

BARTON, A. D. Accounting for public heritage facilities – assets or liabilities of the government? **Accounting, Auditing & Accountability Journal**, v. 13, p. 219-236, 2000.

FASAB – FEDERAL ACCOUNTING STANDARDS ADVISORY BOARD. Implementation Guide for Statement of Federal Financial Accounting Standards 29: Heritage Assets and Stewardship Land. Federal Financial Accounting Technical Release – Technical Release 9, Feb. 2008

FYLDE BOROUGH CONCIL, Statement of Accounts 2011/2012. Disponível em: <http://www.fylde.gov.uk/council/finance/statement-accounts>. Acesso em: 26 out. 2012.

GIBSON, K. Heritage assets and financial reporting: a botanical gardens case. ACCOUNTING CONFERENCE OF THE ACCOUNTING ASSOCIATION OF AUSTRALIA & NEW ZEALAND, Christchurch, N.Z., 1996.

GLANZ, S. Zur Bilanzierung der Kultur – und Naturgüter (Heritage Assets) – Auf dem Weg zu internationaler Vereinheitlichung? IRZ, Heft 1, Jan. 2011.

HOOPER, K.; KEARINS, K.; GREEN, R. Knowing "the price of everything and the value of nothing": accounting for heritage assets. **Accounting, Auditing & Accountability Journal**, v. 18, p. 410-433, 2005.

KINGSTON UNIVERSITY. Valuing heritage assets: final report a research project. Examining the case for the Valution of Heritage Assets, Mar. 2009.

IASB – International Accounting Standard Board. Conceptual Framework – Asset Definition. Information for Observers, World Standard Setters Meeting, London, 2006.

LIMA, Diana Vaz; CARVALHO, Rafael M. F.; FERREIRA, Lucas O. G. Processo de reconhecimento e mensuração do ativo imobilizado no setor público face aos padrões contábeis internacionais – um estudo de caso da ANATEL. **Revista Universo Contábil**, v. 8, nº 3, 2012.

NIYAMA, Jorge Katsumi; SILVA, César Augusto Tibúrcio. **Teoria da contabilidade**. 2. ed. São Paulo: Atlas, 2011.

_____ et al. Heritage Assets: uma análise comparativa das normas emanadas do FAS, ASB e CFC. **Revista Advances in Scientific and Applied Accounting**, v. 3, 2010.

PORTER, S. An examination of measurement methods for valuing heritage assets using a tourism perspective. **QRAM**, v. 1, nº 2, 2004.

6

Contabilidade social corporativa

Josicarla Soares Santiago
José Lúcio Tozetti Fernandes
Rodrigo de Souza Gonçalves

6.1 INTRODUÇÃO

Em razão dos impactos advindos das atividades empresariais com o ambiente em que atuam, a sociedade, desde a década de 1960, cobra uma maior responsabilidade social das organizações. Essa maior responsabilidade deveria em um primeiro momento atenuar os impactos negativos de sua atuação, também denominados de externalidades.

Além disso, espera-se uma postura de maior responsabilidade social por parte das organizações em razão destas utilizarem os recursos consensualmente oferecidos pela sociedade (recursos econômicos, sociais e ambientais), devendo, portanto, retornar a ela produtos com valor agregado que justificam os recursos consumidos. Desse modo, diante de tais aspectos, é desejável que as organizações prestem contas à sociedade acerca da utilização dos recursos sociais (aqui entendido de maneira ampla, englobando os recursos sociais, ambientais e econômicos), que dentre outros instrumentos é realizada pelos relatórios sociais ou de sustentabilidade.

Neste cenário, acredita-se que a contabilidade desempenhe um papel relevante como a área responsável pela geração de informações sobre os impactos sociais das atividades corporativas. A contabilidade social corporativa destaca-se como a atividade de identificação, mensuração e divulgação das variáveis de desempenho social das organizações, compilando informações úteis e comunicando-as para grupos de interesses tanto internos quanto externos à organização para a avaliação do desempenho social das organizações.

O *disclosure* social é, portanto, o meio de comunicação entre a organização e a sociedade, que dentre seus objetivos busca diminuir as incertezas existentes na relação entre empresa e investidores pela redução da assimetria informacional. A divulgação de informações sociais é predominantemente voluntária, o que em princípio é justificável pela essência de sua existência, embora existam correntes que defendem sua regulamentação. Além desse aspecto, há teorias que buscam explicar as motivações e os preceitos da relação organização e sociedade, como, por exemplo, a teoria institucional, a teoria da legitimidade e a teoria dos *stakeholders* demonstrando que o sentido é o dos interesses coletivos, isto é, o bem-estar de todos os grupos de interesses.

Portanto, o objetivo deste capítulo é apresentar as discussões e as teorias que norteiam o *disclosure* social. Para tanto, nas próximas seções são feitas discussões sobre as externalidades das atividades corporativas, a responsabilidade social corporativa a partir da ideia de contrato social e a contabilidade social corporativa. Em seguida, discorre-se sobre o *disclosure* social, iniciando-se pela discussão acerca da divulgação das informações contábeis e tratando da importância da divulgação das informações sociais, a divulgação compulsória e voluntária das informações sociais, a regulamentação e as teorias que suportam o *disclosure* social.

6.2 EXTERNALIDADES DAS ATIVIDADES CORPORATIVAS

As diferentes percepções e exigências acerca do papel a ser exercido pelas empresas como promotoras do desenvolvimento social ou econômico faz com que tais instituições busquem adaptar-se ao ambiente como forma de responder às cobranças recebidas e de poderem manter-se competitivas no mercado em que atuam (ZYLBERSZTAJN, 2001; CAMPBELL, 2007).

A necessidade de responder às mais diversas demandas e pressões de segmentos, como investidores, consumidores e comunidade, pode ser avaliada sob o ponto de vista econômico, posto que as empresas são formadas a partir de um sistema de relações (COASE, 1937) ou um nexo de contratos (HART, MOORE, 1988; WILLIAMSON, 2002). Essa perspectiva ganha espaço à medida que as empresas, ao desenvolverem suas atividades, passam a impactar e serem impactadas por esses segmentos, onde cada parte busca defender seus interesses como forma de maximizar seu bem-estar (sociedade) ou riqueza (investidores).

Assim, o contrato possui como função principal facilitar ou reger o relacionamento entre duas partes, de modo a especificar, tanto quanto possível, as transações e parâmetros necessários à relação profícua entre dois ou mais agentes (RIORDAN, 1984; HART, MOORE, 1988).

Para o investidor, o contrato possui a função de buscar antever situações nas quais o gestor possa agir e tomar decisões convergentes com os seus objetivos. Para a sociedade, o contrato social – cuja existência é tácita – busca direcionar as ações organizacionais para que haja uma redução ou até eliminação dos impactos negativos provocados pela atuação de suas atividades, também denominadas de externalidades (DAHLMAN, 1979; McWILLIAMS; SIEGEL; WRIGHT, 2006). Segundo McWilliams, Siegel e Wright (2006, p. 13-14) *an externality is defined as the impact of an economic agent's actions on the well-being of a bystander*.[1]

Para Slomski et al. (2010, p. 8), "as externalidades são ações de uns que afetam outros", podendo ser entendidas como uma ação que provoca efeito sobre o comportamento de um ou mais agentes presentes em um círculo de relações. Ainda, segundo estes autores, existem dois tipos de externalidades: externalidades negativas e externalidades positivas. A externalidade negativa é quando a ação de uma parte faz com que a outra parte tenha seus custos aumentados, enquanto que a positiva ocorre quando a ação de uma das partes provoca benefício para a outra, havendo um aumento no bem-estar na contraparte.

Assim sendo, ao realizarem suas atividades, as empresas deveriam atentar não somente para a maximização de seus resultados, mas também às consequências ou externalidades de suas ações na sociedade, o que por sua vez abre espaço para a realização de ações de responsabilidade social destas entidades para com os *stakeholders*, ou pessoas que são direta ou indiretamente afetadas pela existência das organizações.

As ações de responsabilidade social ou programas sociais, neste contexto, serviriam, por exemplo, para atenuar o impacto ou repercussão negativa da empresa na sociedade, ou ainda como instrumento de realização do contrato social (BARON, 2001; HEAL, 2004; McWILLIAMS; SIEGEL; WRIGHT, 2006).

Apesar do termo "responsabilidade social" possuir diversas nuanças em seu conceito, pode-se afirmar, de um modo geral, que remete ao engajamento empresarial em ações que vão além do que seria exigido por lei (SIEGEL; VITALIANO, 2006; PAUL; SIEGEL, 2006). Contudo, justamente nesse ponto que autores como Coase (1960) e Friedman (1970) criticam essa possível atuação.

Para Coase (1960), o fato de as empresas provocarem externalidades em decorrência de sua atuação dentro dos parâmetros legais é, por si só, motivo suficiente para que as mesmas não tenham que arcar com custos adicionais em suas

---

[1] Uma externalidade é definida como o impacto das ações de um agente econômico no bem-estar de um espectador. [tradução livre]

Contabilidade social corporativa **139**

atividades, pois isso seria nocivo para atividade empresarial. Esses custos, também denominados custos de transação, além de não serem necessários, acabam por reduzir a competitividade das empresas (COASE, 1937).

Friedman (1970) afirma que o papel das empresas é o de maximizar seus resultados o quanto possível, porque assim estariam contribuindo efetivamente para o aumento do bem-estar da sociedade, deixando ações por meio de programas sociais sob a responsabilidade do Estado e de organizações criadas para esta finalidade.

Entretanto para Heal (2004) a responsabilidade social externa não pode ser ignorada pelas empresas, uma vez que os programas sociais passam a atuar como agentes redutores de externalidades, trazendo benefícios inclusive sob o ponto de vista econômico, pela redução do risco e do custo de capital. Segundo Udayasankar (2007), espera-se que os programas sociais resultem, em termos práticos, em maior aprovação pelo seu público-alvo gerando um melhor desempenho.

Porém, não é somente pela maior aprovação e geração de melhor desempenho que as empresas são impulsionadas a realizar programas sociais. Podem-se destacar diferentes motivações, dentre as quais: (a) exposição de suas aspirações éticas e sociais, (b) reputação, (c) altruísmo, (d) ação estratégica, (e) defesa em relação às pressões externas, (f) redução do risco, (g) diminuição do custo de capital (BARON, 2001; ORLITZKY; BENJAMIN, 2001; McWILLIAMS, SIEGEL, WRIGHT; 2006; MORSING; SCHULTZN, 2006; BARNEA; RUBIN, 2006; UDAYASANKAR, 2007).

Além de tais aspectos, é possível identificar outras duas razões básicas para a existência de ações de responsabilidade social corporativa (JENSEN, 1976):

- Pelas empresas é uma forma de estratégia defensiva contra ataques reais ou potenciais de ser considerada socialmente irresponsável e/ou apática sobre os problemas sociais, com o intuito de preservar a imagem corporativa e atender às exigências legais.

- Pelos grupos de interesses externos à corporação o objetivo é incitar ações corretivas sobre os problemas sociais tornando os fatos conhecidos para as empresas e/ou o público.

Segundo Heal (2005), a responsabilidade social corporativa é uma parte importante da estratégia da empresa em setores onde surgem inconsistências entre os lucros das empresas e as metas sociais, ou a divergência pode surgir ao longo de questionamento sobre o que é ou não justo. Na empresa, um programa de RSC pode fazer executivos, conscientes dos conflitos entre empresas e sociedade, atribuir um maior compromisso ao interesse social. Também, para este autor, a recompensa por antecipar fontes de conflito pode ser considerável, na verdade, pode ser até uma questão de sobrevivência, considerando que a penalização dada pela sociedade às empresas tem valores diversos.

Diante desse contexto, é importante destacar que, ao longo das últimas décadas, tem havido uma mudança nas atitudes da sociedade em relação ao ambiente que a cerca e com isso começa a haver um maior interesse e uma maior cobrança com relação às externalidades das empresas. Assim sendo, a sociedade tem-se tornado cada vez mais exigente e passando a enxergar a empresa como um agente que pode ser capaz de comprometer seu bem-estar, buscando desse modo que a empresa considere o impacto de suas externalidades e promova mecanismos para sua redução.

6.3 *SOCIAL DISCLOSURE*: CONCEITOS E CARACTERÍSTICAS

Em virtude dos movimentos sociais ocorridos na década de 1960, na Europa e nos Estados Unidos, que cobraram das empresas uma ação mais responsável para com os seus *stakeholders*, iniciaram-se, na década seguinte, pesquisas acerca do papel que a contabilidade deveria exercer ao promover a transparência das ações de responsabilidade social corporativa aos diversos grupos interessados (JENSEN et al., 1972; ESTES, 1972; SEIDLER; SEIDLER, 1975; JENSEN, 1976; RAMANATHAN, 1976).

Desde então, há uma pluralidade de contribuições para a promoção do papel que a Contabilidade Social Corporativa deveria desempenhar para atender as necessidades tanto dos usuários internos como dos usuários externos.

O estudo realizado por Jensen et al. (1972) reconhece a dificuldade em se estabelecer as diretrizes necessárias para o desenvolvimento da contabilidade nesta então nova área de conhecimento, sobretudo, quanto aos conceitos que deveriam nortear essas ações. Estes (1972) trouxeram reflexões iniciais acerca do assunto, demonstrando que o desenvolvimento nesta área é um desafio para a profissão contábil, e tem como centro da discussão o reconhecimento e a mensuração dos custos sociais e a sua repercussão para os contabilistas. Naquele momento ainda não havia a denominação de *Contabilidade Social Corporativa* para esta área de interesse da Contabilidade.

As pesquisas seguintes como de Ramanathan (1976) e Jensen (1976) vão além da preocupação em definir conceitualmente a Contabilidade Social Corporativa (como é o caso da primeira) e se preocupam, sobretudo, em estabelecer linhas mestras sobre as possíveis variáveis a serem levadas em consideração na prestação de contas pelo *social disclosure*, bem como em fazer com que fossem capazes de retratar o impacto social que as organizações promoveram em um determinado período.

Neste sentido, Ramanathan (1976) propõe um conjunto de objetivos para a Contabilidade Social Corporativa:

An objective of corporate social accounting is to make available in an optimal manner, to all social constituents, relevant information on a firm's goals, policies, programs, performance and contribution to social goals. Relevant information is that which provides for public accountability and also facilitates public decision making regarding social choices and social resource allocation. Optimality implies a cost/benefit-effective reporting strategy which also optimally balances potential information conflicts among the various social constituents of a firm. [2]

A partir da visão proposta por Ramanathan (1976), o *social disclosure* deve ir além de informar as ações empreendidas de responsabilidade social ou como instrumento de relação entre empresa e sociedade; pois deve conter informação útil caracterizada por aspectos como: (a) objetivos da empresa, (b) suas políticas, seus programas e seu desempenho e (c) contribuições para os objetivos sociais.

Desse modo, é de se esperar que os relatórios sociais que possuam tais características venham a contribuir para a tomada de decisão do usuário externo e ainda realizar uma adequada prestação de contas da alocação dos recursos.

Desde então, a dúvida acerca dos impactos de tais ações empreendidas pelas empresas permeiam as pesquisas na área contábil. As pesquisas realizadas a *posteriori* tiveram essa preocupação como objetivo central – a determinação do impacto das ações promovidas pelas empresas na sociedade e seu custo/benefício, conjugando variáveis financeiras e sociais (ANDERSON; FRANKLE, 1980; WILLIAMS, 1980; COCHRAN; WOOD, 1984; RIAHI-BELKAOUI, KARPIK, 1988; WADDOCK; GRAVES, 1997).

Tais pesquisas tiveram forte influência das diretivas emanadas pela American Accounting Association, haja vista que, a partir das reflexões teóricas promovidas por seu grupo de estudo, houve a recomendação de que fossem realizadas pesquisas empíricas para que se pudesse, então, determinar qual seria a extensão do *social disclosure*, considerando as variáveis que tivessem efeito positivo na rentabilidade das empresas.

---

[2] Um objetivo da contabilidade social corporativa é o de disponibilizar para todos os componentes sociais, de forma mais adequada, informações relevantes sobre os objetivos da empresa, suas políticas, programas, desempenho e contribuições para os objetivos sociais. Consideram-se informações relevantes aquelas que estabelecem responsabilidade pública e também facilitam a tomada de decisões no que tange a escolhas e a alocações dos recursos sociais. Um relatório adequado implica em um relatório eficaz de estratégias das relações de custo e beneficio que adequadamente também equilibra os conflitos das informações potenciais entre os vários componentes sociais de uma empresa [tradução livre].

Ramanathan (1976, p. 526), por exemplo, conclui que *"the concepts of social constituents and social transactions require further debate and empirical testing, and methods appropriate for determining social overheads/returns need to be developed"*. [3]

Nota-se, portanto, um estímulo para que as pesquisas empíricas pudessem determinar modelos empíricos que atendessem tanto os aspectos gerenciais quanto a determinação do custo das transações sociais, como alcançar o custo/benefício da alocação de recursos em ações discricionárias (programas sociais).

Jensen (1976) faz menção ao fato de que a contabilidade social corporativa poderia ser mais bem contextualizada como *corporate social accountability*, chegando a substituir a palavra *accounting* por *accountability*. Na visão deste autor, o papel da contabilidade social corporativa é de ser um interlocutor entre a empresa e a sociedade, e por isso, a substituição dos termos *accounting* por *accountability*, justificando-se em virtude das pressões de vários grupos de interesse por informações acerca das atividades corporativas.

Entretanto, o papel da Contabilidade em si é de realizar o exercício da *accountability*, seja ela por meio de informações econômico-financeiras, ou por meio de informações sociais aos diversos grupos interessados, incluindo os *stakeholders*. Já Ramanathan (1976) vai um pouco além, pois menciona que a contabilidade social deve contribuir na avaliação, de como as empresas estão exercendo o seu contrato social, e ainda faz atribuição acerca da mensuração do impacto dessas atividades na sociedade.

Muito embora haja no conceito de Ramanathan (1976) o aspecto da mensuração, ausente na atribuição de Jensen (1976), ambos os autores buscam fundamentalmente a ideia de que há necessidade do exercício, por parte da contabilidade social, da relação entre empresa-sociedade, o que se realiza através dos relatórios sociais, dando origem assim ao conceito ainda hoje utilizado de *social disclosure*.

O cerne desse conceito acompanhou pesquisas posteriores, que reportam o *social disclosure* como instrumento de relação ou interlocução entre empresa-sociedade, ampliando, por vezes, alguns aspectos (vide WILLIAMS, 1980; ANDERSON; FRANKLE, 1980; RIAHI-BELKOUI; KORPIK, 1988; EPSTEIN; FREEDMAN, 1994; GRAY et al., 2001).

Entretanto, se o exercício da contabilidade social ficar restrito somente à questão da prestação de contas e ao relacionamento da empresa para com a sociedade como um todo, pode-se fazer com que ela se concentre em informações que não sejam de interesse do acionista, correndo o risco de não retratar como o gestor se

---

[3] Os conceitos de elementos e transações sociais requerem um maior debate e teste empírico, e os métodos apropriados para a determinação dos custos sociais/retorno precisam ser desenvolvidos [tradução livre].

vale dos recursos a ele confiados, para então, maximizá-los ou somente a busca de promoção de sua imagem como "socialmente responsável", conforme crítica de Cooper e Owen (2007).

Diante disso, Epstein e Freedman (1994) afirmam que deveria haver uma forte justificativa para que fossem produzidas informações sociais, mesmo que não fossem de interesse dos acionistas. Tais pesquisadores buscaram identificar a relevância das informações sociais na visão dos investidores e concluíram que os mesmos buscam por informações sociais, contudo, primeiramente aquelas que retratem o impacto econômico da organização em suas diversas atividades, bem como desejam que as mesmas sejam confiáveis e auditáveis.

Curiosamente, nas pesquisas que abordam questões no que concerne à importância da determinação das variáveis informativas, sejam elas econômicas, financeiras, sociais ou ambientais, e sua relação com impacto econômico, desempenho social, entre outros, não há, em momento algum, a busca de um arcabouço teórico informativo consistente e alinhado com as características qualitativas da informação contábil.

É interessante ressaltar este aspecto, haja vista que desde o início das discussões acerca do exercício a ser desempenhado pela contabilidade social corporativa, além do seu próprio aspecto conceitual, dá-se muita importância acerca ao tipo de informação que a mesma produzirá; o que, em princípio, tratando-se de pesquisas acerca dos aspectos informacionais na área contábil, deveria resultar em um arcabouço conceitual que abrange aspectos como: relevância e representação fiel, bem como os itens que as caracterizam.

Além de tais aspectos ora mencionados acerca do que deve ser divulgado, tem-se a discussão quanto à regulação ou não de tais informações, dado que a forma voluntária pela qual atualmente é prestada pode provocar vieses em sua utilização, dada a possibilidade de escolha do que divulgar (ausência de neutralidade).

6.4 *SOCIAL DISCLOSURE*: O DEBATE ACERCA DE SUA REGULAÇÃO OU NÃO

A obrigação de prestar contas é algo que está além da regulação ou padronização da informação, pois pelo que é denominada obrigação natural, verifica-se a necessidade que cada pessoa tem de prestar contas do que lhe é confiado (COVELLO, 1996; MOISSET DE ESPANES, 1998). Sob o ponto de vista contábil, Scott (1941) entende que a decisão entre divulgar ou não uma informação está relacionada a princípios de justiça, equidade e verdade.

Assim sendo, seria até certo ponto inadmissível a não demonstração às partes interessadas dos fatos que afetaram, afetam e que poderão afetar (valor preditivo da informação) o patrimônio da empresa, uma vez que tal atitude estaria interferindo diretamente nos princípios anteriormente mencionados. De fato, Ramanathan (1976) destaca que as organizações possuem um contrato tácito com a sociedade por meio do contrato social, e por isso devem desenvolver mecanismos para uma adequada evidenciação do impacto que causam no meio em que estão inseridas.

Por parte dos investidores, verifica-se que as informações divulgadas de maneira não obrigatória ganham espaço à medida que eles, por receberem um conteúdo adicional em sua análise, passam a enxergar a empresa de forma diferenciada das demais (STOCKEN, 2000). Neste sentido, Anderson e Frankle (1980, p. 475) entendem que o *"voluntary social disclosure may, in fact, be highly associated with favorable earnings information"*,[4] no sentido de haver um esforço das empresas em prestar informações que agreguem ao processo decisório e sirvam de instrumento na redução de incertezas.

Entretanto, a divulgação voluntária cria a possibilidade de a entidade tender a divulgar voluntariamente apenas informações positivas (DYE, 2001). Assim, a regulamentação faz com que as empresas tenham que usar mais de fatos e menos de comentários autoelogiosos em suas práticas de comunicação (COWAN; GADENNE, 2005).

Cowan e Gadenne (2005) destacam que na ausência de regulamentos de divulgação relativas aos problemas ambientais, para o caso das empresas australianas, estas só forneciam informações sobre o ambiente se estas lhes forem favoráveis a sua imagem corporativa. Portanto, dentro de um ambiente de divulgação legislado, os *stakeholders* terão maior possibilidade de receber informações porque é menos favorável para a empresa, mas potencialmente mais útil para decisão.

Sob estes aspectos, surge então o debate relacionado à regulação ou não das informações que dizem respeito ao aspecto social, e, indo um pouco mais além, evidenciá-las ou não. Os autores que defendem a regulação de tais informações entendem que se a mesma ocorrer poderá facilitar sua comparabilidade uma vez que estariam dispostas em uma mesma base informacional (BUSHEE; LEUZ, 2005).

Ainda, a informação divulgada de forma voluntária, seja ela econômica ou financeira, traz ainda o agravante de ser questionada quanto à credibilidade, uma vez que não existe preocupação em atestar a sua veracidade, como nos casos da necessidade de se terem as demonstrações validadas por uma auditoria independente (EPSTEIN; FREEDMAN, 1994). Nesta linha, poder-se-ia esperar que a regulação aumentasse a credibilidade e a liquidez do mercado, muito embora a

---

[4] O *social disclosure,* de modo voluntário pode, de fato, ser altamente associado ao retorno favorável pela informação [tradução livre].

Contabilidade social corporativa **145**

regulação possa trazer um aumento substancial dos custos, prejudicando as pequenas empresas (SAUDAGARAN; BIDDLE, 1995; BUSHEE; LEUZ, 2005).

Outro ponto que merece destaque é que em ambientes não regulamentados, também não se alcança a continuidade de divulgação, não havendo consistência nas informações, considerando que os relatórios sociais não são divulgados regularmente. Sem contar que não se percebem, na visão de Carrol (1979) e Gray (2006), profundidade e objetividade nas informações divulgadas.

O que se observa desta discussão é que a ausência de regulamentação pode comprometer as características qualitativas essenciais à informação, considerando que ao se fornecer informações voluntárias as empresas exercem um poder de "escolha" entre o que deve ou não ser divulgado, de forma que cada empresa exercerá seu próprio julgamento, não havendo comparabilidade entre as suas informações. Logo, Epstein e Freedman (1994) afirmam que com a regulação das informações sociais seria mais factível a implantação de auditorias ambientais, o que, em princípio, traria maior confiabilidade às informações prestadas.

Assim, a introdução de requisitos obrigatórios poderia funcionar como um estímulo para incentivar as empresas a reduzir o seu impacto na sociedade, a fim de evitar a publicação de ações desfavoráveis ao ambiente, assim como o potencial exame minucioso (e potenciais impactos financeiros) de suas operações após qualquer divulgação de não conformidade dos seus demonstrativos anuais com os regulamentos ambientais.

Especialmente, a regulamentação se torna uma espécie de proteção às relações da corporação com reguladores, sendo de extrema importância para indústrias fortemente reguladas (HEAL, 2005).

Nessa ótica, Gray (2006) argumenta que não pode existir democracia sem qualquer controle, uma vez que assim as empresas passariam a divulgar o que lhes fosse conveniente. Desse modo, as organizações não necessariamente precisariam ter suas atividades estreitamente regulamentadas, mas ao menos partes consideradas essenciais.

Assim, o que se observa daqueles que defendem a regulação é que a obrigatoriedade e regulamentação da divulgação ambiental, por exemplo, permitiria aos usuários obter uma imagem mais equilibrada do desempenho ambiental, fazendo assim com que haja maior controle sobre o conteúdo das divulgações realizadas pela empresa.

Por outro lado, os autores que defendem a não regulação do *social disclosure*, entendem que, uma vez que o fundamento das ações sociais é voluntário, não se justificaria a obrigatoriedade, bem como a padronização das mesmas, além de incorrerem em custos (UTTING, 2005; RODRIGUEZ; LeMASTER, 2007). Para

Vanstraelen, Zazerski e Robb (2003), a regulação prejudicaria o aumento da competitividade entre as organizações pela qualidade da informação.

Primeiro, a responsabilidade social empresarial não é uma atividade sistemática, o próprio fundamento das suas ações é voluntário. A responsabilidade social se destaca pela dinamicidade peculiar de cada empresa, e, considerando seu embasamento em princípios éticos e morais, acaba por vivenciar julgamentos diferenciados de acordo com as características das empresas. Dessa forma, estabelecer um padrão único para as empresas, almejando uniformidade, estaria inibindo a inovação e a criatividade, fazendo com que houvesse perda de motivação na busca por valores fundamentais, e diminuindo a competitividade, o que prejudicaria o *disclosure* de maneira geral (GRAY; KOUHY; LAVERS, 1995).

Também é comum ver alegações das empresas que preferem a autorregulação, ou seja, fornecer informações sociais no âmbito voluntário. Presumivelmente, essa preferência se deve aos efeitos no caixa provenientes das duas formas de limites no comportamento corporativo. Em mercados regulamentados, a decisão de se envolver em ações socialmente responsáveis pode ser motivada pelos custos futuros esperados com sanções regulamentares ou devido aos custos de oportunidade de não cumprir o regulamento (RICHARDSON; WELKER; HUTCHINSON, 1999; DEEGAN, 2002).

De forma geral, regulamentar o *disclosure* social poderia ser visto como um retrocesso na prestação de contas com essa finalidade. Além do mais, embora existam alegações de que a tendência é na prática desaparecer a regulamentação, isso parece bastante improvável, uma vez que o desenvolvimento da contabilidade social e ambiental ainda está em estágio inicial (por exemplo, em relação às práticas históricas dos relatórios financeiros). Ainda há muito debate a ser desenvolvido sobre os diversos problemas (DEEGAN, 2002).

Ainda, Rodriguez e LeMaster (2007) destacam o aumento dos custos provocados por um ambiente regulamentado e sugerem, em defesa da não regulamentação e no intuito de salvaguardar a confiabilidade e comparabilidade e as informações sociais, a criação de selos que atestem o revestimento de qualidade das informações prestadas, e ainda contribuam para análise e avaliação das informações sociais. Dessa forma, observa-se uma necessidade de se ter procedimentos capazes de traduzir se as informações prestadas pelas organizações estão revestidas de qualidade ou não, o que, por sua vez, deixa espaço para que haja uma maior concorrência entre as empresas, levando-as a apresentarem, cada vez mais, relatórios de melhor qualidade (VANSTRAELEN; ZAZERSKI; ROBB, 2003).

Nesse sentido, a proposta é que obtendo-se mecanismos que contribuam para a avaliação e análise das informações sociais, a regulação seria desnecessária, à medida que tais instrumentos poderiam auxiliar o usuário a identificar a qualidade da informação prestada e ainda servir como parâmetro de comparabilidade.

Para aqueles que defendem a padronização na busca de maior comparabilidade, Nobes (2005) entende que o fato de as informações não serem padronizadas não seria um indicativo de perda de comparabilidade. Mas, para que isso aconteça, há necessidade de fundamentos conceituais sólidos, de modo a balizar as práticas de reconhecimento, mensuração e evidenciação.

Aliás, os aspectos que dizem respeito aos fundamentos do *social disclosure* são de modo geral muito questionados por diversos autores, haja vista que não se apresentam de modo a sustentar as variáveis divulgadas pelos relatórios sociais (WISEMAN, 1982; EPSTEIN; FREEDMAN, 1994; GRAY; KOUHY; LAVERS, 1995; GRAY et al., 2001).

Não obstante, Harte, Lewisb e Owenc (1991), Epstein e Freedman (1994), Gray, Kouhy e Lavers (1995), entre outros, revelam que há um longo caminho a ser percorrido para que tais informações, sobretudo sua evidenciação, revistam-se das características qualitativas necessárias. Muito embora as informações sociais e sua evidenciação estejam aquém do necessário ou esperado na visão desses autores, Rockness e Williams (1988) e Epstein e Freedman (1994) revelam que os investidores buscam analisar tais informações para tomar suas decisões de investimentos.

No que diz respeito ao estímulo pela divulgação de informações voluntárias, bem como sua utilização pelos investidores, segundo Stocken (2000) o usuário não somente analisa como também avalia a veracidade dessas informações em seu processo de tomada de decisão. Nesse sentido, vai ao encontro da visão de Rodriguez e LeMaster (2007) no sentido que essas informações necessitam de instrumentos externos como forma de avaliar/aferir sua qualidade.

Em tempo, todas essas discussões sobre o *disclosure* social envolvem uma gama de fatores que devem ser analisados segundo uma ótica multidisciplinar. Assim, poder-se-ia surgir a necessidade de uma teoria que proporcionasse uma compreensão mais ampla e unificada sobre o *disclosure* social, conforme defendido por Hendriksen e Van Breda (1999), no entanto algumas teorias têm circundado o assunto com maior intensidade, tais quais: a teoria institucional, a teoria da legitimidade e a teoria dos *stakeholders*.

6.5 TEORIAS QUE SUSTENTAM O *DISCLOSURE SOCIAL*

6.5.1 Teoria institucional

A teoria institucional tem sido utilizada para explicar o funcionamento e a evolução da sociedade organizacional. Através dela é possível perceber as razões da comunicação entre empresa e sociedade. A empresa seria o produto gerado das pressões e necessidades sociais, sendo um organismo que interage, que se adequa às necessidades sociais. Assim, resguarda o conceito de empresa como um sistema aberto que influencia e recebe influência do meio que a cerca.

Assim, as organizações tornam-se instituições a partir do momento que assume o compromisso de responder aos anseios sociais, ressaltando competências individuais para isso, deixando assim de exercer um papel meramente técnico e passando a fazer jus ao título de organismo social. A institucionalização seria, portanto, um processo contínuo e desenvolvido no decorrer do tempo, representando os mais diversos interessados na maximização da riqueza pela organização, ressaltando na ótica do ótimo de Pareto, o melhor relacionamento entre todos que afetam e são afetados pelas ações da organização. A organização seria então uma espécie de instrumento que objetiva satisfazer alguma demanda social, direta ou indiretamente (CARVALHO; VIEIRA; GOULART, 2005).

O bom relacionamento da organização com o meio ambiente, ou seja, a garantia do bem-estar de todos os agentes é que promove a continuidade da organização, dessa forma, a empresa passa a ter um ativo produzido por valores sociais que é gerado a partir do compromisso dos atores sociais e ambientais.

Na ótica da teoria institucional, se verifica um apego sociológico que estuda as relações organização-ambiente, seja considerando nas interações informais, seja estudando as relações de direitos e responsabilidades no âmbito do processo organizacional, enfatizando a heterogeneidade presente no meio.

De acordo com a teoria institucional, a sociedade é responsável pela promoção de transformações nas instituições sociais, políticas e econômicas. À medida que vivenciam períodos de crescimento, tornam-se mais complexas e aumentam sua importância no contexto do desenvolvimento econômico e social de forma que, se tornam agentes essenciais nos modernos sistemas políticos e econômicos, exercendo assim um papel de destaque na vida contemporânea (CARVALHO; VIEIRA; GOULART, 2005).

Portanto, a estrutura organizacional e suas ações são moldadas por forças culturais, políticas e sociais que cercam as entidades. A teoria institucional é usada para dar forma a um pensamento ou ação de algum agente, os quais são incorporados através de hábitos de um grupo ou de costumes dos povos (RAHMAN; LAWRENCE; ROPER, 2004).

O foco da teoria institucional para o *disclosure* social desenvolve-se na ótica do estudo da abordagem sociológica, que tem como objetivo analisar a influência de variáveis que compõem o ambiente institucional no comportamento das organizações (NASCIMENTO et al., 2009).

Nesse contexto, tanto Nascimento et al. (2009) como Rahman, Lawrence e Roper (2004) destacam que um conceito relevante no estudo da teoria institucional é do isomorfismo, que trata da tendência das empresas de copiarem práticas e costumes de outras, tornando-as semelhantes, podendo se apresentar nas três formas expostas a seguir.

O isomorfismo pode se apresentar de forma coercitiva, que seria o fruto de pressões exercidas por indivíduos e organizações no sentido de haver orientação através de procedimentos institucionalizados, onde as organizações sentem a necessidade de se sentirem adequadas ao seu ambiente, observando valores sociais considerados moralmente aceitos pela comunidade como um todo (RAHMAN; LAWRENCE; ROPER, 2004; NASCIMENTO et al., 2009).

O isomorfismo mimético ou cognitivo trabalha com a conformidade do que é produzido, a fim de reduzir a incerteza através de tentativas de modelo ou cópia dos procedimentos já utilizados em outras organizações, ou seja, segue um comportamento padrão (RAHMAN; LAWRENCE; ROPER, 2004; NASCIMENTO et al., 2009).

E o isomorfismo normativo trabalha na ótica da existência de certa pressão para o conformismo com a definição de normas e regras. Nessa ótica exige-se a ocorrência de condutas organizacionais advindas de normas, leis e sanções que possam dirigir o comportamento organizacional (RAHMAN; LAWRENCE; ROPER, 2004; NASCIMENTO et al., 2009).

O comportamento institucional normalmente segue padrões, sejam eles culturais ou estabelecidos por lei, e é resistente a mudança. Dessa forma, as relações de poder entre os agentes podem ser conflituosas (RAHMAN; LAWRENCE; ROPER, 2004). Pode-se dizer que os mecanismos trabalhados nos aspectos do isomorfismo ajudam a entender e manter a congruência entre o ambiente institucional e as práticas contábeis.

A contabilidade representa uma forma de prática institucionalizada dentro das organizações. A demonstração de adesão às expectativas, normas e crenças valorizadas pela sociedade em geral pode ajudar uma organização a obter o apoio da sociedade, e é a contabilidade a responsável por tornar públicas estas informações (RAHMAN; LAWRENCE; ROPER, 2004).

As práticas contábeis são influenciadas pelos ambientes externo e interno da organização institucional e elas devem ser baseadas em decisões realmente racionais e nas crenças das instituições. Dessa forma, as práticas contábeis são ferramentas documentadas que representam a conformidade institucional como meio social.

6.5.2 Teoria da legitimidade

A teoria da legitimidade defende que as empresas buscam meios de se legitimar perante a sociedade. A legitimidade deve ser definida como uma condição ou estado do sistema que se verifica quando o valor de uma entidade é congruente com o valor do sistema social de qual a entidade é uma parte (GRAY; KOUHY; LAVERS, 1995). A comunicação socioambiental entre empresa e sociedade é motivada pelo desejo da administração de legitimar vários aspectos da organização.

Na perspectiva da legitimidade, a sociedade aceita e aprova os posicionamentos tomados pela organização. É importante para a legitimidade que a empresa seja vista como ente social e ambientalmente responsável. Dessa forma, externalidades negativas da empresa podem provocar conflitos na legitimidade desta.

Consistente com a visão de que as organizações fazem parte de um sistema social mais amplo, as perspectivas fornecidas pela teoria da legitimidade indicam que as organizações não são consideradas como detentoras de qualquer direito inerente aos recursos, ou mesmo de existir. As organizações existem na medida em que a sociedade considera que as organizações são legítimas, e, se este for o caso, a sociedade confere sobre a organização o estado de legitimidade (DEEGAN, 2002).

Dias Filho (2007) destaca que existe uma espécie de contrato social que orienta as relações entre as organizações e a sociedade; neste contrato, se resguardam as expectativas implícitas ou explícitas dos agentes a respeito da forma como as organizações devem atuar.

As empresas estão vinculadas ao contrato social, sendo esta uma peça em que elas concordam em realizar várias ações socialmente desejadas, com as quais receberá a aprovação da sociedade, alcançando seus objetivos e outras recompensas, e por fim preservará a sua continuidade. A quebra do contrato social, por sua vez, pode ocasionar diferenças sensíveis entre os valores da empresa e sociedade, ameaçando consideravelmente a legitimidade e, consequentemente, a continuidade da empresa (RAMANATHAN, 1976; REVERTE, 2009; NASCIMENTO et al., 2009).

Considera-se que uma organização tem sua sobrevivência ameaçada se a sociedade percebe que ela tem violado o seu contrato social. Onde a sociedade não está convencida de que a organização está operando em um nível aceitável, ou de maneira legítima, então a sociedade efetivamente revoga o contrato com a organização, comprometendo a continuidade de suas operações (DEEGAN, 2002).

Dessa forma, quando um evento negativo ocorre, se tem uma ameaça presente ou potencial à legitimidade da entidade, os gestores devem procurar ferramentas que mudem ou amenizem tais efeitos, tentando assim recuperar a percepção sobre os objetivos da organização.

O *social disclosure* é um instrumento que busca contribuir no processo de legitimar as atividades organizacionais, apresentando à sociedade a atuação em termos socioambientais, além do aspecto financeiro (CAMPBELL; MOORE; SHRIVES, 2006; REVERTE, 2009).

Os relatórios contábeis sociais e econômicos servem como uma ferramenta para a construção, manutenção e legitimação das ações da empresa. A divulgação tem a capacidade de transmitir os principais aspectos sociais e econômicos com relação à empresa, para um conjunto plural de destinatários do relatório. De forma que, frequentemente, o *disclosure* social é utilizado como uma estratégia corporativa, garantindo a legitimidade da organização (DEEGAN, 2002).

A divulgação possui um importante papel em afastar os temores da comunidade, que seria um dos objetivos dos gestores quando de sua realização, assim como também serve para identificar a empresa que permanece com a legitimidade, não havendo quebra do contrato social.

Portanto, as empresas podem tentar reduzir as ameaças de legitimidade por meio de divulgação de informação. As empresas têm buscado na divulgação voluntária uma forma de alcançar a legitimidade, fornecendo informações socioambientais, tendo sido esta uma rica fonte de interesse social.

De fato, Cowan e Gadenne (2005) levantaram que as pesquisas no campo da divulgação voluntária argumentam que as empresas não fornecem tais divulgações para satisfazer o direito do usuário de conhecer a informação, ou seja, para a prática do *accountability*, mas como um meio para que a organização seja considerada legítima pela sociedade e, posteriormente, colher os frutos de tal legitimidade.

Dessa forma, a teoria da legitimidade sugere que as divulgações voluntárias de informações sociais podem em parte ser destinadas para gerenciar as várias ameaças à legitimidade enfrentada por uma empresa. As divulgações seriam realizadas, no intuito de reduzir o risco da abertura de uma lacuna na legitimidade (CAMPBELL; MOORE; SHRIVES, 2006).

Para Campbell, Moore e Shrives (2006), os conflitos de legitimidade podem ser interpretados como má gestão, e pode ocasionar pressões de grupos na sociedade, podendo chegar a resultar em intervenção governamental, regulação, multas, entre outros.

No atual contexto social, tem-se observado um considerável aumento na quantidade de evidenciação de informações socioambientais, o que demonstra uma maior preocupação das organizações de serem visualizadas pela sociedade como socialmente responsáveis. Dessa forma, com tais publicações, as entidades reforçam sua legitimidade e preservam sua continuidade.

6.5.3 Teoria dos *stakeholders*

Os *stakeholders* são entendidos como as partes interessadas na empresa, as quais são definidas como qualquer grupo ou indivíduo que pode afetar ou é afetado pela realização dos objetivos da empresa. Considerando a necessidade de haver uma boa relação entre os *stakeholders* e a empresa, a gestão dos *stakeholders* tornou-se um dos conceitos mais abrangentes da teoria de gestão atual (MORSING; SCHULTZ, 2006). Os gestores devem se preocupar em tomar decisões que levem em conta os interesses de todos os interessados nas ações da empresa, ou seja, os gestores devem preocupar-se com todos os círculos que podem afetar o valor da empresa (JENSEN, 2002).

A teoria dos *stakeholders* da empresa requer não só uma compreensão dos tipos de influência das partes interessadas, mas também como as empresas respondem a essas influências. As partes interessadas se envolvem com a empresa, porque é do seu interesse fazê-lo, reconhecendo a capacidade de influenciar nas ações da empresa e resguardar a promoção do seu bem-estar. A busca é por uma situação de equilíbrio de poder entre *stakeholders* e a organização, para que assim a empresa possa ganhar a legitimidade aos olhos dos atores relevantes (ou sociedade), de forma que a interação possa realmente ser mútua (ANDRIOF; WADDOCK, 2002).

Os *stakeholders* são, portanto, elementos estratégicos, sendo essencial que os interessados compartilhem da missão e do propósito da empresa, considerando que um bom relacionamento desta com suas partes interessadas determinam implicações financeiras positivas. Tal contexto cria valor para a empresa e mesmo que no curto prazo não seja responsável pela criação direta de lucro, implica no longo prazo na sua sobrevivência. Logo, é vital para a empresa que haja equilíbrio na relação com os seus *stakeholders*. Isto implica um interesse crescente na compreensão de como os gestores podem gerenciar o relacionamento com as partes interessadas (MORSING; SCHULTZ, 2006).

A ideia é que os detentores de poder, os quais interagem com a empresa, tornem possíveis o seu funcionamento. A relação das partes interessadas com a empresa consiste em relacionamentos interativos e responsáveis, mutuamente engajados, que estabelecem o contexto moderno da realização de negócios, e cria as bases necessárias para a transparência e prestação de contas (ANDRIOF; WADDOCK, 2002).

Dessa forma, a teoria dos *stakeholders* focaliza a atenção em atender às demandas de todos que interagem com a corporação, garantindo em longo prazo a maximização de valor que é o objetivo da empresa. De fato, uma empresa não pode maximizar valor se ignora o interesse de seus *stakeholders* (JENSEN, 2002).

O surgimento de novos interessados no atual contexto econômico e social exige estratégias de enquadramento, incluindo alianças estratégicas e parcerias, parcerias sociais e de colaborações, significando que as estratégias colaborativas (em oposição a estratégias puramente competitivas) se tornaram uma base fundamental para o engajamento dos *stakeholders* (ANDRIOF; WADDOCK, 2002).

Na forma de um contratante social, o negócio existe para o bem-estar da sociedade e funciona como um agente moral dentro da sociedade. A consistência encontra-se no contexto de inserção das partes interessadas, considerando resposta a questões que vão além do estreito econômico, técnico e de requisitos legais da empresa, para realizar benefícios sociais de forma equilibrada com o tradicional ganho econômico que a empresa procura (ANDRIOF; WADDOCK, 2002).

A essência do diálogo das partes interessadas é a criação do entendimento compartilhado da empresa e das partes interessadas, de forma que a maximização de valor se estenda para todos os participantes do processo, garantindo o bem-estar na generalidade (ótimo de Pareto).

O *disclosure* social é o instrumento que promove a comunicação entre a empresa e a sociedade, de forma a atestar a efetivação da teoria do *stakeholders*. De forma que, ao divulgar suas ações responsáveis diante das questões sociais, ambientais e econômicas, as empresas respondem às expectativas dos *stakeholders* com os quais interagem.

Um pré-requisito da democracia participativa é a informação, e a confiança é, assim, colocada sobre o potencial emancipatório de maiores níveis de divulgação social e ambiental das empresas, os quais apontam para um caminho de relações mais democráticas entre as organizações e suas partes interessadas (COOPER; OWEN, 2007).

O *disclosure* social seria o democratizante potencial da comunicação social corporativa, sendo os grupos de interessados ferramentas essenciais na escolha do que divulgar, considerando que eles possuem o direito de receber a prestação de contas das ações das empresas.

O processo de divulgação de relatórios de qualidade é simplesmente regido pelo princípio da responsabilidade, que em si assentam-se no princípio de inclusão, ou seja, prestação de contas a todos os grupos interessados. A inclusão diz respeito à reflexão em todas as fases do processo de relatórios ao longo do tempo, com relação às aspirações e necessidades de todos os grupos de *stakeholders* (COOPER; OWEN, 2007).

A meta principal dos relatórios contábeis é contribuir para o diálogo entre as partes interessadas. Eles são um meio pelo qual as empresas podem gerenciar e influenciar as atitudes e percepções das partes interessadas, na construção de sua confiança e permitindo que se alcancem os benefícios das relações positivas para oferecer vantagem competitiva.

6.6 RESUMO

O objetivo deste capítulo é apresentar discussões e teorias que permeiam o *disclosure* social. De modo geral, as atividades empresariais geram externalidades que podem causar efeitos significativos no comportamento e nas características do ambiente em que atuam, ocasionando uma cobrança por parte da sociedade por uma maior responsabilidade social das organizações. Isso gera uma demanda para que as organizações prestem contas à sociedade acerca da forma como atuam na utilização dos recursos sociais, como instrumento de transparência da sua responsabilidade. Assim, a contabilidade social corporativa constitui-se como a área importante na identificação, mensuração e divulgação das informações sobre os impactos sociais das atividades corporativas. Dessa forma, o *disclosure* social é entendido como o meio de comunicação entre a organização e a sociedade e espera-se que seja capaz de diminuir as incertezas existentes nesta relação e reduzir a assimetria informacional. Nesse escopo, surge o debate no que tange à regulação ou não de tais informações, uma vez que atualmente são predominantemente de natureza voluntária, dado que tal medida, na visão de seus defensores, contribuiria para o aumento da qualidade e comparabilidade da informação.

REFERÊNCIAS

ANDERSON, J. C.; FRANKLE, A. W. Voluntary social reporting: an iso-beta portfolio analysis. **The Accounting Review**, v. 55, nº 3, p. 467-479, July 1980.

ANDRIOF, J.; WADDOCK, S. Unfolding stakeholder engagement. In: ANDRIOF, J. et al. **Unfolding stakeholder thinking**: theory, responsibility and engagement. Sheffield – Reino Unido: Greenleaf, 2002.

BARNEA, Amir; RUBIN, Amir. Corporate social responsibility as a conflict between shareholders. **EFA 2006 Zurich Meetings**. Disponível em: <http://papers.ssrn.com/sol3/papers.cfm?abstract_id=686606>.

BARON, David P. Private politics, corporate social responsibility, and integrated strategy. **Journal of Economics and Management Strategy**, v. 10, nº 1, Spring 2001.

BUSHEE, G.; LEUZ, C. Economics consequences of SEC disclosure regulation: evidence from the OTC bulletin board. **Journal of Accounting and Economics**, v. 39, p. 233-264, 2005.

CAMPBELL, David; MOORE, Geoff; SHRIVES, Philip. Cross-sectional effects in community disclosure. **Accounting, Auditing & Accountability Journal**, v. 19, nº 1, p. 96-114, 2006.

CAMPBELL, John L. Why would corporations behave in socially responsible ways? An institutional theory of corporate social responsibility. **Academy of Management Review**, v. 32, nº 3, p. 946-967, 2007.

CARROLL, A. B. A three-dimensional conceptual model of corporate performance. **Academy of Management**, v. 4, nº 4, p. 497-505, Oct. 1979.

CARVALHO, C. A.; VIEIRA, M. M. F.; GOULART, S. A trajetória conservadora da teoria institucional. **Revista de Administração Pública**, v. 39, nº 4, p. 849-874, jul./ago. 2005.

COASE, Ronald H. The nature of the firm. **Economica**, v. 4, nº 16, p. 386-405, Nov. 1937.

_____. The problem of social cost. **Journal of Law and Economics**, v. 3, Oct. 1960.

COCHRAN, Philip L.; WOOD, Robert A. Corporate social responsibility and financial performance. **Academy of Management Journal**, v. 27, nº 1, p. 42-56, 1984.

COOPER, S.; OWEN, D. Corporate social reporting and stakeholder accountability: the missing link. **Accounting, Organizations and Society**, v. 32, nº 7-8, p. 649-667, 2007.

COVELLO, Sergio Carlos. **Obrigação natural**: elementos para uma possível teoria. São Paulo: Leud, 1996.

COWAN, S.; GADENNE, D. Australian corporate environmental reporting: a comparative analysis of disclosure practices across voluntary and mandatory disclosure systems. **Journal of Accounting & Organizational Change**, v. 1, nº 2, p. 165-179, 2005.

DAHLMAN, Carl J. The problem of externality. **Journal of Law and Economics**, v. 22, nº 1, p. 141-162, Apr. 1979.

DEEGAN, C. Introduction: the legitimising effect of social and environmental disclosures – a theoretical foundation. **Accounting, Auditing and Accountability Journal**. v. 15, nº 3, p. 282-311, 2002.

DEEGAN, C. RANKIN, M. The materiality of environmental information to users of annual reports. **Accounting, Auditing & Accountability Journal**, v. 10, nº 4, p. 562-583, 1997.

DIAS FILHO, J. M.; Políticas de evidenciação contábil: um estudo do poder preditivo e explicativo da teoria da legitimidade. In: Encontro da Associação Nacional de Pós-graduação e Pesquisa em Administração (EnANPAD), 31., 2007. **Anais eletrônicos...** Rio de Janeiro: Anpad, 2007. Disponível em: < http://www.anpad.org.br/diversos/trabalhos/EnANPAD/enanpad_2007/CONT/CONA3301.pdf > Acesso em: 4 fev. 2013.

DYE, R. An evaluation of "essays on disclosure" and the disclosure literature in accounting. **Journal of Accounting and Economics**, v. 32, p. 181-235, 2001.

EPSTEIN, M. J.; FREEDMAN, M. Social disclosure and the individual investor. **Accounting, Auditing and Accountability Journal**, v. 7, nº 4, p. 94-109, 1994.

ESTES, Ralph W. Socio-economic accounting and external diseconomies. **The Accounting Review**, v. 47, nº 2, p.284-290, Apr. 1972.

FRIEDMAN, M. The social responsibility of business is to increase its profits. **The New York Times Magazine**, v. 13, Sept. 1970.

GRAY, R.; KOUHY, R.; LAVERS, S. Corporate social and environmental reporting: a review of the literature and a longitudinal study of UK disclosure. **Accounting, Auditing and Accountability Journal**, v. 8, nº 2, p. 47-77, 1995.

GRAY, R. Social, environmental and sustainability reporting and organizational value creation?: Whose value? Whose creation? **Accounting, Auditing & Accountability Journal**, v. 19, nº 6, p. 793-819, 2006.

GRAY, Rob; JAVAD, Mohammed; POWER, David M.; SINCLAIR, C. Donald. Social and environmental disclosure and corporate characteristics: a research note and extension. **Journal of Business Finances & Accounting**, v. 28, nº 3, p. 327-356, Apr./May 2001.

HART, Oliver; MOORE, John. Incomplete contracts and renegotiation. **Econometrica**, v. 56, nº 4, p. 755-785, July 1988.

HARTE, George; LEWISB, Linda; OWENC, David. Ethical investment and the corporate reporting function. **Critical Perspectives on Accounting**, v. 2, nº 3, p. 227-253, Sept. 1991.

HEAL, G. Corporate social responsibility: an economic and financial framework. **The Geneva Papers on Risk and Insurance – Issues and Practice**, v. 30, nº 3, p. 387-409, July 2005.

_____. **Corporate social responsibility** – an economic and financial framework. Dec. 2004, Disponível em: <http://papers.ssrn.com/sol3/papers.cfm?abstract_id=642762>.

HENDRIKSEN, E. S.; VAN BREDA, M. F. **Teoria da contabilidade**. São Paulo: Atlas, 1999.

JENSEN, M. C. Value maximization, stakeholder theory, and the corporate objective function. **Business Ethics Quarterly**, v. 12, nº 2, p. 235-256, Apr. 2002.

JENSEN, R. E. **Phantasmagoric accounting**: research and analysis of economic, social and environmental impact of corporate business. (Volume 14 of Studies in accounting research.) Michigan: American Accounting Association, 1976.

_____; CAMPFIELD, William L.; FRANK, Werner G.; LUOMA, Garay A.; MANES, Rene P.; OLIVER, Bruce L.; ONSI, Mohamed; FRANCIS, Mildred. Report of the Committee on

Measures of Effectiveness for Social Programs. **The Accounting Review**, Supplement to Volume XLVII, v. 47, p. 337-396, 1972.

McWILLIAMS, Abagail; SIEGEL, Donald S.; WRIGHT; Patrick M. Corporate social responsibility: strategic implications. **Journal of Management Studies**, v. 43, nº 1, p. 1-18, Jan. 2006.

MOISSET DE ESPANES, Luis. **Obligaciones naturales y deberes morales**. Buenos Aires: Zavalia, 1998.

MORSING, M.; SCHULTZ, M. Corporate social responsibility communication: stakeholder information, response and involvement strategies. **Business Ethics: a European Review**, v. 15, nº 4, Oct. 2006.

NASCIMENTO, A. R.; SANTOS, A.; SALOTTI, B.; MÚRCIA, F. D. *Disclosure* social e ambiental: análise das pesquisas científicas veiculadas em periódicos de língua inglesa. **Revista Contabilidade Vista & Revista**, v. 20, nº 1, p. 15-40, jan./mar. 2009.

NOBES, Christopher W. Rules-based standards and the lack of principles in accounting. **Accounting Horizons**, v. 19, nº 1, p. 25-34, 2005.

ORLITZKY, Marc; BENJAMIN, John D. Corporate social performance and firm risk: a meta-analytic review. **Business Society**, v. 40, nº 4, p. 369-396, 2001.

PAUL, Catherine J. Morrison; SIEGEL, Donald S. **Corporate social responsibility and economic performance.** Jan. 2006, Disponível em: <http://papers.ssrn.com/sol3/papers.cfm?abstract_id=900838>.

RAHMAN, A. S.; LAWRENCE S.; ROPER J. Social and environmental reporting at the VRA: institutionalised legitimacy or legitimation crisis? **Critical Perspectives on Accounting**, v. 15, nº 1, p. 35-56, 2004.

RAMANATHAN, K. Toward a theory of corporate social accounting. **The Accounting Review**, v. 51, nº 3. p. 516-528, July 1976.

REVERTE, C. Determinants of corporate social responsibility disclosure ratings by spanish listed companies. **Journal of Business Ethics**, v. 88, nº 2, p. 351-366, 2009.

RIAHI-BELKAOUI, Ahmed; KARPIK, Philip G. Determinants of the corporate decision to disclosure social information. **Accounting, Auditing and Accountability Journal**, v. 1, nº 1, p. 36-51, Dec. 1988.

RICHARDSON, A. J.; WELKER, M.; HUTCHINSON, I. R. Managing capital market reactions to corporate social responsibility. **Management Reviews**, v. 1, nº 1, p. 17-43, 1999.

RIORDAN, Michael H. Uncertainty, asymmetric information and bilateral contracts. **The Review of Economic Studies**, v. 51, nº 1, p. 83-93, Jan. 1984.

ROCKNESS, Joanne; WILLIAMS, Paul F. A descriptive study of social responsibility mutual funds. **Accounting, Organizations and Society**, v. 13, nº 4, p. 397-411, 1988.

RODRIGUEZ, L. C.; LeMASTER, J. Voluntary corporate social responsibility disclosure – SEC "CSR Seal of Approval". **Bussines & Society**, v. 45, nº 3, p. 370-383, 2007.

SALOTTI, B. M.; YAMAMOTO, M. M. Divulgação voluntária da demonstração dos fluxos de caixa no mercado de capitais brasileiro. **Revista de Contabilidade e Finanças**, v. 19, nº 48, p. 37-49, set./dez. 2008.

SAUDAGARAN, S. M.; BIDDLE, G. C. Foreign listing location: a study of MNCs and stock exchanges in eight countries. **Journal of International Business**, v. 23, nº 2, p. 319-341, 1995.

SCOTT, D. R. The basis of accounting principles. **The Accounting Review**, Sarasota, v. 16, nº 4, p. 341-349, Dec. 1941.

SEIDLER, Lee J.; SEIDLER, Lynn L. **Social accounting**: theory, issues, and cases. Los Angeles: Melville, 1975.

SIEGEL, Donald S.; VITALIANO, Donald F. An empirical analysis of the strategic use of corporate social responsibility. Apr. 2006. Disponível em: <http://papers.ssrn.com/sol3/papers.cfm?abstract_id=900521>.

SLOMSKI, V.; SLOMSKI, V. G.; MEGLIORINI, E.; KASSAI, J. R. Gestão de custos: uma proposta de internalização de custos da destinação final relacionadas ao descarte do produto e/ou de sua embalagem aos custos de produção. In: Congresso USP de controladoria e contabilidade, 10., 2010, São Paulo. **Anais eletrônicos...** São Paulo: USP, 2010. Disponível em: <http://www.congressousp.fipecafi.org/artigos102010/129.pdf >. Acesso em: 5 fev. 2013.

STOCKEN, Phillip C. Credibility of voluntary disclosure. **RAND Journal of Economics**, v. 31, nº 2, p. 359-374, Summer 2000.

UDAYASANKAR, Krisna. Corporate social responsibility and firm size. **Journal of Business Ethics**, v. 83, nº 2, Springer 2007.

UTTING, P. Regulating business via multistakeholder initiatives: a preliminary assessment. 2005. **Voluntary approaches to corporate responsibility**. Disponível em: <http://www.unrisd.org/>.

VANSTRAELEN, Ann; ZAZERSKI, Marilyn T.; ROBB, Sean W. G. Corporate nonfinancial disclosure practices and financial analyst forecast ability across three european countries. **Journal of International Financial Management and Accounting**, v. 14, p. 249-278, 2003.

WADDOCK, Sandra A.; GRAVES, Samuel B. The corporate social performance financial performance link. **Strategic Management Journal**, v. 18, nº 4, p. 313-319, 1997.

WILLIAMS, Paul F. The evaluative relevance of social data. **The Accounting Review**, v. LV, nº 1, Jan. 1980.

WILLIAMSON, Oliver E. The theory of the firm as governance structure: from choice to contract. **Journal of Economic Perspectives**, v. 16, nº 3, p. 171-195, Summer 2002.

WISEMAN, Joanne. An evaluation of environmental disclosures made in corporate annual reports. **Accounting, Organizations and Society**, v. 7, nº 1, p. 53-63, 1982.

ZYLBERSZTAJN, D. Organização ética: um ensaio sobre comportamento e estrutura das organizações. **Revista de Administração Contemporânea**, v. 6, nº 2, p. 123-143, maio/ago. 2001.

7

Contabilidade para pequenas e médias empresas: desafios para a teoria da contabilidade

Leonardo José Seixas Pinto

7.1 INTRODUÇÃO

A adoção de um padrão contábil mundial foi iniciado em 2005 quando 7.000 companhias abertas da União Europeia aplicaram as regras IFRS derivadas do IASB em suas demonstrações contábeis consolidadas. A partir de então, diversos países passaram a aderir às normas internacionais emitidas pelo IASB, alcançando 130 países em 2011.

A consequência natural da adoção das normas contábeis para as grandes companhias desencadeou a discussão para adoção das normas contábeis para as pequenas e médias empresas, inclusive porque elas possuem elevada expressão na geração de renda e emprego em diversas nações.

Diante dessa justificativa, por que não simplificar o processo de reconhecimento, mensuração e evidenciação das pequenas e médias empresas, tornando-se único em todo o mundo?

O argumento do IASB e de diversos acadêmicos é que a padronização da contabilidade em nível mundial, independentemente do tamanho da empresa, reduz a assimetria informacional, ocasionando maior compreensibilidade na informação contábil, visto que passam a ser comparáveis e ao mesmo tempo inteligíveis. A informação assimétrica surge quando existem problemas provocados por diferenças na informação (SCHMIDT et al., 2007). A contrapartida da redução da

160 Teoria avançada da contabilidade · Niyama

assimetria da informação contábil é a redução do custo de capital e a inserção da empresa local no mercado global.

O maior desafio na implementação e na manutenção das normas de contabilidade para pequenas e médias empresas está na relação custo-benefício da aplicação dessas normas, visto que muito esforço será demandado para que tais normas sejam verdadeiramente cumpridas na íntegra por empresas pequenas e médias em todo o mundo.

Diante desse contexto, este capítulo aborda a importância da padronização da contabilidade para pequenas e médias empresas, mostrando as questões embrionárias da discussão e diversas críticas relacionadas à adoção dessas regras, além de comparar as regras da contabilidade plena com aquelas adotadas na contabilidade para pequenas e médias empresas.

7.2 DEFINIÇÃO DE PEQUENA E MÉDIA EMPRESA E ALGUMAS QUESTÕES RELEVANTES

A definição de pequena e média empresa possui critérios subjetivos e diferentes em todo o mundo, tendo como *proxy* o número de funcionários e/ou o faturamento anual das empresas. No entanto, o pronunciamento *IFRS for SME* classifica como pequenas e médias empresas aquelas que não têm a obrigatoriedade de prestação pública de contas, não possuindo assim ações negociadas na bolsa de valores, bem como as instituições financeiras.

No entanto, de acordo com o CPC PME, que é a tradução literal do *IFRS for SME* em vigor desde 01/01/2010, são classificadas como pequena e média empresa as companhias abertas, reguladas pela Comissão de Valores Mobiliários, as sociedades de grande porte, como definido no artigo nº 3 do parágrafo único da Lei nº 11.638/07 e outras sociedades cuja prática contábil é ditada pelo correspondente órgão regulador com poder legal para tanto. Dessa forma, se a empresa não adotar as regras *full* (plenas), deverão adotar as normas *IFRS for SME*.

Nesse sentido, temos duas contabilidades diferentes com critérios de reconhecimento, mensuração e evidenciação próprios. Há que se destacar que o Brasil adota desde janeiro de 2013 o ITG-1000,[1] aprovado em 06/12/2012, o qual estabelece critérios de contabilidade para micro e pequenas empresas cujo faturamento anual não é superior a R$ 3.600.000. Isso sugere que no Brasil a contabilidade para pequena e média empresa emanada do *IFRS for SME* e em vigor no Brasil a

---

[1] ITG-1000 é uma Resolução do Conselho Federal de Contabilidade que cria um modelo de contabilidade para microempresa e empresa de pequeno porte.

partir de 01/01/2010 através da Resolução CFC nº 1255 intitulada CPC PME não foi aderido na prática por um grande número de empresas.

Com a chegada do ITG-1000, o Brasil aderiu a mais um novo modelo de contabilidade voltado para micro e pequenas empresas, o qual reduz e muito o processo de reconhecimento, mensuração e evidenciação, diminuindo assim a qualidade da informação contábil, fazendo com que um elevado número de empresas no Brasil despreze o CPC PME, o qual é cópia do *IFRS for SME*.

A possibilidade de criar uma contabilidade específica para microempresa foi debatida pelos Conselheiros do IASB e publicada no parágrafo 71 do documento "Bases para conclusões" no qual concluíram que o *IFRS for SME* é totalmente adequado para as micro, pequenas e médias empresas, deixando claro não ser apropriada a criação de uma contabilidade específica para as microempresas. Conforme preceitua o artigo 75 do mesmo documento, "o Conselho acredita que a IFRS para PME, será adequada para todas as empresas que não tenham obrigação de prestação pública de contas, incluindo as micros".

Mesmo assim, o Conselho Federal de Contabilidade despreza tal entendimento e passa a adotar três contabilidades distintas no Brasil, sendo a contabilidade para microempresas a mais usual, visto que alcança um elevado número de empresas existentes em nosso país cujo faturamento bruto anual não ultrapasse R$ 3.600.000.

Ao passo que o CFC despreza o entendimento do IASB ao adotar uma contabilidade própria para micro e pequenas empresas, vale ressaltar que tal procedimento está em consonância com a United Nations Conference on Trade and Development (UNCTAD) o qual apoia a adoção do *IFRS for SME* através do *Comment Letter* de 30/11/2007, mas não para a extremidade inferior do espectro. Ou seja, para as microempresas.

A questão relacionada à adesão das microempresas no *IFRS for SME* foi amplamente discutida pelo IASB, o qual concluiu que:

a) o *IFRS for SME* não onera as microempresas pelo simples fato de alcançar diversas transações, sendo a organização do pronunciamento por tópicos um facilitador para a identificação do que é usual;

b) a simplificação em demasiado através da criação de uma contabilidade própria para microempresas deixaria de atingir o objetivo de utilidade para fins de decisão, uma vez que omitiria informações sobre a posição financeira; e

c) a criação de um conjunto simplório de regras não auxiliaria as PME quando precisassem obter capital.

7.3 COMO AS NORMAS INTERNACIONAIS TORNAM-SE OBRIGATÓRIAS NO BRASIL?

As normas internacionais quando emitidas pelo IASB não se tornam imediatamente obrigatórias nos diversos países. Em muitos deles, tais normas necessitam de alterações em leis ou em normas específicas locais para terem validade; já em outros países como o Brasil tais normas não necessitam de alteração em lei, visto que a Lei nº 11.638/07 em seu artigo 10-A outorga poderes para o Banco Central do Brasil juntamente com a Comissão de Valores Mobiliários para constituir um Comitê, o qual emitirá normas de contabilidade em consonância com as internacionais.

Diante disso, no Brasil as normas internacionais tornam-se obrigatórias a partir da promulgação do Comitê de Pronunciamentos Contábeis (CPC) emanados do Conselho Federal de Contabilidade (CFC), sendo esses classificados como Pronunciamentos Técnicos, Interpretações e Orientações, os quais seguem obrigatoriamente a essência dos normativos estabelecidos nos pronunciamentos do IASB.

Por sua vez, o Fisco brasileiro concomitantemente com a lei societária possibilita a adoção das normas internacionais estabelecendo na Lei nº 11.941/09 em seu artigo 16 que toda mudança trazida pela nova contabilidade internacional não terá efeito tributário. Artigo este que ratifica o que foi anteriormente estabelecido pela Lei nº 11.638/07, em seu artigo 177, § 7º, o qual estabelece que tais alterações não serão base para incidência de imposto, contribuições nem ter qualquer efeito tributário. Dessa forma, todo obstáculo tributário que poderia haver com relação à implementação das normas internacionais no Brasil não existe mais.

Além da lei societária respaldar a observância das normas internacionais na contabilidade brasileira e o fisco estabelecer que as novas regras contábeis não terão efeito tributário, o Código Civil brasileiro estabelece que a contabilidade das empresas será regida por Princípios de Contabilidade, e a Lei nº 12.249/11 estabelece que estes são emitidos pelo Conselho Federal de Contabilidade através das Normas Brasileiras de Contabilidade.

Dessa forma, à medida que os pronunciamentos são publicados pelo CPC, possuem também Normas Brasileiras de Contabilidade referendando tais pronunciamentos. Como o código de ética do contabilista estabelece que para o exercício da profissão devem ser observadas as NBC, tais pronunciamentos tornam-se indispensáveis.

Caso o contabilista não observe as NBC, o mesmo poderá ser punido por infração disciplinar, conforme evidenciam as alíneas de C a G do artigo 27 do Decreto-lei nº 9.295/46, juntamente com o artigo 2º do CFC nº 803/1996, alterado pelo CFC nº 1.307/2010, o qual esclarece que: "São deveres do contabilista: I – exercer a profissão com zelo, diligência, honestidade e capacidade técnica, observada toda a legislação vigente, em especial os Princípios de Contabilidade e as NBC."

7.4 ONDE TUDO COMEÇOU?

Pouco depois da criação do IASB em 2001 substituindo o IASC, foi discutida a possibilidade de criar normas internacionais de contabilidade para pequenas e médias empresas. Segundo o próprio IASB, em setembro de 2003, a maioria dos normatizadores contábeis de todo o mundo era a favor da criação de normas contábeis globais para pequenas e médias empresas. De acordo com o documento "Base para Conclusões" da IFRS para PME de julho de 2009, o primeiro Papel Preliminar acerca do assunto surgiu em junho de 2004, o qual questionou junto à comunidade acadêmica e demais interessados na contabilidade como fonte geradora de informação as seguintes questões:

a) O IASB deveria desenvolver normas especiais de relatórios financeiros?

b) Quais deveriam ser os objetivos de um conjunto de normas de relatório financeiro para PMEs? A quais empresas as normas do IASB para PMEs se destinariam?

c) Se as normas do IASB para PMEs não tratarem de uma questão específica sobre reconhecimento ou mensuração contábil com a qual uma entidade se deparar, como essa entidade deveria resolver a questão?

d) Uma entidade pode, utilizando as normas do IASB para PMEs, optar por adotar um tratamento permitido em uma IFRS que seja diferente do tratamento da respectiva norma do IASB para PMEs?

e) Como o Conselho deveria abordar o desenvolvimento de normas do IASB para PMEs?

f) Até que ponto os fundamentos das normas para PMEs deveriam ser os conceitos, os princípios e a respectiva orientação obrigatória das IFRSs?

g) Se as normas do IASB para PMEs forem formuladas com base nos conceitos, nos princípios e na respectiva orientação obrigatória de IFRSs completas, qual deveria ser a base para modificar esses conceitos e princípios para PMEs?

h) Em que formato as normas do IASB para PMEs deveriam ser publicadas?

Diante das indagações acima, as quais foram discutidas amplamente por cinco anos e com teste prévio das normas de contabilidade para pequenas e médias empresas em 116 empresas de 20 países, decidiu-se criar uma contabilidade específica para elas inspirada nas regras plenas, mas simplificando a linguagem e o processo de reconhecimento, mensuração e evidenciação.

A experiência inicial mostrou que as regras contábeis para pequenas e médias empresas apontaram alguns problemas, como a avaliação do valor justo dos ativos e passivos financeiros, bem como do valor residual do imobilizado, visto que nem sempre existem preços de mercado ou mesmo mercado ativo para tais ativos. Além disso, foi apontada como problema a divulgação do salário da administração, visto que em muitos casos essas empresas funcionam sob a direção de dois sócios, expondo assim a remuneração dos proprietários.

A aprovação pelo IASB da *IFRS for SME* em 09/07/2009 culminou na adoção do mesmo em diversas nações, contabilizando até 2010, segundo o IASB, 68 países que já tornaram a norma obrigatória ou referendam tal prática. No Brasil, a contabilidade para pequenas e médias empresas foi regida inicialmente pela Resolução CFC nº 1.255/09, cujo teor idêntico encontra-se na NBC 19.41, publicada em 10/12/2009, intitulada "contabilidade para pequenas e médias empresas", o qual tornou-se vigente em 1º de janeiro de 2010, após 22 dias de sua promulgação.

7.5 PONTOS POSITIVOS E CRÍTICAS RELACIONADAS À ADOÇÃO DO IFRS FOR SME

Enquanto observamos os diversos pontos positivos inerentes à adoção de regras de contabilidade aplicada nas pequenas e médias empresas, destacadas principalmente pelo IASB como informações contábeis com qualidade, redução da assimetria da informação, redução do custo de capital e facilidade na captação de recursos em mercados internacionais, existem também críticas a respeito.

Conforme apresenta a Figura 1, extraída do estudo de Schutte e Buys (2011), 58% dos participantes no *Exposure Draf* do *IFRS for SME* eram europeus, ficando o redor do mundo com participação insignificante. Na prática, isso reflete a rejeição natural por tais normas devido ao choque cultural principalmente nos países cuja filosofia é *Code Law*.

Figura 1 – Respostas para o *Exposure Draft* para IFRS for SME por continente

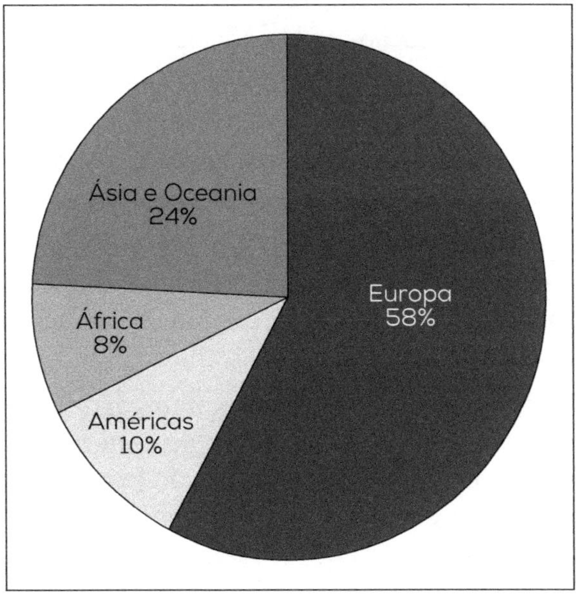

Fonte: Schutte e Buys (2011).

Por outro lado, cabe destacar que a participação no *Exposure Draft* é livre e que a participação neles é fortemente acalorada por grandes empresas de auditoria. Uma recente pesquisa publicada por Quagli e Paoloni (2012) evidencia que os elaboradores dos demonstrativos contábeis de alguns países europeus se opõem a elaborar o *IFRS for SME*, enquanto os usuários são favoráveis à elaboração dos relatórios contábeis padronizados.

Durante o processo de criação da norma aplicável às pequenas e médias empresas, o *RSM International* (2008) expôs algumas críticas ao *Exposure Draft* derivadas dos principais organismos internacionais, como a União Europeia, a qual comentou que o *Exposure Draft* não era aplicável à maior parte das PME na Europa. O *Institute for Chartered Financial Analysts* declarou que a *IFRS for SME* tornava as informações incomparáveis. Já o *Organismo Italiano di Contabilita* e o *The Hundred Group of Finance Directors* afirmaram que a aplicação do valor justo não era possível nas PME. A opinião do *Accounting Standard Board of the UK* aponta o *IFRS for PME* sendo não aplicável a todas as pequenas e médias.

Uma crítica bastante difundida na adoção do *IFRS for SME* está relacionada ao custo e benefício inerente à aplicação do *IFRS for SME*. Sabe-se que toda informação tem um custo e deve-se desprezar tal informação à medida que o custo é superior ao ganho com a informação obtida. Encontrar o *trade off* entre custo e benefício passa a ser o maior desafio na adoção das regras para PME. Alguns pesquisadores e órgãos reguladores e/ou de classe revelam que elevados custos são inerentes na adoção do *IFRS for SME*, e muitos criticam a adoção justamente por conta do elevado custo em relação aos benefícios alcançados.

Vale ressaltar que o documento de "Bases para conclusões" do IASB apresenta como anexo uma carta de um membro do IASB, Sr. James Leisenring, o qual possui opinião divergente sobre a contabilidade para pequenas e médias empresas. Segundo ele, a contabilidade para PME é desnecessária e indesejável.

Desnecessária, pois as decisões acerca da política contábil das PME são feitas de forma direta e sem a necessidade de uma consulta às IFRS, considerando isso ser oneroso. Indesejável, pois a informação torna-se incomparável, sendo assim conflitante com a Estrutura Conceitual do IASB.

Finalmente, ele conclui afirmando que a contabilidade para PME não efetuou a análise custo-benefício, bem como não alcançou as necessidades dos usuários. Sua proposta resume-se em criar informações não exigidas atualmente para as PME como controle comum e dependência econômica.

7.6 NORMATIZAÇÃO BASEADA EM PRINCÍPIOS OU REGRAS?

Por longa data, busca-se estabelecer critérios universalmente aceitos na contabilidade, pois isso tornaria a informação comparável, uniforme e confiável. De acordo com Niyama (2005, p. 15), "a linguagem não é uniforme porque cada país tem critérios próprios e diferentes para reconhecer e mensurar cada transação. A busca por critérios consentâneos é o processo de harmonização contábil, visando proporcionar uma compreensão dessa linguagem e a sua comparabilidade".

Através da adoção das normas internacionais de contabilidade, um grande passo foi dado, visto que os critérios adotados pela contabilidade em diversos países que aderiram às normas internacionais tornam-se únicos.

No entanto, se estamos na busca de uma contabilidade global, o cerne da questão está justamente nas questões relativas à adoção de regras ou princípios com intuito de diminuir a assimetria da informação contábil.

Na opinião de Iudícibus et al. (2010) uma das principais alterações na contabilidade brasileira advém da adoção de princípios invés de regras pois enquanto as regras ditam o que fazer os princípios estabelecem diretrizes para fazer a contabilidade. Na opinião de Morley (2009, p. 2) "princípios requerem maior julgamento por parte dos contadores, mas fornece maior flexibilidade para situações únicas".

Exatamente por proporcionar maior flexibilidade é que os princípios caracterizam-se por ser um melhor modelo para aplicação das normas contábeis, visto que assim prevalecerá a essência sobre a forma, tendo como consequência uma melhor informação contábil cuja essência econômica da transação será respeitada. O ponto negativo na adoção de princípios em vez de regras está fundamentado na dificuldade em auditar tais balanços, visto que foram elaborados através de julgamento e juízo de valor daquele que elaborou as demonstrações contábeis dificultando sua comparabilidade com outras empresas, ficando claro que o gerenciamento de resultado pode ser facilitado quando se utilizam julgamentos baseados em princípios.

Por outro lado, as normas são rígidas demais e nem por isso alcançam todas as possibilidades para a contabilização de uma única operação, visto que a cada dia têm-se novas operações e as normas nem sempre acompanham tais inovações. Além disso, as normas descrevem como fazer e são demasiadamente grandes devido ao nível de detalhamento. Diante disso, obviamente as regras possibilitam a comparabilidade da informação contábil, elevam a verificabilidade das demonstrações contábeis e inibem o gerenciamento de resultados por ditar como fazer.

Na opinião de Dantas et al. (2010):

> "No Brasil, apesar do avanço na implementação das IFRS, por meio dos pronunciamentos do CPC, as discussões têm se concentrado sobre os benefícios associados ao processo de convergência: redução de custo de elaboração de relatórios contábeis; redução de riscos e custos nas análises e decisões; e redução de custo de capital. Não há evidências, porém, de estudos acadêmicos que avaliem as vantagens e as desvantagens desse processo a partir de uma reflexão sobre as características de modelos de normatização baseados em princípios ou em regras."

Vale ressalvar que enquanto a contabilidade tiver influência de órgãos governamentais ditando regras de como fazer a contabilidade, dificilmente teremos uma informação contábil útil para uma ampla gama de usuários.

Um trabalho publicado recentemente pela PwC evidencia que as regras contábeis de forma rígida não permeiam uma contabilidade fiel à realidade econômica. De acordo com o texto publicado pela empresa de auditoria, "a movimentação global para a adoção do IFRS iniciou somente depois do escândalo da Enron, em 2002, com a constatação de que uma norma baseada em princípios seria mais fiel à realidade econômica de transações do que normas baseadas em regras rígidas" (PwC, p. 7).

Vale frisar que a contabilidade para pequenas e médias empresas é um conjunto de regras baseadas em princípios, e por isso é estabelecido exatamente como fazer estando essas regras em consonância com a Estrutura Conceitual da pequena e média empresa, visto que a Estrutura Conceitual para as empresas que seguem as normas plenas são outras, conforme detalhado a seguir.

7.7 QUESTÕES RELATIVAS À ESTRUTURA CONCEITUAL

A Estrutura Conceitual é o arcabouço teórico que norteia a contabilidade através de diretrizes muito claras em relação aos elementos básicos de reconhecimento, mensuração e evidenciação de ativos e passivos, causando impacto diretamente no resultado e no patrimônio líquido da empresa.

De acordo com a Estrutura Conceitual do CPC PME, fica claro que ele serve para facilitar a formulação e lógica da contabilidade, além de fornecer uma base para uso de julgamento na solução de problemas da contabilidade. A Estrutura Conceitual apresenta de forma hierárquica os princípios para a dedução de regras, métodos e procedimentos contábeis (Schmidt et al., 2007). Na Estrutura Conceitual apresentada por Scott no ano de 1941, o mesmo defendia que, se rotineiramente reavaliada, a Estrutura Conceitual permitiria ajustamentos surgidos por novas crenças, tecnologias e novas experiências.

Dessa forma, a contabilidade torna-se adaptável às mudanças sociais, políticas e econômicas, estando em evolução como qualquer ciência que está em busca da verdade. Na opinião de Coelho e Lins (2010, p. 184), "a Estrutura Conceitual tem o claro objetivo de estabelecer conceitos que visam fundamentar a preparação e a apresentação das demonstrações contábeis com foco nos usuários externos".

De acordo com Ankarath et al. (2010, p. 11), a Estrutura Conceitual detalha: (1) o objetivo das declarações financeiras; (2) suposições subjacentes; (3) características qualitativas das informações contábeis que tornam a informação contábil útil; (4) critérios de definição, reconhecimento e mensuração na elaboração das demonstrações financeiras; e (5) conceitos sobre capital e manutenção de capital.

A Estrutura Conceitual do CPC PME difere-se daquela das regras plenas e por serem diferentes podemos dizer que existem duas contabilidades distintas, principalmente porque a informação contábil é destinada a usuários distintos. As demonstrações contábeis da pequena e média empresa são preparadas para um vasto grupo de usuários da informação contábil que não estão em posição de exigir relatórios sob medida para atender suas necessidades particulares de informação, tendo como enfoque questões acerca da posição financeira, do desempenho e dos fluxos de caixa da entidade.

Nesse contexto, o CPC PME alerta que se as demonstrações contábeis forem produzidas exclusivamente para os proprietários ou autoridades fiscais, sendo esta prática comum nas pequenas e médias empresas, conclui-se que essas demonstrações, quando destinadas a estes usuários, não são para fins gerais, devido ao interesse específico desses usuários.

Além disso, a Estrutura Conceitual do CPC PME estabelece que as demonstrações contábeis elaboradas com base nas exigências legais são focadas em apurar o lucro tributável, o qual se difere dos objetivos das demonstrações contábeis para fins gerais. Com intuito de diminuir tal discrepância, sugere-se o controle fiscal separado da contabilidade, pois quando o fisco interfere na contabilidade, a mesma perde qualidade na informação.

Já a contabilidade plena emite informações contábil-financeiras com propósito generalizado, abrangendo um grande número de usuários que almejam informações úteis para a tomada de decisões econômicas. Essa informação é reportada a investidores existentes e em potencial, bem como para os emprestadores de recursos, devendo eles serem capazes de decidir entre comprar, vender ou manter participações em investimentos.

Diante disso, as características qualitativas da informação contábil que a tornam útil são diferentes ao analisar a Estrutura Conceitual da contabilidade para pequenas e médias empresas para a mesma estrutura das normas plenas. Isso ocorre porque ambos os usuários almejam informações diferentes para que suas decisões sejam mais acertadas, ficando assim explícito que a expectativa de uso da informação contábil dos usuários interfere na Estrutura Conceitual.

Sobre isso, Most em 1982 declarou na primeira página de seu livro de Teoria da Contabilidade que estávamos em direção a uma Estrutura Conceitual, visto que não existe uma teoria contábil universalmente aceita. À medida que o usuário da informação possui mais conhecimento certamente será maior o seu grau de exigência em relação à informação fornecida. Na aquisição de um carro, por exemplo, um comprador com pouco recurso e pouco conhecedor de carro se satisfaz com informações básicas, como consumo por litro de combustível, capacidade em litros do porta-malas, velocidade máxima etc.

Diferentemente acontece quando um bom conhecedor de carro e com elevado recurso financeiro disponível deseja comprar um carro. Nesse caso, ele deve estar interessado em questões mais relevantes e técnicas, como capacidade do motor, questões relacionadas à segurança etc. O documento de "bases para conclusões" do IASB no parágrafo 92 diz que: "Os usuários de demonstrações financeiras de PMEs são frequentemente menos sofisticados que os usuários de demonstrações financeiras de empresas com obrigação de prestação pública de contas."

O Quadro 1 evidencia as diferenças encontradas nas características qualitativas da Estrutura Conceitual.

Quadro 1 – Diferenças das características qualitativas da Estrutura Conceitual da contabilidade para pequenas e médias empresas e normas plenas

Característica qualitativa	Contabilidade para pequena e média empresa	Contabilidade plena
Compreensibilidade	Para que a informação seja compreensível, é necessário que o usuário tenha conhecimento de negócios, de atividades econômicas e de contabilidade. No entanto, a contabilidade não deve omitir informações supondo que o usuário não detenha tais conhecimentos.	Acrescenta que comparabilidade pode elevar a compreensibilidade.
Relevância	Quando a informação é capaz de influenciar as decisões dos usuários através da avaliação de acontecimentos passados, presentes e futuros, sendo capaz de confirmar ou corrigir as avaliações passadas.	É classificada como característica qualitativa fundamental.
Materialidade	Ocorre se sua omissão ou erro influencia nas decisões daqueles que utilizaram a informação contábil.	Tratada como restrições das demonstrações contábeis.
Confiabilidade	Informação confiável é aquela livre de erro e não enviesada, representando adequadamente aquilo que se quer representar.	Não aparece, pois esse conceito está embutido em representação fiel.
Representação fiel	Na norma PME, a Representação Fiel não é uma característica qualitativa.	Característica essencial da informação contábil, indica que a informação contábil deve ser completa, neutra e livre de erro.
Essência sobre a forma	A essência supera a forma, onde as transações são apresentadas independentemente de sua forma legal.	Não existe, pois é conflitante com a característica de neutralidade.
Neutralidade	Na norma PME a Neutralidade não é uma característica qualitativa.	Informação neutra é aquela destinada ao usuário padrão e não especificamente a um grupo, cujas informações não são enviesadas e livres de erros.

Característica qualitativa	Contabilidade para pequena e média empresa	Contabilidade plena
Prudência	Prudência é não superestimar ativos e receitas e também não subestimar passivos e despesas.	Não evidenciada por gerar conflito com neutralidade.
Integridade	Para ser confiável, a informação deve ser completa, respeitando os limites de materialidade e custo.	Na norma Plena, a Integridade não é uma característica qualitativa.
Comparabilidade	Informações contábeis comparáveis são aquelas que permitem ao usuário identificar tendências em sua posição patrimonial e financeira.	Permite que o usuário identifique semelhanças e diferenças entre dois grupos de fenômenos econômicos. É possível tal comparabilidade se as políticas contábeis forem mantidas.
Tempestividade	É o fornecimento da informação em tempo de tomar-se uma boa decisão com intuito de torná-la relevante.	Na norma Plena, a Tempestividade não é uma característica qualitativa.
Verificabilidade	Na norma PME, a Verificabilidade não é uma característica qualitativa.	Nova característica qualitativa, a qual sugere que diferentes observadores bem informados e independentes poderiam chegar a um consenso geral sobre as informações contábeis atestando que ela é fidedigna. A verificação dá-se de forma direta ou indireta.
Equilíbrio entre custo e benefício	O custo inerente à informação deve ser superior ao custo de produzi-la.	Apresentada como restrições sobre informações relevantes e confiáveis.
Oportunidade	Na norma PME, a Oportunidade não é uma característica qualitativa.	Está inserida como qualidade de melhoria. Sugere a disponibilidade das informações contábeis para os tomadores de decisão antes de elas perderem sua capacidade de influenciar decisões.

Fonte: CPC-00(R1) e Resolução CFC nº 1.255/09.
Elaboração própria.

Enquanto as regras plenas permitem como bases de mensuração de ativos o custo histórico, o custo de reposição, o valor realizável líquido e o valor presente fundamentando que a empresa poderá escolher um desses desde que melhore a informação contábil, as regras contábeis para pequenas e médias empresas permitem apenas o custo histórico e o valor justo, sendo o último aplicável em poucos casos, como por exemplo nas propriedades para investimento. Isso indica que o processo de mensuração aplicado na pequena e média empresa é simplificado.

Outro ponto relevante está relacionado às características qualitativas, as quais são bastante diferentes.

Enquanto as regras plenas dividem-se em características fundamentais e de melhoria, a contabilidade para pequenas e médias empresas apresenta apenas características qualitativas; como observado no Quadro 1, tais características são diferentes em cada Estrutura Conceitual. Isso ocorre porque as regras plenas foram projetadas para atender necessidades informacionais de investidores cujo foco é no mercado de capitais contendo uma ampla gama de questões e divulgações apropriadas para essas empresas que em diversos casos são reguladas por órgãos específicos. Já a informação contábil para os usuários da pequena e média empresa é focada na situação de liquidez e solvência e nos fluxos de caixa de curto prazo.

Enquanto a característica da essência sobre a forma não existe nas regras plenas por ser conflitante com neutralidade, o mesmo é mantido na Estrutura Conceitual da contabilidade para pequena e média empresa, bem como as características de confiabilidade, prudência e integridade, sendo essas características exclusivas das regras de contabilidade para pequenas e médias empresas.

Além disso, as características de neutralidade, oportunidade, verificabilidade e representação fiel não aparecem na Estrutura Conceitual da pequena e média empresa mas são observadas na contabilidade das regras plenas. Essas diferenças podem existir também pelo simples fato de a nova Estrutura Conceitual aplicada nas empresas que seguem as regras plenas terem sido publicadas apenas no ano de 2010, logo após a emissão do *IFRS for SME*, que foi em julho de 2009. Com isso, para não atrasar a emissão do pronunciamento *IFRS for SME*, foi inserida a mesma Estrutura Conceitual vigente na época, a qual era do ano de 1989.

Sabe-se que todo pronunciamento contábil emitido pelo IASB é baseado na Estrutura Conceitual, a qual estabelece dentre outras coisas que a contabilidade emite informações para fins gerais, devendo seus usuários ter conhecimentos básicos de contabilidade, economia e do negócio da empresa para assim fazer bom uso da informação contábil. No entanto, a Estrutura Conceitual possibilita a adoção da norma específica quando esta for diferente da Estrutura Conceitual, declarando que "nada substitui qualquer pronunciamento técnico, interpretação ou orientação."

Dessa forma, ainda que a norma seja feita respeitando os princípios estabelecidos na Estrutura Conceitual, a mesma é superior à própria Estrutura Conceitual, prevalecendo assim a norma nos casos de dúbia interpretação. Diante disso, indagamos se a teoria contábil preceituada na Estrutura Conceitual é verdadeiramente forte, visto que a norma supera o arcabouço teórico. Além disso, a influência dos órgãos normatizadores na informação contábil ditando regras de como fazer coíbe a aplicação dos princípios.

7.8 DIFERENÇAS ENTRE AS NORMAS PLENAS E AS NORMAS PARA PEQUENA E MÉDIA EMPRESA

As principais diferenças encontradas nas regras plenas com as regras cabíveis nas pequenas e médias empresas são:

a) a simplificação no processo de reconhecimento e mensuração;

b) a omissão de alguns tópicos não usuais nas operações das pequenas e médias empresas;

c) divulgações consideravelmente reduzidas; e

d) linguagem direta e simplificada.

Conforme exposto pelo IASB, as normas de contabilidade para pequenas e médias empresas diferem-se das normas plenas devido ao fato de os procedimentos contábeis serem simplificados. De acordo com o documento "Bases para Conclusões", a simplificação foi fator essencial para o surgimento da contabilidade para pequena e média empresa, inclusive por envolver questões relativas ao custo-benefício da informação. O uso de estimativas confiáveis é fator preponderante para reconhecer determinado ativo ou passivo nas demonstrações contábeis.

Na prática, as regras de contabilidade para pequenas e médias empresas quando comparadas com as regras plenas têm a mesma essência, no entanto com texto reduzido e linguagem direta. Poucos são os procedimentos adotados na contabilidade para pequenas e médias empresas que são diferentes das regras plenas. Dentre as 35 Seções contidas no CPC PME e de acordo com Relvas et al. (2011), apenas 12 Seções se diferem das normas plenas e outras 20 seções não apresentam qualquer alteração.

A omissão de alguns tópicos com intuito de "enxugar" as normas PME foi um fator relevante para sua aplicabilidade, visto que muitas transações não são alcançadas pelas PME. Basicamente, o processo de minimizar consistiu em cortar desagregações e divulgações relativas ao mercado público de capitais.

Caso a empresa adote o *IFRS for SME*, a mesma fica impossibilitada de seguir as regras plenas, pois assim tornaria a informação híbrida e incomparável. O documento do IASB de "Bases para conclusões" em seu artigo 67 esclarece que não se trata de um conjunto "*à la carte*", sendo possível a escolha do que interessa e descartando o que não serve.

A única possibilidade de adotar o IFRS pleno em vez do *IFRS for SME* é no caso da contabilização de instrumentos financeiros, onde poderão ser desprezadas as Seções 11 e 12 do *IFRS for SME*, as quais tratam do assunto. Outra possibilidade ocorre no caso de a empresa possuir alguma transação não vislumbrada no *IFRS for SME*, onde a mesma seguirá os preceitos encontrados nas normas plenas.

A flexibilização da escolha da política contábil para alguns critérios de reconhecimento e mensuração nas regras da pequena e média empresa simplificou em demasiado as operações, conforme apresentado no Quadro 2.

Quadro 2 – Flexibilização da política contábil das principais operações

Operações	Contabilidade para pequena e média empresa	Regras plenas
Ativos não circulantes (ou grupos de ativos e passivos) mantidos para venda.	A manutenção de ativos para venda implica obrigação de considerar a redução ao valor recuperável, mas não há exigência de classificação como "mantidos para venda" ou requisitos contábeis especiais.	Mensurados pelo menor entre o valor contábil e o valor justo menos custos para vender. A depreciação cessa quando são classificados como mantidos para venda.
Custo do serviço passado não adquirido de planos de pensão de benefício definido.	Reconhecido imediatamente em lucros e perdas.	Reconhecido como despesa de forma linear pelo período médio, até que os benefícios sejam adquiridos.
Diferenças de câmbio em um item monetário que faça parte do investimento líquido em uma operação no exterior, nas demonstrações financeiras consolidadas.	Reconhecer em outros resultados abrangentes e não reclassificar em lucros e perdas na alienação do investimento.	Reclassificar em lucros e perdas na alienação do investimento.
Custos de empréstimos.	Devem ser lançados à conta de despesas.	Custos diretamente atribuíveis à aquisição, construção ou produção de um ativo qualificado devem ser capitalizados.

Operações	Contabilidade para pequena e média empresa	Regras plenas
Investimento em uma coligada para o qual haja uma cotação de preço publicada.	Deve ser mensurado ao valor justo por meio do resultado.	Deve ser mensurado utilizando o método de equivalência patrimonial.
Investimento em uma entidade controlada em conjunto para o qual haja uma cotação de preço publicada.	Deve ser mensurado ao valor justo por meio do resultado.	Deve ser mensurado utilizando o método de equivalência patrimonial ou a consolidação proporcional.
Propriedades para investimento cujo valor justo possa ser mensurado de forma confiável sem custo ou esforço indevido.	Deve ser mensurado ao valor justo por meio do resultado.	Escolha da política contábil do valor justo por meio do resultado ou do método de custo-depreciação-redução ao valor recuperável.
Ativos biológicos.	Mensurar ao valor justo por meio do resultado somente se o valor justo for facilmente determinável sem custo ou esforço indevido.	Presunção de que o valor justo pode ser mensurado de forma confiável.
Imposto sobre a renda.	Quando uma alíquota diferente for aplicável ao lucro distribuído, mensurar inicialmente impostos correntes e diferidos à alíquota aplicável a lucros não distribuídos.	Nesse caso, mensurar inicialmente impostos correntes e diferidos à alíquota que se espera ser aplicável quando os lucros forem distribuídos.
Pagamentos baseados em ações com alternativas de liquidação em caixa em que os termos do acordo permitem à contraparte uma escolha de liquidação.	Contabilizar a transação como uma transação de pagamento baseado em ações liquidadas em caixa, a menos que a entidade tenha uma prática passada de efetuar a liquidação emitindo instrumentos de patrimônio ou que a opção de liquidar em caixa não tenha substância comercial.	Contabilização similar a um instrumento composto.

Fonte: Parágrafo 68 do documento de "Bases para conclusões" do IASB, 2009.

O artigo 89 do documento de "Bases para conclusões" do IASB declara que a política contábil poderia ser única com intuito de simplificar e possibilitar a comparabilidade de informações contábeis entre empresas. No entanto, a falta de comparabilidade derivada pela escolha da política contábil é também obser-

176 Teoria avançada da contabilidade • Niyama

vada nas empresas que adotam as regras plenas, visto que para cada transação é possível ter diversas opções de escolha, as quais interferem consequentemente no resultado e na informação contábil.

7.9 SIMPLIFICAÇÕES NO PROCESSO DE RECONHECIMENTO E MENSURAÇÃO DA PME COMPARADO COM AS REGRAS PLENAS

Os instrumentos financeiros que são tratados no IAS 39 e nas sessões 11 e 12 do IRFS PME possuem simplificação ao possibilitar a mensuração pelo custo, custo amortizado e/ou valor justo com impacto direto no resultado. Os termos "disponíveis para venda" e "mantido até o vencimento" não são vislumbrados no IFRS PME. Tanto a contabilização de cobertura quanto o teste de efetividade são simplificados nas regras IFRS PME, visto que o primeiro não é descontinuado prospectivamente na contabilização de cobertura por essa informação ser onerosa para a PME. Já o teste de efetividade simplificado prevê o reconhecimento de lucro ou perda derivado da inefetividade.

O ágio e demais ativos intangíveis com vida útil indefinida deverão, de acordo com as regras IFRS PME, ter tempo de vida útil definida pela empresa, para assim, serem amortizados e lançados ao resultado gradativamente em no máximo dez anos. Além disso, o IFRS PME permite o teste de recuperabilidade no ágio e demais ativos intangíveis com vida útil indefinida através do uso dos indicadores, os quais mesclam informações internas e externas à empresa com intuito de parametrizar quando o ativo deverá ser alocado como despesa.

O uso dos indicadores é praticado somente se houver indício de redução do valor recuperável, respeitando sempre o custo para obter a informação. Tudo isso se difere das regras plenas, as quais preconizam que o ágio ou ativo com vida útil indefinida são lançados ao resultado à medida que ocorra o fundamento econômico que o originou, não possuindo prazo máximo ou mesmo critérios preestabelecidos, o que facilita a baixa do ativo.

Considerando que as PME não possuem recursos financeiros suficientes para verificar a viabilidade econômica de projetos em andamento fruto de pesquisas e desenvolvimento, o IFRS PME considera que tais gastos devem ser lançados diretamente ao resultado e nunca ativados.

Essa regra se difere das normas plenas, as quais preceituam que os gastos atrelados a pesquisa e desenvolvimento são inicialmente lançados no resultado como despesa do período por tratar-se de gastos cuja recuperabilidade é duvidosa e somente ativados quando for constatado que tal pesquisa gerará resultados efetivos para a empresa mediante mercado potencial comprador.

Com intuito de simplificar o processo de reconhecimento e mensuração nos investimentos, o IFRS PME estabeleceu que estes serão reconhecidos pelo método de custo ou valor justo, sendo desprezado o uso do método da equivalência patrimonial. Enquanto o IAS 28 e 31 reconhecem o uso do método da equivalência patrimonial nos investimentos em coligadas e controladas, o IFRS PME não permite tal critério de avaliação em investimentos, pois considera que não melhora a avaliação dos fluxos de caixa e tampouco é utilizado na captação de empréstimos. Além disso, todo investimento mantido para a venda é avaliado pelo valor justo.

A captação de recursos através de empréstimos diretamente atribuíveis à construção de ativo deve ser contabilizada diretamente no resultado, segundo as normas contábeis IFRS PME. Esse procedimento se difere das normas plenas, onde o IAS 23 estabelece que os juros devem ser ativados juntamente com o bem adquirido.

O imposto sobre a renda tratado na Seção 29 do IFRS PME, se comparado com o IAS 12, difere-se nas alíquotas que serão aplicadas no lucro distribuído e no lucro não distribuído. Dessa forma, é cabível no cálculo do imposto corrente e diferido apenas a alíquota cabível nos lucros não distribuídos resultando em ajustes futuros à medida que o lucro seja efetivamente distribuído.

As diferenças cambiais de acordo com as regras plenas são reconhecidas em outros resultados abrangentes e são lançadas ao resultado como ganho ou perda quando o mesmo for vendido. Já de acordo com as regras IFRS PME, o ganho ou perda é lançado nos resultados abrangentes e no momento seguinte não é lançado como ganho ou perda na demonstração de resultado na ocorrência da venda, mas diretamente em lucro ou prejuízo acumulado.

Baseado no argumento de que existe um custo elevado para se obter informações, o uso do custo-depreciação-redução ao valor recuperável é indicado para os ativos biológicos que seguem as regras IFRS PME. Diferentemente das regras plenas, pelos quais tais ativos são reduzidos através do uso do valor justo e contabilizados diretamente ao resultado.

Os benefícios a empregados possuem uma série de critérios para serem contabilizados nas regras plenas. Por tratar-se de uma obrigação futura, a IAS 19 estabelece critérios para atualização através do método atuarial.

No entanto, nas regras IFRS PME o método atuarial poderá ser utilizado ou substituído se as informações não estiverem disponíveis ou no caso de ser obtida com custo elevado. Neste caso, será desprezada a progressão futura de salários, bem como o serviço futuro ou a mortalidade do empregado.

De acordo com o IFRS PME, os ganhos e perdas atuariais são lançados em lucro ou perda ou em outros resultados abrangentes à escolha da empresa, visto que nas normas plenas pode-se além do lançamento em lucros e perdas ou em outros resultados abrangentes utilizar o critério da amortização. Além disso, as avaliações anuais abrangentes não são necessárias, as quais são feitas em períodos intermediários.

Já o pagamento baseado em ações, utilizado quando a empresa remunera seus empregados concedendo-lhes suas ações, pode ser mensurado nas regras IFRS PME de acordo com as informações disponíveis no mercado. A maior dificuldade neste caso consiste em verificar o valor de tais títulos no mercado. Se essa informação estiver disponível, a mesma poderá ser utilizada, bem como a informação concedida pelos proprietários da empresa, os quais podem estipular o valor justo das ações entregues aos empregados. O valor justo estipulado das ações das empresas será tratado como despesa e não apenas evidenciados em notas explicativas.

As propriedades para investimento, que são imóveis não destinados ao uso, mas para obtenção de renda através da locação ou ganho futuro através da venda, são mensurados de acordo com as regras IRFS PME pelo custo histórico ou pelo valor justo desde que tal informação esteja facilmente disponível e com baixo custo para obtê-la. Diferentemente das regras plenas onde as propriedades para investimentos são avaliadas inicialmente pelo custo histórico e periodicamente pelo valor justo.

De acordo com as regras plenas, as subvenções governamentais dividem-se em para investimento e para custeio, onde a primeira é tratada como passivo, no caso de condicional, ou diretamente no resultado, quando tratada como incondicional. Já a subvenção para custeio sempre será lançada diretamente ao resultado, visto que não existe a possibilidade de a empresa assumir obrigação, posto que tal subvenção é concedida com intuito de a empresa custear suas atividades.

De acordo com o IFRS PME, toda subvenção governamental é tratada diretamente ao resultado quando as condições de desempenho são atendidas. Ou seja, não existe a denominação para investimento ou custeio, mas observa-se apenas se tal subvenção gera para a empresa recebedora obrigação. Caso afirmativo, tem-se um passivo que será apropriado ao resultado à medida que tal obrigação seja cumprida.

7.10 ADOÇÃO INICIAL DA CONTABILIDADE PARA PEQUENAS E MÉDIAS EMPRESAS

A Seção 35 trata com detalhes sobre a adoção inicial, destacando que uma vez adotadas as regras não é possível deixar de fazê-lo. Na primeira publicação após a adoção das regras IFRS PME, é obrigatória uma declaração explícita e não reservada de que foram seguidos todos os preceitos estabelecidos no IFRS PME. Vale frisar que se a empresa ao adotar o IFRS PME for controlada por companhia aberta é recomendado que a mesma adote as regras plenas, mas não é vedada a adesão ao IFRS PME.

Ativos e passivos serão reconhecidos na adoção inicial somente se preencherem os pré-requisitos estabelecidos na norma IFRS PME, sendo vedada a inclusão ou permanência de ativos e passivos intransigentes com a norma. Se as políticas contábeis utilizadas forem diferentes daquela que a entidade passou a utilizar na adoção inicial, a diferença poderá ser contabilizada diretamente no patrimônio líquido em lucros ou perdas acumuladas.

Em relação à alteração retrospectiva, não é possível alterar as transações a seguir que tiveram práticas contábeis anteriormente adotadas:

a) Ativos e passivos financeiros baixados anteriormente não podem ser inclusos no balanço de adoção inicial do IFRS PME. No entanto, caso a regra IFRS PME estabeleça que determinados ativos e passivos financeiros existentes na demonstração da posição financeira com base nas regras anteriores à adoção da regra IFRS PME, a empresa optará por desreconhecer tais ativos e passivos, bem como mantê-los até a venda; e

b) As operações de *hedge* não devem ser alteradas por conta da adoção inicial do IFRS PME para as operações inexistentes na data de transição. Portanto, para as operações de *hedge* que existirem na data de transição o mesmo deve seguir os preceitos estabelecidos na Seção 12.

7.11 RESUMO

A contabilidade para pequenas e médias empresas foi inspirada nas regras plenas e simplifica em alguns momentos o processo de reconhecimento, mensuração e evidenciação. Pautada sobre o argumento de que a padronização da informação contábil mundial das PME causará impacto diretamente na redução do custo de capital e na inclusão de empresas de economias emergentes no cenário mundial devido à redução da assimetria da informação, algumas pesquisas sugerem que o custo alcançado com a adoção das regras para PME é superior ao ganho conquistado com a informação contábil mais apurada.

Diante disso, ocorre certa rejeição na adoção dessas normas, apesar de o IFRS apontar que no ano de 2011 o número de países que adotam ou querem adotar tais regras acumulavam 73. Encontrar o *trade off* entre o custo e o benefício derivado na adoção de tais regras passa a ser o desafio para que a mesma se desenvolva como um critério contábil universal.

Na opinião de Iudícibus (2012), são necessários estudos que evidenciem se os custos com a adoção das normas contábeis internacionais são superiores aos benefícios. O Brasil aceitou as regras oriundas do *IFRS for SME* em janeiro de 2010, mas após 3 anos a sua adoção estabeleceu um outro critério contábil de reconhecimento e mensuração para as microempresas e empresas de pequeno porte fazendo assim com que a maioria das empresas desprezasse a contabilidade para pequena e média empresa derivada do IASB.

Dessa forma, enquanto o IASB considera dois padrões contábeis válidos, o Brasil passou a adotar três critérios distintos. Por outro lado, considerar regras de contabilidade como parâmetro universal com intuito de obter comparabilidade entre empresas pode enfraquecer a teoria contábil, visto que tais regras são derivadas de órgãos que entendem sim de contabilidade, mas podem ser tendenciosos e com forte viés político e econômico.

Por isso, normatizar com base em princípios invés de normas seja a forma mais adequada para uma contabilidade universal, onde a neutralidade seja verdadeiramente uma característica qualitativa essencial, contudo, diminuindo assim a comparabilidade.

A Estrutura Conceitual da pequena e média empresa difere-se daquelas emanadas das regras plenas e sua justificativa está relacionada com o usuário da informação contábil, o qual anseia por informações diferentes. Enquanto o usuário da informação contábil da PME está focado em decisões acerca dos fluxos de caixa, liquidez e solvência, o usuário da informação contábil das regras plenas está focado em informações econômicas cujo enfoque é no mercado de capitais.

Percebe-se que, em todo momento, o IFRS PME preocupa-se com o custo para obter a informação cujo objetivo é evidenciar de forma mais adequada. No entanto, o IFRS PME permite o abandono da regra se o custo para obter a informação for acentuado. Diante dessa flexibilidade, inicia-se o problema da comparabilidade de informações entre as empresas pequenas e médias.

REFERÊNCIAS

ANTUNES, M. T. P.; GRECCO, M. C. P.; FORMIGONI, H.; NETO, O. R. de M. A adoção no Brasil das normas internacionais de contabilidade IFRS: o processo e seus impactos na qualidade da informação contábil. **Revista de Economia e Relações Internacionais**, v. 10, nº 20, p. 5-19, jan./jun. 2012.

ANKARATH, N.; GHOSH, T. P.; MEHTA, K. J.; ALKAFAJI, Y. A. **Understanding IFRS fundamentals**. New Jersey: John Wiley & Sons, 2010.

BRASIL. Resolução CFC nº 1.255/2009. **Aprova a NBC PME 19.41: Contabilidade para pequenas e médias empresas.**

BRASIL. Decreto-lei 9.295/1946. **Cria o Conselho Federal de Contabilidade, define as atribuições de guarda-livros e dá outras providências.**

BRASIL. Lei 12.249/2010. **Altera o Decreto-lei 9.295/1946.**

BRASIL. CPC-00(R1)/2011. **Estrutura Conceitual.**

BRASIL. NBC TG 1000/2012. **Contabilidade para pequenas e médias empresas.**

BRASIL. ITG 1000/2012. **Modelo simplificado para microempresas e empresas de pequeno porte.**

BRASIL. ITG 2000/2011. **Escrituração contábil.**

BERSTON, George J. et al. The FASB's conceptual framework for financial reporting: a critical analysis. **Accounting Horizons**, v. 21, nº 2, p. 229-238, June 2007.

COELHO, C. U. F.; LINS, L. S. **Teoria da contabilidade**: abordagem contextual, histórica e gerencial. São Paulo: Atlas, 2010.

COKINOS, D. **Contabilidade para pequenas e médias empresas.** 22ª Convenção dos contabilistas do Estado de São Paulo, 2011.

DANTAS, J. A.; RODRIGUES, F. F.; NIYAMA, J. K.; MENDES, P. C. de M. Normatização contábil baseada em princípios ou em regras? Benefícios, custos, oportunidades e riscos. **Revista de Contabilidade e Organizações** – FEA/USP, v. 4, nº 9, p. 3-29, maio/ago. 2010.

DELLOITE. **IFRS para PMEs ao seu alcance 2012**. São Paulo: Delloite, 2012.

GIROTTO, M. Brasil começa a adotar o IFRS na contabilidade de PMEs. **Revista Brasileira de Contabilidade**, nº 186, p. 7-23, nov./dez. 2010.

GORE, R.; ZIMMERMAN, D. Building the foundations of financial reporting: the conceptual framework. **The CPA Journal**, p. 31-34, ago. 2007.

IASB. **Norma internacional de Relatório Financeiro para Pequenas e Médias Empresas (IFRS para PMEs): Bases para conclusões**. Londres: IASCF, 2009.

_____. **IFRS for Small and Medium-sized Entities**. Londres: IASCF, 2009.

_____. **Comprehensive review of the IFRS for SMEs**. Londres: IFRS Foundation, 2012.

IUDÍCIBUS, Sérgio de. Teoria da contabilidade: evolução e tendências. **Revista de Contabilidade do Mestrado em Ciências Contábeis da UERJ** (online), v. 17, nº 2, p. 5-13, maio/ago. 2012.

IUDÍCIBUS, Sérgio de et al. **Manual de contabilidade societária:** aplicável às demais sociedades. São Paulo: Atlas, 2010.

KAMP, B. Accounting culture and attitudes towards IFRS for SME. **Asia Pacific Journal of Accounting and Finance**, v. 2, nº 1, p. 1-30, 2010.

LITJENS, R.; BISSESSUR, S.; LANJENDIJK, H; VERGOOSSEN, R. How do preparers perceive costs and benefits of IFRS for SMEs? Empirical evidence from the Netherlands. **Accouting in Europe**, v. 9, nº 2, p. 227-250, 2012.

MORLEY, M. **IFRS simplified:** a fast and easy to understand overview of the new. Toronto: Nixon-Carre, 2009.

MOST, K. S. **Accounting theory**. 2. ed. Ohio: Grid, 1982.

NIYAMA, J. K. **Contabilidade internacional**. São Paulo: Atlas, 2005.

_____; SILVA, C. T. **Teoria da contabilidade**. 2. ed. São Paulo: Atlas, 2005.

PERRONE, L. **IFRS para PMEs:** Seção 35 adoção inicial. São Paulo: CRC/SP, 2012.

PRICE DO BRASIL. **IFRS e CPCs: A nova contabilidade brasileira:** impactos para o profissional de RI. São Paulo: Pwc, 2010.

QUAGLI, A.; PAOLONI, P. How is the IFRS for SME accepted in the European context? An analysis of the homogeneity among European countries, users and preparers in the European commission questionnaire. **Advances in Accounting**, v. 28, nº 1, p. 147-156, jun. 2012.

RELVAS, T. R. F.; BERHOLINI, A.; SEGATO, V. D. **Manual de técnicas e práticas de aplicação da Lei 11.638/07 nas pequenas e médias empresas**. São Paulo: CRC/SP, 2011.

RSM INTERNATIONAL. 2008. **Exposure draft on IFRS for SMEs:** is this the right answer? Disponível em: <http://www.rsmi.com/attachments/approved/ifrs-for-smes/en/PaperonIFRSforSMEsFINAL.pdf>.

SCHMIDT, P.; FERNANDES, L. A.; MACHADO, N. P.; DOS SANTOS, J. L. **Teoria da contabilidade:** introdutória, intermediária e avançada. São Paulo: Atlas, 2007.

SCHUTTE, D. P.; BUYS, P. A critical analysis of the contents of the IFRS for SME – a South African perspective. **South African Journal of Economic and Management Sciences**, v. 14, nº 2, p. 188-209, 2011.

8

Qualidade da Informação Contábil

Jomar Miranda Rodrigues

8.1 INTRODUÇÃO

A contabilidade tem sido reconhecida por sua ampla gama de usuários como uma importante ferramenta ao funcionamento do mercado de capitais (MEEK; THOMAS, 2004). Não diferente deste objetivo, Choi e Meek (2005) acrescentam que o foco envolve as companhias multinacionais, e que a contabilidade tem um papel vital na sociedade porque é responsável por fornecer informações sobre as empresas e suas transações, para facilitar as decisões sobre alocação de recursos pelos usuários.

Assim, a informação contábil tem por objetivo fornecer subsídio aos seus usuários para confirmarem ou alterarem uma decisão de melhor alocação de seus ativos. Para isso, a contabilidade tem que ser capaz de fornecer informações úteis para que possam ser tratadas como de qualidade.

Nesse sentido, a teoria da contabilidade tem avançado no sentido de determinar a qualidade da informação contábil, o que tem sido um grande desafio, desde a criação do FASB, com a inclinação para a uniformização da contabilidade nos Estados Unidos, até a criação do IASC (agora ISAB), em 1973, como organismo internacional, sendo a missão deste criar padrões contábeis de qualidade e promover a convergência contábil nos mais diversos mercados de capitais.

Destarte, a qualidade contábil tem sido objeto de investigação científica da teoria da contabilidade desde os primórdios dos atos comerciais, quando os proprietários tinham a necessidade de conhecer bem a informação para que pudessem ampliar o patrimônio de seus investimentos, até a investigação no que tange ao movimento de convergência, quando da utilização e/ou adoção dos padrões internacionais de contabilidade do IASB, como o trabalho de Barth, Landsman e Lang (2008), que verificaram a melhoria da qualidade contábil depois da adoção voluntária dos IFRS em empresas de países não estadunidenses.

Os termos "qualidade contábil", "qualidade da informação contábil", "qualidade dos resultados contábeis" e "qualidade do lucro" têm sido utilizados para caracterizar a qualidade das informações produzidas por um sistema contábil com a mesma finalidade e entendimento, o que não pode ser tratado dessa forma.

Com isso, é necessário observar o pressuposto exposto pelo Pronunciamento Conceitual Básico do Comitê de Pronunciamentos Contábeis, convergente com IASB e FASB, no que tange às características qualitativas da informação contábeis, já exposto por Schroeder, Clark e Cathey (2005), Niyama e Silva (2010), em que a informação contábil deve ter:

a) Compreensibilidade: ser compreensível o suficiente para que indivíduos com razoável conhecimento em atividades econômicas, contábeis e empresariais possam ser capazes de utilizá-la;

b) Relevância: ser relevante ao influenciar a decisão econômica do usuário, contribuindo com avaliações de eventos passados, atuais ou futuros, pela confirmação ou correção de avaliações passadas. A relevância é afetada pela materialidade;

c) Confiabilidade: ser confiável, ou seja, livre de qualquer erro (verificabilidade) ou viés (neutralidade) e que tenha fidelidade de representação[1] das informações; e

d) Comparabilidade: ser comparável, ou seja, podendo ser utilizada para comparar o desempenho de uma empresa ao longo do tempo ou de uma empresa com outra.

O CPC (2012), então, traz uma divisão das características qualitativas da informação contábil-financeira em dois grandes blocos, sendo o primeiro com características qualitativas fundamentais (relevância e representação fidedigna), sendo estas as consideradas mais críticas pelo comitê, e características qualitativas de melhoria (comparabilidade, verificabilidade, tempestividade e compreensibilidade), menos críticas, mas ainda assim altamente desejáveis.

---

[1] Para que alguém confie nas informações, é essencial que elas demonstrem fielmente os fenômenos que pretendem representar (SCHROEDER; CLARK; CATHEY, 2005, p. 50).

Com isso, diversos estudos buscam identificar *proxies* que sirvam para mensurar a qualidade das informações contábeis (DECHOW; GE; SCHRAND, 2010). Dentre as principais abordagens, os referidos autores destacam algumas abordagens para identificar informações contábeis de qualidade e dividiram a temática em três blocos:

a) Quanto à propriedade dos resultados: persistência dos resultados, processo de modelagem dos *accruals* normais e anormais, suavização dos resultados, reconhecimento pontual de perdas e cumprimento das metas;

b) Quanto à reação aos resultados pelo investidor: uso de modelos com significância do retorno/lucro como *proxy* de qualidade dos resultados, e também para a qualidade do auditor;

c) Quanto a indicadores externos de erros nos resultados: controles internos fracos, regulação e republicações.

Observa-se que Dechow, Ge e Schrand (2010) tratam tudo como qualidade das informações contábeis. É necessário destacar que os dois primeiros grupos tratam de qualidade dos resultados contábeis ('a' e 'b'), enquanto o terceiro trata de qualidade das informações contábeis *per si* ('c').

Para melhor entendimento no que tange à diferenciação de qualidade da informação contábil para qualidade dos resultados contábeis, serão abordadas algumas *proxies* utilizadas como qualidade da informação contábil e dos resultados contábeis, bem como algumas pesquisas nacionais e internacionais sobre cada temática.

Vale registrar que diversas *proxies* têm sido utilizadas para pressupor qualidade das informações contábeis e as aqui apresentadas não exaurem a temática.

8.2 PRINCIPAIS ABORDAGENS SOBRE A QUALIDADE DA INFORMAÇÃO E DOS RESULTADOS CONTÁBEIS

Conforme exposto anteriormente, é necessário separar o que é qualidade da informação contábil de qualidade dos resultados contábeis. A primeira é identificada por relatórios financeiros que sejam publicados pontualmente e tempestivamente, confiáveis e que sejam livres de vieses e qualquer maquiagem e/ou fraude contábil.

Já a segunda parte do pressuposto de que os resultados são capazes de informar os seus usuários e estes possam utilizar da informação contábil para comprar, vender ou até mesmo manter os seus investimentos em determinados ativos, ou seja, os resultados são capazes de confirmar ou alterar a decisão do usuário da contabilidade.

Outro ponto fundamental ao diferenciar estes dois temas é a diferenciação da utilização dos mais diversos usuários das informações contábeis, que vão desde os usuários internos, que primeiramente se utilizam da informação contábil (gestores, diretores e administradores, com finalidade da gestão da empresa) até o dispositivo do pronunciamento conceitual básico do CPC (2012), em que descreve os usuários das informações contábeis usuários externos: investidores, financiadores, governo, auditores e outros credores, sem hierarquia específica.

Vale destacar que cada usuário tem uma necessidade específica quanto à informação gerada pela contabilidade, conforme disposto no Quadro 1.

Quadro 1 – Usuários e informações utilizadas por eles

Administradores	decidir quando comprar, manter ou vender instrumentos patrimoniais;
Investidores	avaliar a administração da entidade quanto à responsabilidade que lhe tenha sido conferida e quanto à qualidade de seu desempenho e de sua prestação de contas; determinar a distribuição de lucros e dividendos;
Empregados e entidades sindicais	avaliar a capacidade de a entidade pagar seus empregados e proporcionar-lhes outros benefícios;
Credores por empréstimos	avaliar a segurança quanto à recuperação dos recursos financeiros emprestados à entidade;
Governo e reguladores	determinar políticas tributárias;
Governo/sociedade	elaborar e usar estatísticas da renda nacional; ou
Entidades de classe	regulamentar as atividades das entidades.

Fonte: Adaptado a partir de Niyama e Silva (2010) e do CPC (2012).

A contabilidade se torna informativa e dita com "qualidade" quando satisfazem as necessidades comuns da maioria dos seus usuários. E, como vimos, são os mais diversos possíveis. Assim, um dos primeiros pressupostos aqui é sempre identificar antes qual usuário é beneficiado e quais *proxies* são ditas "identificadoras" da qualidade da contabilidade. A maioria dos estudos versa sobre a qualidade obtida com dados informados ao mercado de capitais, devido à disponibilidade e à facilidade de coleta de dados para se fazer inferências.

8.2.1 Qualidade da informação contábil

A contabilidade tem como principal objetivo informar o seu usuário, sobre a entidade, para que esse tenha melhor subsídio para alocar seus ativos de forma que possa obter melhores desenvolvimentos de seus recursos.

Para Hendriksen e Van Breda (2001), a contabilidade tem por objetivo apresentar aos seus usuários todas as alterações patrimoniais de forma que esses possam visualizar informações que possam ser significativas para suas decisões.

Já a estrutura conceitual do CPC (2012) pressupõe que as informações contábeis "são elaboradas e apresentadas para usuários externos em geral, tendo em vista suas finalidades distintas e necessidades diversas. [...] para atender a seus próprios interesses".

Nesse sentido, a qualidade contábil está relacionada com a disponibilidade da informação contábil que o agente (administrador, empresa e demais preparadores das informações contábeis) faz para o principal (usuário da informação contábil), com finalidade de reduzir a assimetria informacional.

Nesse sentido, pode-se definir como qualidade da informação contábil aquela em que os usuários tomam como base para confirmar uma posição ou, até mesmo, alterar sua decisão. Então, a definição está na informação contábil como um todo, ou seja, o balanço patrimonial, a demonstração de resultado, as notas explicativas, relatórios de administração, fatos relevantes, pareceres dos auditores, e demais informações provenientes da contabilidade.

Entretanto, neste momento, trata-se apenas da parte que não se refere aos resultados contábeis, mas sim dos efeitos obtidos a partir de indicadores externos para determinar a qualidade da informação contábil mais especificamente, como descrito em Dechow, Ge e Schrand (2010), em que aponta controles internos fracos, regulação, republicações e até a qualidade de auditoria como *proxies* para indicar a qualidade das informações contábeis.

Quando os controles internos são frágeis, as informações contábeis podem ser distorcidas e proporcionar decisões incertas e que possam comprometer a rentabilidade dos recursos alocados em determinados ativos. Casos que demonstram falhas em controles internos foram foco de diversas repercussões, como o caso do escândalo da Enron em 2001, WorldCom em 2002, até o caso do Lehman Brohters e Madoff em 2008, em que a contabilidade foi manipulada e as informações contábeis divulgadas estavam de forma distorcida a seus usuários.

Com a finalidade de proporcionar segurança com a informação gerada, as entidades reguladoras passam a ter um papel fundamental na qualidade da informação contábil. O caso da quebra da Bolsa de Nova York em 1929 proporcionou a criação da SEC em 1934 como instituição de regulação do mercado de capitais nos Estados Unidos pelo congresso americano, o que determinava que a empresa devesse manter os controles internos suficientes e de acordo com os USGAAP.

A regulação tem obrigado empresas, que acabam por omitir ou enviesar informações divulgadas sobre a situação econômica, financeira e patrimonial das entidades, a republicarem tais informações. Com isso, a quantidade de republicação pode sugestionar dúvidas sobre a qualidade e confiabilidade das informações por ora divulgadas.

Murcia e Carvalho (2007) exploraram os motivos que fizeram que a CVM exigisse a republicação de empresas referente ao período de 2001 a 2004. Os autores identificaram que as principais causas foram: problemas de evidenciação insuficiente de informação relevante, instrumentos financeiros, bem como ativos e passivos fiscais diferidos.

Alguns estudos internacionais identificaram que, além de prestar serviços de auditoria, a empresa presta consultoria, reduz e/ou compromete a qualidade da auditoria (KINNEY; PALMROSE; SCHOLZ, 2004). Além disso, o custo de capital também aumenta (HRIBAR; JENKINS, 2004).

É sabido que para uma empresa divulgar as informações contábeis precisa antes ser auditada por empresa e/ou profissionais independentes. Nesse caso, quando da republicação, a qualidade do serviço prestado pela empresa de auditoria é passível de ser questionada.

Com isso, auditoria ter qualidade tem sido vista como um "instrumento essencial para o funcionamento do mercado de capitais", pois visa proporcionar confiança e credibilidade nas informações divulgadas pelas empresas (DANTAS, 2012).

Conforme Dantas (2012), não existe uma *proxy* consensual para avaliar a qualidade de auditoria, mas é possível afirmar que a qualidade de auditoria deve estar associada com a qualidade das demonstrações contábeis. O autor abordou o gerenciamento de resultados relacionados à constituição da PCLD e ao reconhecimento, classificação e mensuração a valor justo de TVM e derivativos como *proxy* para qualidade de auditoria no sistema financeiro brasileiro.

Nesse sentido, a qualidade das informações contábeis está bastante associada e limitada à qualidade dos resultados contábeis obtidos nas demonstrações financeiras. Com isso, a necessidade de aprofundamento nas *proxies* para avaliar a qualidade dos resultados contábeis tem sido mais explorada na literatura (PAULO; MARTINS, 2007; BARTH; LANDSMAN, LANG, 2008; LOPES, 2009; DECHOW; GE; SCHRAND, 2010).

8.2.2 Qualidade dos resultados contábeis

Tomando por base a estrutura conceitual da contabilidade, do IASB e do Brasil, e partindo do pressuposto de que bons resultados, que sejam conservadores, bem como livres de vieses e sejam informativos, Dechow, Ge, Schrand (2010) enumeraram diversas *proxies* para avaliar a qualidade da informação contábil, sendo as mais evidentes no mercado de capitais: persistência dos resultados contábeis, conservadorismo condicional, gerenciamento de resultados contábeis e a reação dos investidores à informação contábil.

8.2.2.1 Persistência dos resultados contábeis

Estudos sobre a persistência dos resultados contábeis indicam que quanto maiores forem as persistências dos resultados, melhores serão como *proxies* para qualidade quando comparadas com menores persistências de resultados. Além disso, estudos sobre esta abordagem buscam identificar as características financeiras associadas com a persistência dos lucros. Para Dechow, Ge e Schrand (2010), a persistência é utilizada como *benchmark* para avaliação patrimonial. Os analistas financeiros têm dado maior ênfase à qualidade da informação contábil e procuram avaliar o desempenho da companhia, partindo do pressuposto de que o desempenho atual é um indicativo para o desempenho futuro. Essa atenção dada pelos analistas tem fundamental importância aos potenciais investidores, os quais confiam àqueles a função de *advisor* para efetuar os seus investimentos.

No sentido de pesquisar a persistência dos resultados contábeis, Beaver (1998) e Ohlson e Zhang (1998) abordaram quais os efeitos da persistência sobre os resultados contábeis referindo-se a "resultados permanentes".

Dechow e Schrand (2004) demonstram que a persistência dos resultados contábeis é uma *proxy* para a qualidade da informação contábil. Afirmam ainda que o retorno sobre o patrimônio é uma boa medida para avaliar se os lucros anualizam o valor intrínseco da empresa, o que determina a qualidade da informação. Os autores destacam que "maior persistência do resultado é uma definição de qualidade apenas se verdadeiramente refletir o desempenho durante o período e se o período atual continuar no futuro" (DECHOW; SCHRAND, 2004, p. 6). Os autores chegaram a esta conclusão depois de analisar os dados da Enron Corporation entre janeiro de 1998 a setembro de 2001.

Dechow (1994) analisou o lucro (resultado) e o fluxo de caixa líquido para medir o desempenho das companhias no período de 1964 a 1989 e constatou que os resultados das empresas são menos voláteis e mais persistentes do que o fluxo de caixa. Além disso, diagnosticou que os lucros têm maior associação com o retorno contemporâneo do que o fluxo de caixa. Já Dechow, Kothari e Watts (1998) verificaram que o lucro tem maior poder informativo (persistência) para o desempenho da empresa no longo prazo.

Diversos estudos procuraram ratificar os achados de Dechow (1994), como é o caso de Finger (1994), o qual verificou que apesar de o fluxo de caixa operacional apresentar menor poder informativo (persistência) no longo prazo, para prazos menores apresentou erros de previsões menores do que os lucros.

Dechow, Ge, Schrand (2010) verificaram que as empresas que têm fluxos de caixas mais persistentes são mais úteis para a avaliação patrimonial, baseados no modelo do fluxo de caixa descontado. Ainda afirmam que a persistência com base no lucro é mais dependente do desempenho da empresa, com base nas políticas contábeis e no sistema de mensuração. Além disso, a persistência no curto prazo pode ser ocasionada pela manipulação das informações contábeis. Os autores destacam que a persistência ainda pode estar relacionada a alterações em outras variáveis, os *accruals*. Sloan (1996), Jones (1991) e Healy (1995) verificaram a relação da menor persistência com problemas de mensuração dos *accruals*.

O Quadro 2 a seguir demonstra alguns estudos e respectivos resultados sobre a persistência.

Quadro 2 – Estudos sobre a persistência dos resultados contábeis

Autor(res) (ano)	Descrição do trabalho
Kormendi e Lipe (1987), Collins e Kothari (1989) e Eastons e Zmijewski (1989)	A persistência dos resultados influencia o mercado de capitais com a premissa de que maiores persistências provocam maiores retornos no preço da ação e vice-versa.
Sloan (1996)	Os investidores percebem a persistência nos resultados e caixa, mas não diferenciam as persistências quanto a acumulações ou quanto ao caixa.
Nissim e Penman (2001)	Decompuseram o retorno sobre os ativos em uma parte financeira e outra operacional. A parte operacional reduz os lucros correntes, mas no futuro aumenta. A parte financeira tende a reduzir os lucros futuros.
Richardson et al. (2005)	Decompuseram os lucros entre *accruals* e fluxo de caixa, a direção natural das pesquisas para examinar os tipos específicos de *accruals*. Os autores separaram os *accruals* em longo prazo e curto prazo, sendo os de curto prazo menos persistentes que os de longo prazo, bem como os *accruals* financeiros menos persistentes que os operacionais.
Zhang (2007)	Investigou a relação de variáveis externas ao sistema contábil (ex.: crescimento do número de funcionários). Tal crescimento não explica a persistência.
Allen, Larson, Sloan (2010)	Verificaram que *accruals* no inventário provocam menores persistências dos lucros, devido ao erro de mensuração de perdas reconhecidas nos inventários.

Fonte: Elaborado a partir de Dechow, Ge e Schrand (2010).

Com isso, baseado em Dechow, Ge e Schrand (2010), observa-se que vários estudos focaram na decomposição dos componentes acumulados do capital de giro (inventário e recebíveis) e de fluxo de caixa para verificar os efeitos (determinantes) na persistência dos resultados contábeis. Além disso, ajustes por perdas no inventário e outros ajustes transitórios reduzem a persistência dos resultados e explicam a baixa persistência do componente acumulado (FAIRFIELD; SWEENEY; YOHN, 1996, NISSIM, PENMAN, 2001; DECHOW, GE, 2006; ALLEN, LARSON, SLOAN, 2010).

8.2.2.2 Conservadorismo condicional

O conservadorismo implica uma tendência de subavaliar de forma deliberada, mas consistente, o patrimônio líquido e os lucros de uma entidade. Observa-se a prudência (ênfase menos otimista) na escolha entre duas alternativas com a mesma probabilidade de valores a serem pagos ou recebidos no futuro (MOST, 1982).

Sob o ponto de vista econômico, a prudência pode ser relacionada com a oportunidade, que por sua vez é definida como a incorporação enviesada (o reconhecimento) pela contabilidade da realidade econômica (LOPES, 2002).

Para Bliss (1924 apud BASU, 1997), os contadores expressaram conservadorismo utilizando a regra de não antecipar lucros e antecipar todas as perdas. Ainda destaca que o reconhecimento de um resultado econômico pode ser enviesado mais pelas más notícias do que pelas boas notícias. Assim, esse fato pode levar a "diferenças sistemáticas entre os períodos das más notícias e das boas notícias no *timeless* e persistência dos resultados" (PAULO, 2007, p. 40-41).

Já Beaver e Ryan (2005, p. 269) definem o conservadorismo como a "subestimação do valor contábil dos ativos líquidos em relação ao valor de mercado" e destacam que a literatura contábil tem abordado o conservadorismo de duas formas: incondicional e condicional.

> o conservadorismo incondicional (*ex-ante* ou independente das notícias) [...] inclui contabilização imediata dos custos da maioria dos intangíveis desenvolvidos internamente, a depreciação de bens, instalações e equipamento que é mais acelerado do que a depreciação econômica (a seguir depreciação acelerada) e contabilidade do custo histórico para projetos.

> o conservadorismo pode ser condicional (*ex-post* ou dependente de notícias) [...] inclui a contabilidade do inventário a custo de aquisição ou mercado e contabilidade por imparidade dos ativos de longa duração tangíveis e intangíveis (BEAVER; RYAN, 2005, p. 269).

Observa-se na conceituação dos autores que o conservadorismo incondicional já está incorporado nas operações normais da empresa, enquanto o conservadorismo condicional é a resposta dos administradores a novas notícias divulgadas, ou seja, depende de alguma notícia anormal às operações da empresa.

Com isso, os estudos sobre conservadorismo verificam os aspectos condicionais e a reação das variáveis contábeis às notícias que influenciam o reconhecimento conservador no patrimônio da entidade. Com base nesse conceito, uma característica de alta qualidade dos resultados é a proporção de perdas reconhecidas no resultado quando elas ocorrem, em contraponto ao diferimento para períodos futuros.

Nesse contexto, diversas pesquisas de âmbito internacional e no Brasil tratam do assunto. O estudo bastante utilizado na literatura internacional, e nacional, sobre o conservadorismo condicional tem sido o de Basu (1997), que investigou o reconhecimento assimétrico de boas e más notícias, encontrando evidências de que os retornos refletem mais rapidamente as más notícias que as boas.

Para se verificar o conservadorismo e outras variáveis, outros autores utilizaram o modelo de Basu (1997). Com o propósito de avaliar as diferenças no *timeliness* (momento do reconhecimento) e no conservadorismo entre empresas norte-americanas e do Reino Unido, Pope e Walker (1999) encontraram evidências de que a contabilidade nos Estados Unidos é mais conservadora quando comparados os resultados antes de itens extraordinários, e o oposto quando utilizados resultados depois de itens extraordinários.

Para verificar os efeitos do conservadorismo condicional ao longo do tempo, outros estudos foram efetuados, como é o caso de Givoly e Hayn (2000), que encontraram evidências do aumento do conservadorismo, e Beaver e Ryan (2005), que verificaram maior persistência no valor contábil do que o valor de mercado, proveniente do resultado atribuído aos efeitos do conservadorismo contábil e do ambiente econômico.

Como a mensuração de controle do conservadorismo, Pae, Thornton e Walker (2005) sugerem que as pesquisas deveriam considerar a utilização do índice *price-to-book*, pois encontraram evidências de que o conservadorismo incondicional, avaliado pelo índice *market-to-book*, é negativamente relacionado com o conservadorismo condicional, quando medido pela metodologia de Basu (1997).

Lima, Fonseca e Brito (2009) utilizaram os modelos de Basu (1997) e de Ball e Shivakumar (2005) para analisar o conservadorismo nos bancos portugueses, com regulação rigorosa quanto a critérios conservadores, não encontrando evidências de conservadorismo condicional nos resultados, além de não haver reconhecimento oportuno de perdas nas instituições fechadas, comparando-se com as abertas.

Em suma, o conservadorismo condicional foi amplamente pesquisado por diversos autores, dentre os quais destacam-se:

a) Ball, Kothari e Robin (2000) destacam que a tempestividade é definida como a medida que a empresa incorpora uma perda ao seu resultado;

b) Lang, Raedy e Yetman (2003) verificaram que empresas que fazem o reconhecimento pontual de perdas têm maior qualidade das informações contábeis do que empresas que diferem perdas;

c) Ball e Shivakumar (2005, 2006, 2010) afirmam que o reconhecimento pontual aumenta a utilidade das demonstrações contábeis, particularmente na governança corporativa e em contratos de dívidas;

d) Lang, Raedy e Wilson (2006) demostraram que o reconhecimento pontual de perdas está relacionado com o retorno das ações. Utilizaram a interação entre más notícias (BASU, 1997) e retornos para identificar o reconhecimento pontual de perdas no resultado (quanto maior, mais reconhecimento de perdas).

No âmbito das empresas brasileiras, alguns estudos podem ser elencados, conforme descritos no Quadro 3.

Quadro 3 – Estudos brasileiros sobre o conservadorismo condicional

Autor(res) (ano)	Descrição do trabalho
Costa et al. (2006)	Avaliou o nível de conservadorismo e oportunidade da informação contábil nas demonstrações de empresas brasileiras com ADRs. Constatado que, entre outras conclusões, não é possível afirmar que as demonstrações contábeis em US-GAAP são mais conservadoras que as elaboradas em BR-GAAP.
Paulo, Antunes e Formigone (2006)	A partir do modelo proposto por Ball e Shivakumar (2005), foi verificado se existem diferenças significativas nos níveis de conservadorismo de empresas abertas e fechadas brasileiras, constatando que as empresas fechadas apresentam menor probabilidade de reconhecimento oportuno de perdas, ou seja, possuem menor nível de conservadorismo comparadas às companhias abertas.
Santos (2006)	Avaliou o nível de utilização do conservadorismo nas demonstrações em BR GAAP e US GAAP, utilizando a mensuração de Basu (1997), encontrando evidências de que o uso do conservadorismo não é maior nas demonstrações em US GAAP.
Antunes (2007)	Verificou as diferenças da qualidade das informações contábeis entre as empresas brasileiras com níveis diferenciados de governança, utilizando como *proxy* o conservadorismo, a oportunidade e a relevância. Os resultados encontrados indicam que a adesão aos níveis diferenciados de governança corporativa não aumentou o uso do conservadorismo pelas empresas.

Autor(res) (ano)	Descrição do trabalho
Coelho (2007)	Investigou se os resultados contábeis de empresas brasileiras apresentam conservadorismo condicional, encontrando evidências de que há uma ausência de conservadorismo condicional.
Paulo e Martins (2007)	Analisaram um grupo de países latino-americanos e dos EUA e verificaram que os resultados reportados por empresas brasileiras não apresentam diferenças estatísticas em relação aos demais países e que empresas brasileiras apresentam resultados menos conservadores e mais gerenciados que empresas norte--americanas.
Mendonça (2008)	Analisou o impacto da SOX no conservadorismo das demonstrações das empresas brasileiras que emitiram ADRs antes de 2002. Constatou evidências de aumento do conservadorismo para todas as empresas, por outros motivos econômicos que não ocasionados pelo efeito SOX.
Almeida (2010)	Verificou a relação entre o grau de competição e a qualidade das informações contábeis das empresas brasileiras, utilizando como *proxies* de qualidade a relevância, a tempestividade, o conservadorismo e o gerenciamento de resultados. O autor encontrou que o conservadorismo e a tempestividade aumentam, enquanto as demais não foram influenciadas pelo indicador de competição.

Fonte: Elaboração própria, a partir dos artigos utilizados nesta pesquisa.

A estrutura conceitual do IASB dispõe que o reconhecimento pontual de perdas no resultado é uma forma de conservadorismo e prudência – é possível que esta seja uma abordagem válida que irá melhorar a qualidade da informação contábil (IASB, 2012). Entretanto, isso pode ser inválido devido a possíveis erros de estimativas contábeis (BARTH; LANDSMAN; LANG, 2008), pois a alta qualidade contábil pode resultar em baixa frequência de perdas no resultado, ou seja, maior diferimento de despesas com finalidade de manipular as informações ao invés de reconhecê-las diretamente no resultado quando incorridas.

8.2.2.3 Gerenciamento de resultados contábeis

O gerenciamento de resultados é um julgamento arbitrário que os gerentes fazem sobre as demonstrações contábeis e nas estruturas das transações para alterar as informações e alterar a percepção dos usuários sobre o desempenho econômico da companhia (HEALY; WAHLEN, 1999). Os autores afirmam que a definição gerenciamento de resultados é relevante para organismos que emitem padrões contábeis. Assim, tratam que o gerenciamento de resultados ocorre quando os gestores usam julgamento sobre relatórios financeiros e na estruturação de operações para alterar os relatórios financeiros, para enganar alguns dos *stakeholders* sobre o desempenho econômico da empresa ou para influenciar os resultados contratuais que dependem dos números contábeis reportados (HEALY; WAHLEN, 1999, p. 368).

Na literatura sobre gerenciamento de resultados, diversos são os termos utilizados e/ou relacionados que procuram explicar o mesmo significado, dentre eles: gerenciamento de lucros (DECHOW et al., 1995), suavização do lucro, contabilidade criativa, entre outros (CARDOSO, 2005, PAULO, 2007). Todas as nomenclaturas são provenientes do termo *earnings management* e têm sua equivalência no termo *gerenciamento de resultados contábeis* (MATSUMOTO; PARREIRA, 2007).

Martinez (2001) destaca algumas questões sobre o gerenciamento de resultados que envolvem "quem está fazendo o gerenciamento?", "por que está fazendo?", "como a administração manipula?" e "quais são os efeitos e consequências?". Ainda destacou que as duas primeiras perguntas foram amplamente discutidas e ainda pairam dúvidas sobre as demais.

Dechow, Ge e Schrand (2010) confirmam a afirmação de Martinez quando analisam as determinantes e consequências do gerenciamento de resultados, e ainda destacam a ausência de um modelo robusto para estimar os *accruals* e para detecção do gerenciamento de resultados, uma vez que tal gerenciamento pode ser devido a fatores internos, como reconhecimento e mensuração de determinados ativos ou passivos, ou externos, para atender a expectativas dos usuários das informações contábeis.

O gerenciamento de resultados pode ser classificado em várias modalidades, dentre as quais estão o *target earning* (aumentar ou diminuir os resultados), o *income smoothing* (reduzir a variabilidade dos resultados) e o *big bath accounting* (redução do lucro corrente para aumentar o lucro futuro) (MARTINEZ, 2001; DECHOW; GE; SCHRAND, 2010). Segundo considerações dos dois trabalhos citados, os autores enfatizam que existem três motivações para o gerenciamento de resultados:

- Incentivos contratuais (compensação): a informação contábil é utilizada para monitorar e regular os contratos entre agente (empresa) e o principal (diversos *stakeholders*) (HEALY; WAHLEN, 1999), e o gerenciamento pode seguir uma perspectiva *ex ante* (obtenção de menor variância no lucro para obter menor taxa de financiamento) ou *ex post* (praticado para evitar violação de cláusulas contratuais) (SCHIPPER, 1989);

- Mercado de capitais (expectativas do mercado): o gerenciamento de resultados é utilizado como finalidade de influenciar o desempenho no curto prazo, tais como a expectativa do mercado, preço das ações em períodos de oferta pública ou recompra de ações (HEALY; WAHLEN, 1999). Enfim, não desapontar o mercado em suas expectativas; e

– Regulação (processos políticos): o ambiente regulatório oferece um potencial significativo para o gerenciamento de resultados (HEALY; WAHLEN, 1999). Além disso, empresas vulneráveis a consequências políticas diversas apresentam incentivo para gerenciar seus lucros para parecerem menos lucrativas (WATTS; ZIMMERMAN, 1990). Além disso, se um conjunto de normas leva ao gerenciamento de resultados, mudanças na regulação podem conduzir as empresas a praticá-lo mais.

Diversos estudos têm-se preocupado com o gerenciamento dos resultados contábeis. Rodrigues (2008) destaca que os trabalhos seminais e relevantes, considerados clássicos, são os de Healy (1985), McNichols e Wilson (1988), Jones (1991) e o de Burgstahler e Dichev (1997). De forma geral, estes trabalhos contribuíram com metodologias sobre manipulação das informações contábeis na forma de acumulações discricionárias.

O estudo de Healy (1985) introduziu o primeiro modelo para avaliação de gerenciamento de resultados, no qual o autor demonstrou que os gerentes manipulavam resultados para aumentar a remuneração na forma de bônus, por meio da associação entre acumulações e incentivos dos gestores.

Já McNichols e Wilson (1988) testaram a manipulação contábil em provisão para devedores duvidosos e sua utilização com a finalidade de gerenciar o lucro divulgado. Para Jones (1991), a manipulação acontece por meio da proteção tributária da empresa, em que os gerentes modificam os critérios de reconhecimento de receita e despesa para economizar impostos.

Na mesma linha de pesquisa e seguindo as pesquisas citadas anteriormente, diversos outros estudos focaram o gerenciamento de resultados. Burgstahler e Dichev (1997) verificaram que o gerenciamento de resultados é utilizado para diferir perdas e, com isso, reduzir o impacto delas no resultado; verificaram ainda alterações no fluxo de caixa operacional e alterações no capital de giro das empresas analisadas. Enfim, as empresas gerenciam seus resultados para evitar perdas e sustentar os resultados obtidos.

Após listar diversos estudos sobre a manipulação das informações contábeis, Paulo (2007) testou os mais diversos modelos de estimação de *accruals* para analisar o gerenciamento de resultados, envolvendo modelos,[2] e ainda propôs um

---

[2]   Healy (1985), DeAngelo (1986), Setorial (DECHOW; SLOAN, 1991), Jones (1991), Jones modificado (DECHOW; SLOAN; SWEENEY, 1995), KS (1995), Marginal (PEASNELL et al., 2000), Jones Forward Looking (DECHOW; RICHARDSON; TUNA 2003), Pae (2005).

modelo de estimação de *accruals* para detecção de gerenciamento de resultados. Ainda destacou que os modelos não apresentam fundamentação teórica adequada e que alguns dos modelos não têm poder preditivo sobre gerenciamento de resultados e apresentam problemas de especificação das variáveis utilizadas e/ou omitidas para estimação dos *accruals*.

Ainda Richardson et al. (2005) decompuseram os lucros entre *accruals* e fluxo de caixa, a direção natural das pesquisas para examinar os tipos específicos de *accruals*. Os autores separaram os *accruals* em longo prazo e curto prazo, sendo os de curto prazo menos persistentes que os de longo prazo, bem como os *accruals* financeiros menos persistentes que os operacionais.

De outra forma, Defond e Park (2001) segregaram os *accruals* discricionários dos nãos discricionários e verificaram que os investidores os distinguem, mas não incorporam completamente isto no preço.

8.2.2.4 Relevância dos resultados contábeis (*value relevance*)

Segundo Kothari (2001), a busca de informações tem sido uma das maiores preocupações dos acionistas, investidores e credores, os quais têm utilizado as variáveis contábeis na avaliação de empresas.

Para Holthausen e Watts (2001), a essência dos estudos sobre *value relevance* está na função informativa que a contabilidade tem em fornecer valores estimados sobre o mercado acionário ou possibilitar a estimação dos mesmos.

Dentre os principais estudos sobre as variáveis contábeis e o preço de mercado, destacam-se o de Garman e Ohlson (1980), Ohlson (1995; 1999) e Feltham e Ohlson (1995; 1999). Na essência, esses estudos utilizaram as informações contábeis na avaliação de empresas, sendo que estes dois últimos estudos têm recebido amplo destaque na literatura internacional, pois os autores descrevem e analisam a relação entre o lucro anormal, valor contábil do patrimônio líquido e o valor da empresa.

Os estudos mais recentes partem e/ou derivam, em sua maioria, dos modelos de Ohlson (1995) e Feltham e Ohlson (1995). Entretanto, conforme Lopes (2002), o modelo mais robusto que tem sido utilizado é o MFO (Modelo de Feltham-Ohlson), que tem sido muitas vezes denominado como o Modelo de Olshon. O MFO parte de três premissas básicas: (a) o modelo de desconto de dividendos (MDD)[3] determina o valor de mercado, considerando a neutralidade ao risco; (b) a conta-

---

[3] MDD é um modelo para precificar a empresa, proposto por Penman e Sougiannis (1998).

bilidade tem que satisfazer a CSR (*Clean Surplus Relation*);[4] (c) o comportamento estocástico de x_t^a (retorno anormal).

Estudos que abordam o *value relevance* têm sido objeto de pesquisas no meio acadêmico, nos quais as variáveis contábeis de lucro e patrimônio líquido são utilizadas como *proxies* para mensurar os preços e retorno das ações (ALENCAR; DALMACIO, 2006).

No Brasil, Lopes (2002) investigou o relacionamento entre o lucro e o preço da ação, e constatou que os lucros e dividendos são significativos quando comparados com os fluxos de caixa. Tais resultados são consistentes com o estudo realizado por Ball, Kothari e Robin (2000). Assim, Lopes (2002, p. 44) afirma que o valor de mercado da empresa pode ser considerado uma função linear. Para Lopes (2002, p. 65), "a relevância dos números contábeis é investigada [...] pelo impacto da contabilidade nos preços das ações negociadas em mercado de capitais". O referido autor ainda destaca que evidências preliminares indicam que a relevância não pode ser analisada de uma única forma. Para isso, podem ser enumerados diversos estudos que foram realizados para relacionar a relevância do lucro e valores do balanço (LOPES, 2002), conforme descrito no Quadro 4.

Quadro 4 – Estudos sobre relevância das variáveis contábeis (Lucro e Patrimônio)

Características	Conclusões gerais	Autores
Evidência empírica de inflação	Demonstrações ajustadas pela inflação não fornecem informações adicionais aos investidores. Logo, é irrelevante o ajustamento por inflação.	Dyckman (1975); Davidson e Weill (1975); Watts e Zimmerman (1979); Beaver e Landsman (1983); Beaver et al. (1982).
Intangíveis	Em empresas com grandes quantidades de ativos intangíveis, o lucro e o patrimônio líquido não são relevantes, com destaque para empresas industriais de celulares.	Lev (1997); Amir e Lev (1996).
Itens especiais	O mercado dá menos valor a itens especiais em comparação com o resultado antes dos itens especiais, o que corrobora a ideia de que os itens especiais não afetam a capacidade de geração de fluxos de caixa futuro para a empresa.	Elliot e Hanna (1996); Maydew (1997); Basu (1997).

---

[4] CSR é uma condição imposta para que todas as variações patrimoniais transitem pelo resultado (MYERS, 1999).

Características	Conclusões gerais	Autores
Prejuízos	Resultados negativos (prejuízos) impactam mais os preços do que resultados positivos.	Hayn (1995); Basu (1997); Barth et al. (1997); Burgstahler e Dichev (1997).
Tamanho da empresa	O valor do patrimônio tem maior importância do que o resultado em pequenas empresas para as quais a saúde financeira é menor e é observada menor persistência dos resultados.	Hayn (1995)

Fonte: Adaptado de Lopes (2002, p. 45-46).

Para Watts e Holthausen (2001), em estudos que efetuam associação de valor de mercado com variáveis contábeis (PL e Lucro), os resultados dos estimadores (variáveis contábeis estimadas) tornam-se mais relevantes quanto maior for o coeficiente de determinação (R^2) do modelo analisado.

Lang, Raedy e Wilson (2006) também utilizaram a associação de dados contábeis com o preço da ação e verificaram que os dados contábeis são mais informativos se associados com o preço e retorno das ações. Utilizaram, para isso, uma amostra envolvendo empresas norte-americanas e não norte-americanas, sendo que as primeiras foram mais significativas.

Assim, o valor relevante é identificado com maior qualidade se tiver alta associação entre os preços das ações, retornos e patrimônio líquido, porque a alta qualidade reflete o valor econômico da firma (BARTH; LANDSMAN; LANG, 2008). Com isso, os autores citados verificaram que o valor relevante é significativo quando esta associação é maior entre empresas que utilizam normas internacionais quando comparada com normas locais.

8.3 OPORTUNIDADES DE PESQUISAS E TRABALHOS

Diversas pesquisas têm contribuído com o avanço da investigação quanto à utilização das informações e dos resultados contábeis para confirmar e/ou alterar a decisão dos usuários em melhor alocação dos seus ativos.

Entretanto, a robustez dos resultados tem se mostrado incipiente, como é o caso dos modelos e estimação de *accruals*, desde Jones (1997) até os mais recentes, e brasileiro, como é o de Paulo (2007). Dechow, Ge e Schrand (2010) destacam que o futuro da investigação científica nesta temática está na investigação de variáveis contábeis que possam identificar os *accruals*, bem como quais os incentivos e/ou motivos levam à manipulação dos *accruals* pelos elaboradores das demonstrações contábeis.

Para Dechow, Ge e Schrand (2010), a informação contábil de qualidade é aquela que envolve a persistência dos resultados (lucro e fluxo de caixa), acompanhada do conservadorismo condicional, e que tais informações sejam livres de vieses (manipulação dos *accruals*), além de serem relevantes e capazes de possibilitar uma confirmação e/ou alteração da decisão dos usuários de tais informações.

Com isso, além da investigação sobre os *accruals*, é necessário que seja intensificada a investigação no que tange à robustez dos modelos utilizados para persistência, conservadorismo e reação dos investidores a informação contábil, não só sobre os modelos existentes, mas com proposições sobre outras variáveis que ainda não foram relacionadas em nenhum deles, tais como os efeitos de implementação de padrões internacionais de contabilidade, conforme disposto em Barth, Landsman e Lang (2008) e Rodrigues (2012).

Outros fatores adversos, tais como crises financeiras, como o caso do *subprime* em 2008 e a crise europeia a partir de 2009, devem ser considerados em análises de robustez.

Além disso, tem-se utilizado muito de análise de regressão multivariada com mínimos quadrados ordinários. Entretanto, esta estimação pode ocasionar problemas quando da utilização de variáveis defasadas. Com isso, sugere-se a utilização do método de mínimos quadrados ordinários de dois estágios (MQ2E) e o método de modelos generalizados (MMG).

8.4 RESUMO

A contabilidade tem sido utilizada como uma grande fonte de informações sobre a situação patrimonial e econômica das entidades. Com isso, a teoria contábil tem se preocupado em proporcionar a discussão sobre a qualidade da informação contábil, bem como a utilidade da mesma no processo de tomada de decisão.

Como dispositivos avançados da teoria da contabilidade, tem se questionado sobre as mais diversas formas de diagnosticar a qualidade da informação pela contabilidade gerada. Tais *proxies*, internas e externas aos relatórios contábeis, são desafios de pesquisa enquanto ciência, uma vez que os modelos mais discutidos na literatura ainda apresentam limitações.

Tem-se observado que os aspectos contributivos da temática aqui discutida servem como ponto de continuidade para melhoria dos modelos de mensuração da qualidade da informação contábil, ora apresentado como a persistência dos resultados, conservadorismo condicional, gerenciamento de resultados, além da reação dos investidores à divulgação das informações contábeis.

Por fim, com o processo contínuo de convergência contábil, os modelos terão oportunidades de serem aprimorados, principalmente o que tange ao desenvolvimento de modelos mais explicativos sobre o gerenciamento de resultados contábeis.

REFERÊNCIAS

ALENCAR, Roberta Carvalho de; DALMACIO, Flavia Zoboli. A relevância da informação contábil no processo de avaliação de empresas brasileiras: uma análise dos investimentos em ativos intangíveis e seus efeitos sobre *value relevance* do lucro e patrimônio líquido. In: ENCONTRO DA ASSOCIAÇÃO NACIONAL DE PÓS-GRADUAÇÃO E PESQUISA EM ADMINISTRAÇÃO – ENANPAD. 30., 2006. Salvador/BA. **Anais...** Rio de Janeiro: ANPAD, 2006.

ALLEN, E.; LARSON, C.; SLOAN, R. Accrual reversals, earnings and stock returns. **Working Paper**. University of California, Berkeley. Washington University in St. Louis, 2010. Disponível em: <http://papers.ssrn.com/sol3/papers.cfm?abstract_id=1480248>. Acesso em: 22 maio 2012.

ALMEIDA, José Elias Feres de Almeida. **Qualidade da informação contábil em ambientes competitivos**. São Paulo. 2010. Tese (Doutorado em Ciências Contábeis) – Programa de Pós-Graduação em Ciências Contábeis. Departamento de Contabilidade e Atuária. Faculdade de Economia, Administração e Contabilidade da Universidade de São Paulo, São Paulo.

AMIR. E.; LEV, B. Value-relevance of nonfinancial information: the wireless communication industry. **Journal of Accounting and Economics**, v. 22, p. 3-30, 1996.

ANTUNES, G. A. **Impacto da adesão aos níveis de governança da Bovespa na qualidade da informação contábil**: uma investigação acerca da oportunidade, relevância e do conservadorismo contábil utilizando dados em painel. 2007. Dissertação (Mestrado em Ciências Contábeis) – Programa de Pós-Graduação em Ciências Contábeis da Fucape, Vitória.

BALL, R.; KOTHARI, S. P.; ROBIN, A. The effect of international institutional factors on properties of accounting earnings. **Journal of Accounting and Economics**, v. 29, p. 1-51, 2000.

BALL, R.; SHIVAKUMAR, L. Earnings quality in UK private firms. **Working Paper**. London Business School and University of Chicago, 2001. Disponível em: <http://papers.ssrn.com/sol3/papers.cfm?abstract_id=335420>. Acesso em: 21 maio 2010.

_____. Earnings quality in UK private firms: comparative loss recognition timeliness. **Journal of Accounting & Economics**, v. 39, p. 83-128, 2005.

_____. The role of accruals in asymmetrically timely gain and loss recognition. **Journal of Accounting Research**, v. 44, p. 207-42, 2006.

BARTH et al. **Valuation characteristics of equity book value and net income**: tests of abandonment hypothesis. Working Paper, Stanford University, 1997.

BARTH, M. E.; LANDSMAN, W. R.; LANG, M. H. International accounting standards and accounting quality. **Journal of Accounting Research**, v. 46, p. 467-498, June 2008.

BASU, Sudipta. The conservatism principle and the asymmetric timeliness of earnings. **Journal of Accounting and Economics**, v. 24, p. 3-37, 1997.

BEAVER, W. H. The information content of annual earnings announcements. **Journal of Accounting Research**, Supplement, p. 67-92, 1968.

BEAVER, W. H et al. The incremental information content of replacement cost earnings. **Journal of Accounting and Economics**, p. 15-39, July 1982.

_____; LANDSMAN, W. R. **Incremental information content of statement 33 disclosures**: financial accounting standards board. New Jersey: FASB. 1983.

_____; RYAN. Stephen G. Conditional and unconditional conservatism: concepts and modeling. **Review of Accounting Studies**, v. 10, p. 269-309, 2005.

BURGSTAHLER, D.; DICHEV, I. Earnings adaptation and equity value. **The Accounting Review**, v. 72, p. 187-215, 1997.

CARDOSO, Ricardo Lopes. **Regulação econômica e escolhas de práticas contábeis**: evidências empíricas no mercado de saúde suplementar brasileiro. São Paulo. 2005. Tese (Doutorado em Ciências Contábeis) – Programa de Pós-Graduação em Ciências Contábeis. Departamento de Contabilidade e Atuária. Faculdade de Economia. Administração e Contabilidade da Universidade de São Paulo, São Paulo.

CHOI, Frederick D. S.; MEEK, Gary K. **International accounting**. 5. ed. EUA: Prentice Hall. 2005.

COELHO, A. C. D. **Qualidade informacional e conservadorismo nos resultados contábeis publicados no Brasil**. 2007. Tese (Doutorado em Contabilidade e Controladoria) – Pós-graduação em Contabilidade e Controladoria, Faculdade de Economia, Administração e Contabilidade, Universidade de São Paulo, São Paulo, 2007.

COLLINS, D.; KOTHARI, S. An analysis of the cross-sectional and intertemporal determinants of earnings response coefficients. **Journal of Accounting and Economics**, v. 11, p. 143-181, 1989.

COMITÊ DE PRONUNCIAMENTOS CONTÁBEIS (CPC). **Pronunciamento Conceitual Básico (R1) Estrutura Conceitual para Elaboração e Divulgação de Relatório Contábil-Financeiro**. Acesso em: 15 jul. 2012.

DANTAS, José Alves. **Auditoria em instituições financeiras**: determinantes de qualidade no mercado brasileiro. Tese (Doutorado em Ciências Contábeis) – Programa Multi-institucional e Inter-Regional de Pós-Graduação em Ciências Contábeis UnB/UFPB/ UFRN, 2012.

DAVIDSON, S.; WEILL. R. Inflation accounting: what will generate price level adjusted income statement show? **Financial Analysts Journal**, v. 31, p. 27-31, Jan./Fev. 1975.

DeANGELO, Linda e. Accounting numbers as market valuation substitutes: a study of management buyouts of public stockholders. **The Accounting Review**, Sarasota: v. 61, nº 3, p. 400-420, July 1986.

DECHOW, P.; GE, W. The persistence of earnings and cash flows and the role of special items: implications for the accrual anomaly. **Review of Accounting Studies**, v. 11, p. 253-296, 2006.

DECHOW, P.; KOTHARI, S. P.; WATTS, R. L. The relation between earnings and cash flows. **Journal of Accounting and Economics**, v. 25, p. 131-214, 1998.

DECHOW, Patricia M.; SLOAN, Richard G.; SWEENEY, Amy P. Detecting earnings management. **The Accounting Review**, v. 70, nº 2, p. 193-225, Apr. 1995.

DECHOW. P.; SLOAN. R. Executive incentives and the horizon problem. **Journal of Accounting and Economics**, v. 14, p. 51-89, 1991.

DECHOW, Patricia M. Accounting earnings and cash flows as measures of firm performance. **Journal of Accounting & Economics**, v. 18(1), p. 3-42. 1994.

_____.; SCHRAND. Catherine M. *Earnings quality*. Charlottesville (Virginia): CFA Institute. 2004.

_____; GE, Weili; SCHRAND. Catherine. Understanding earnings quality: a review of the proxies. Their determinants and their consequences. **Journal of Accounting and Economics**, v. 50, p. 344-401, 2010.

_____; RICHARDSON, Schott A.; TUNA, Irem. Why are earnings kinky? An examination of earnings management exploration. **Review of Accounting Studies**, New York, v. 8, nº 2-3, p. 355-384, June/Sept. 2003.

DEFOND, M.; PARK, C. The reversal of abnormal accruals and the market valuation of earnings surprises. **The Accounting Review**, v. 76, p. 375-404, 2001.

DYCKMAN. T. R. The Effects of restating financial statements for price-level changes: a comment. **The Accounting Review**, v. 50, nº 4, p. 796-808, 1975.

EASTON, P.; ZMIJEWSKI, M. Cross-sectional variation in the stock market response to the announcement of accounting earnings. **Journal of Accounting and Economics**, v. 9, p. 117-141, 1989.

ELLIOT, J.; HANA, J. Repeated accounting write-offs and the information content of earnigs. **Suplemento do Journal of Accounting Research**, v. 34, p. 135-155, 1996.

FAIRFIELD, P.; SWEENEY, R.; YOHN, T. Accounting classification and the predictive content of earnings. **Accounting Review**, v. 71, p. 337-355, 1996.

FELTHAM. G. A.; OHLSON. J. A. Residual earnings valuation with risk and stochastic interest rates. **The Accounting Review**, v. 74, p. 165-183, 1999.

_____; OHLSON. J. A. Valuation and clean surplus accounting for operating and financial activities. **Contemporary Accounting Research**, v. 11, p. 689-731, 1995.

FINGER, C. The ability of earnings to predict future earnings and cash flows. **Journal of Accounting Research**, v. 32, p. 210-223, 1994.

GARMAN, M.; OHLSON, J. Information and the Sequential Valuation of Assets in Arbitrage Free Economies. **Journal of Accounting Research**, p. 420-440, Autumn 1980.

GIVOLY, D.; HAYN, C. The changing time-series properties of earnings, cash flows and accruals: has financial reporting become more conservative? **Journal of Accounting and Economics**, v. 29, p. 287-320, 2000.

HAYN, C. *The information content of losses*. **Journal of Accounting and Economics**, p. 125-153, Sept. 1995.

HEALY, P.; WAHLEN. J. A review of the earnings management literature and its implications for standard setting. **Accounting Horizons**, v. 13, p. 365-383, 1999.

HEALY, Paul M. The effect of bonus schemes on accounting decisions. **Journal of Accounting and Economics**, v. 7, nº 1-3, p. 85-107. Apr. 1995.

HENDRIKSEN, Eldon S.; VAN BREDA, Michael F. **Teoria da contabilidade**. São Paulo: Atlas, 1999.

HOLTHAUSEN, Robert W.; WATTS, Ross L. The relevance of the value-relevance literature for financial accounting standard setting. **Journal of Accounting and Economics**, New York: v. 31, nº 1-3, p. 3-75, Sept. 2001.

HRIBAR, Paul; JENKINS, Nicole. The effect of accounting restatements on earnings revisions and estimated cost of capital. **Review of Accounting Studies**, v. 9, p. 337-356, 2004.

JONES, J. Earnings management during import relief investigations. **Journal of Accounting Research**, v. 29, p. 193-228, 1991.

KANG, Sok-Hyon.; SIVARAMAKRISHNAN, K. Issues in testing earnings management and an instrumental variable approach. **Journal of Accounting Research**, Oxford, v. 33, nº 2, p. 353-367, Autumn 1995.

KINNEY, Willian; PALMROSE, Zoe-Vonna; SCHOLZ, Susan. Auditor independence, non-audit services, and restatements: was the U.S. government right? **Journal of Accounting Research**, v. 42, nº 3, p. 561-587, 2004.

KORMENDI, R.; LIPE, R. Earnings innovations, earnings persistence, and stock returns. **Journal of Business**, v. 60, p. 323-345, 1987.

KOTHARI; S. P. Capital markets research in accounting. **Journal of Accounting and Economics**, v. 31, p. 105-231, 2001.

LANG, M.; RAEDY, J.; WILSON, W. Earnings management and cross listing: are reconciled earnings comparable to US earnings? **Journal of Accounting and Economics**, v. 42, p. 255-283, 2006.

_____; YETMAN. M. How representative are firms are cross listed in the United States? An Analysis of accounting quality. **Journal of Accounting Research**, v. 4, p. 363-86, 2003.

LIMA, Gerlando Augusto Sampaio Franco de; FONSECA, José Alberto Soares da; BRITO, Giovani Antonio Silva. Conservadorismo nos resultados contábeis dos bancos em Portugal. In: CONGRESSO USP DE CONTROLADORIA E CONTABILIDADE, 9. 2009. São Paulo. **Anais eletrônicos**. São Paulo: FEA/USP. 2009. Disponível em: <http://www.congressousp.fipecafi.org/index.asp>. Acesso em: 12 fev. 2011.

LOPES, Alexsandro Broedel. **A informação contábil e o mercado de capitais**. São Paulo: Pioneira Tompson Learning, 2002.

_____. **The relation between firm-specific corporate governance.** Cross-listing and informativeness of accounting numbers in Brazil. Thesis. 2009. Manchester Business School, University of Manchester, 2009.

MARTINEZ, Antônio Lopo. **Gerenciamento dos resultados contábeis**: estudo empírico das companhias abertas brasileiras. Tese (Doutorado em Ciências Contábeis) – Programa de Pós-Graduação em Ciências Contábeis. Departamento de Contabilidade e Atuária. Faculdade de Economia. Administração e Contabilidade da Universidade de São Paulo, São Paulo.

MATSUMOTO, A. S.; PARREIRA, E. M. Uma pesquisa sobre o gerenciamento de resultados contábeis: causas e consequências. **Revista UnB Contábil**. UnB, Brasília, v. 10, nº 1, jan./jun. 2007.

MAYDEW. E. An empirical evaluation of earnings and book values in security valuation. **Working Paper**. University of Iowa, 1993.

MCNICHOLS, M.; WILSON, G. Evidence of earnings management from the provision for bad debts. **Journal of Accounting Research**, v. 26, p. 1-31, 1988.

MEEK, Gary K.; THOMAS, Wayne B. A review of markets-based international accounting research. The International Journal of Accounting. **Journal of International of Accounting Research**, v. 3, nº 1, p. 21-41, 2004.

MENDONÇA, Mark Miranda de. **O impacto da lei Sarbanes-Oxley (SOX) no conservadorismo contábil das empresas brasileiras que emitiram adr antes de 2002**. 2008. Dissertação (Mestrado em Ciências Contábeis) – Fundação Instituto Capixaba de Pesquisa em Contabilidade, Economia e Finanças, Vitória.

MOST. Kenneth S. **Accounting theory**. Columbus: Grid, 1982.

MURCIA, Fernando Dal-Ri; CARVALHO, Luis Nelson. Conjecturas acerca do gerenciamento de lucros, republicação das demonstrações contábeis e fraude contábil. **Contab. Vista & Rev.**, v. 18, nº 4, p. 61-82, out./dez. 2007

MYERS, J. N. Implementing residual income valuation with linear information dynamics. **The Accounting Review**, v. 74, p. 1-28, 1999.

NISSIM, D.; PENMAN, S. Ratio analysis and equity valuation: from research to practice. **Review of Accounting Studies**, v. 6, p. 109-154, 2001.

NIYAMA, Jorge Katsumi; SILVA, César Augusto Tibúrcio. **Teoria da contabilidade**. São Paulo: Atlas, 2008.

OHLSON, J.; ZHANG, X. Accrual accounting and equity valuation. **Journal of Accounting Research**, v. 36, p. 85-111, 1998.

_____. Earnings, book values and dividends in equity valuation. **Contemporary Accounting Research**, v. 11, p. 661-687, 1995.

PAE, J.; THORNTON, D.; WELKER, M. The link between earnings conservatism and the price-to-book ratio. **Contemporary Accounting Research**, v. 22, p. 693-717, 2005.

_____. Expected accrual models: the impact of operating cash flows and reversals of accruals. **Review of Quantitative Finance and Accounting**, v. 24, nº 1, p. 5-22, Feb. 2005.

PAULO, E.; ANTUNES, M. T. P.; FORMIGONI, H. Estudo sobre o conservadorismo nas companhias abertas e fechadas brasileiras. In: EnANPAD, 30., 2006, Salvador. **Anais...** Salvador: ANPAD, 2006.

_____. **Manipulação das informações contábeis**: uma análise teórica e empírica sobre os modelos operacionais de detecção de gerenciamento de resultados. São Paulo. 2007. Tese (Doutorado em Ciências Contábeis) – Programa de Pós-Graduação em Ciências Contábeis. Departamento de Contabilidade e Atuária. Faculdade de Economia, Administração e Contabilidade da Universidade de São Paulo, São Paulo.

PAULO, E.; MARTINS, Eliseu. Análise da qualidade das informações contábeis nas companhias abertas. In: Encontro da Associação Nacional de Pos-Graduação e Pesquisa em Administração – EnANPAD, 31., 2007. Rio de Janeiro. **Anais...** Rio de Janeiro: ANPAD, 2007.

PEASNELL et al. Detecting earnings management using cross-sectional abnormal accruals models. **Accounting and Business Research**, v. 30, nº 4, p. 313-326, 2000.

PENMAN, S.; SOUGIANNIS, T. A comparison of dividend, cash flow, and earnings approaches to equity valuation. **Contemporary Accounting Research**, v. 15, p. 343-383, 1998.

RICHARDSON, S.; SLOAN, R.; SOLIMAN, M.; TUNA, I. Accrual reliability, earnings persistence and stock prices. **Journal of Accounting and Economics**, v. 39, p. 437-485, 2005.

RODRIGUES. Adriano. **Gerenciamento da regulação contábil e regulação**: evidencias no mercado Brasileiro de Seguros. 2008. Tese (Doutorado em Ciências Contábeis) – Programa de Pós-Graduação em Ciências Contábeis. Departamento de Contabilidade e Atuária. Faculdade de Economia. Administração e Contabilidade da Universidade de São Paulo, São Paulo.

SANTOS, L. S. R. **Conservadorismo contábil e** *timeliness*: evidências empíricas nos demonstrativos contábeis em US GAAP e BR GAAP das empresas com ADR's negociadas na bolsa de Nova York. 2006. Dissertação (Mestrado em Ciências Contábeis) – Fundação Instituto Capixaba de Pesquisa em Contabilidade, Economia e Finanças, Vitória.

SCHIPPER, K. Commentary on earnings management. **Accounting Horizons**, v. 3, p. 91-102, 1989.

SCHROEDER. R. G.; CLARK. M. W; CATHEY. J. M. **Financial accounting theory and analysis**. 8. ed. New Jersey: John Wiley & Sons, 2005.

SLOAN, R. Do stock prices fully reflect information in accruals and cash flows about future earnings? **The Accounting Review**, v. 71, p. 289-315, 1996.

WATTS, Ross L.; ZIMMERMAN, Jerold L. Positive accounting theory: a ten year perspective. **Accounting Review**, v. 65, 1990.

_____; _____. The demand and supply of accounting theories: the market for excuses. **The Accounting Review**, v. 54, Apr. 1979.

ZHANG, X. Accruals investment and the accrual anomaly. **The Accounting Review**, v. 82, p. 1333-1363, 2007.

9

Pesquisa científica em teoria da contabilidade

Ducineli Régis Botelho

9.1 INTRODUÇÃO

Este capítulo tem como objetivo analisar os elementos essenciais para a elaboração e o desenvolvimento do conhecimento científico em contabilidade, com enfoque na pesquisa científica em teoria contábil.

Considera-se a Contabilidade como uma ciência pela sistematização e verificação do conhecimento, compreendida no seu objeto de estudo. Assim, o grau de avanço e desenvolvimento de uma ciência consiste na apuração de seus métodos, na sistematização dos conhecimentos e no estudo constante da busca de novos conceitos.

Portanto, a investigação científica contribui para a evolução do conhecimento humano nas diversas áreas e setores da sociedade. Ao considerar a Contabilidade como ciência, a geração do conhecimento ocorre pelo desenvolvimento e reflexão de ideias, embasadas tanto no conhecimento de outras áreas do saber como da própria Contabilidade.

Finalmente, a discussão que permeia os cinco itens deste capítulo ocorre em torno dos principais elementos que compõem a relação cultura, comunidade, conhecimento e pesquisa científicos. São eles: (a) conhecimento científico; (b) comunidades científicas e acadêmicas; (c) cultura científica e cultura organizacional; e (d) pesquisa científica.

9.2 EPISTEMOLOGIA DA PESQUISA EM CONTABILIDADE

A elaboração do conhecimento científico solicita várias vertentes da Epistemologia, uma das quais é a Epistemologia social, que pode ser definida como o estudo conceitual e normativo das dimensões sociais do conhecimento, enfatizando as relações, interesses, papéis e instituições sociais. A inquietação principal da epistemologia social é saber até que ponto as condições de conhecimento incluem as condições sociais. É dividida em três ramos: (i) o papel das condições sociais no conhecimento individual (obtenção do conhecimento individual e a inclusão das condições sociais dentro das condições do conhecimento individual); (ii) a organização social do trabalho cognitivo (distribuição ideal e perfil de esforços cognitivos e responsabilidades dentro de uma população); e (iii) a natureza do conhecimento coletivo (obtenção do conhecimento por grupos de indivíduos, comunidades ou instituições e de que modo esse conhecimento depende das relações sociais) (SCHMITT, 2008).

Desse modo, ao considerar a terceira vertente do estudo da Epistemologia social, a da natureza do conhecimento coletivo, pode-se considerar a existência da relação entre a obtenção do conhecimento (pelos pesquisadores) e suas circunstâncias sociais (por exemplo, o ambiente onde os pesquisadores se encontram).

Assim, a produção do conhecimento científico, incluída a comunicação (difusão) científica, está relacionada diretamente com a cultura do meio científico, quer seja pelas comunidades científicas ou acadêmicas (LEITE; COSTA, 2007).

Faz-se necessário, então, definir os principais elementos que compõem a relação cultura, comunidade, conhecimento e pesquisa científicos. São eles: (a) conhecimento científico; (b) comunidades científicas e acadêmicas; (c) cultura científica e cultura organizacional; e (d) pesquisa científica, conforme os argumentos de Leite, 2006 e Bruyne, Herman e Schouth (1982).

9.3 CONHECIMENTO CIENTÍFICO EM CONTABILIDADE

Ao se estudar Epistemologia, algumas perguntas surgem antes mesmo de se analisar o seu objeto de estudo, o conhecimento científico. Pode-se dizer que as principais inquietações são: o que é o conhecimento? De onde vem? Quais as formas? Como obtê-lo? E como caracterizá-lo como científico? (CASTAÑON, 2007).

Oliva (2011) argumenta que, no âmbito da Epistemologia, alguns questionamentos se fazem presentes: como ambicionar ter conhecimento, qualificar uma crença de conhecimento, se não se sabe o que é o conhecimento? O que é o conhecimento se não se conhece nenhum caso específico que exemplifique o que é o conhecimento? O principal aspecto a ser considerado é o *que* e *como* se pode conhecer sem se basear no que de *fato* se conhece. A Epistemologia enfatiza, então, o conhecimento como exame de si mesmo.

Desde Platão, o conceito de conhecimento é o de que é uma crença verdadeira e justificada. Castañon (2007) conceitua conhecimento como o conjunto das crenças acerca do real que se tem como verdadeiras, por serem justificadas por um método demonstrativo ou de teste.

O conhecimento é algo que se obtém gradativamente e à medida que se busca um amadurecimento intelectual e não como estado acabado, ou seja, o conhecimento é adquirido em etapas que não se esgotam. Japiassu (1986) exprime que o conhecimento é considerado um processo, que aos poucos capta a realidade a ser conhecida (conhecimento-processo) e não um dado adquirido (conhecimento-estado).

Assim, o conhecimento é algo que se adquire com o tempo, cumulativo, variável, no tempo e em diversas culturas, flexível e multidimensional. Ressalta-se, ainda, o caráter transitório ou precário e, também, dinâmico, do conhecimento, observado no tempo e sob a influência de culturas diversas. Desse modo, sua validade pode ser alterada em virtude do desgaste temporal, bem como sob a imposição de culturas distintas.

Seu caráter multidimensional implica uma variedade de categorias, conforme se enquadre sua tipologia. Dentre essas variedades, observam-se o conhecimento comum, o religioso, o filosófico e o científico. O que os caracteriza são seus modos de crença, de acumulação e de sistematicidade. Uma das diferenças entre o conhecimento científico e as demais formas do saber está em seu caráter definidor e sistemático da explicação dos fatos.

No Quadro 1, são apresentadas as diversas formas de conhecimento, conforme classificação de Appolinário (2011), adaptado de Marconi e Lakatos (2010).

Quadro 1 – Formas de conhecimento

Características	Formas de Conhecimento				
	Empírico	Artístico	Teológico	Filosófico	Científico
Vinculação com a realidade	Valorativo	Valorativo	Valorativo	Valorativo	Factual
Origem	Reflexão/Observação	Inspiração	Fé/Inspiração	Razão	Observação/Experimentação
Ocorrência	Assistemático	Assistemático	Sistemático	Sistemático	Sistemático
Comprobabilidade	Verificável	Não verificável	Não verificável	Não verificável	Verificável
Eficiência	Falível	Infalível	Infalível	Infalível	Falível
Precisão	Inexato	Não se aplica	Exato	Exato	Aproximadamente exato

Fonte: Appolinário (2011).

As principais características encontradas nas diversas formas de conhecimento, conforme exposto no Quadro 1 são: (i) vinculação com a realidade – como os valores individuais se relacionam com o objeto real; (ii) origem – como se dá a origem do conhecimento; (iii) ocorrência – é a representação particular das experiências individuais do modo de se ver o conhecimento; (iv) comprobabilidade – como pode se perceber o conhecimento no cotidiano; (v) eficiência – é busca da realidade por meio da formulação de hipóteses; e (vi) precisão – idem ao item anterior.

Para ser considerado científico, Popper (2007) argumenta que são necessárias quatro condições básicas para o conhecimento: replicabilidade (utilizando-se das mesmas regras metodológicas da pesquisa original), fidedignidade (quando puder ser generalizado), generabilidade (aplicado a outras pesquisas) e falseabilidade (se puder demonstrar a sua não validade).

Na visão de Habermas, considera-se outra argumentação para a definição de conhecimento científico: é que somente é científico o que for discutível. Para isso, precisa atender aos critérios de qualidade formal (coerência, sistematicidade, consistência, originalidade, objetivação, discutibilidade) e política (intersubjetividade, autoridade por mérito, relevância social, ética) de demarcação científica (DEMO, 2011).

Por outro lado, para que se possa entender o processo do conhecimento científico, faz-se necessário saber a classificação dos tipos de ciência e suas características. Assim, a ciência pode ser dividida, basicamente, em dois tipos: ciência formal e ciência fatual, divisão comumente enfocada na literatura, como, por exemplo, nos estudos de Bunge.

A ciência formal tem como pressuposto a forma, constituída no pensamento humano com base nas ideias teóricas. Citam-se a Lógica e Matemática como exemplo desse tipo de ciência.

Enquanto isso, as ciências fatuais têm como objeto os fatos, observáveis no mundo real, e são consideradas ciências objetivas. São subdivididas em ciências naturais ou físicas e ciências humanas ou sociais, sendo que o objeto de estudo das primeiras se refere aos fatos da natureza e os da segunda aos fatos ligados ao homem ou à sociedade. Como exemplo de ciências naturais ou físicas, destacam-se Biologia, Química e Física. Como ciências humanas, História, Sociologia e Direito; e como ciências sociais, Ciências Contábeis, Administração e Economia.

Dessa forma, para que o conhecimento científico seja desenvolvido nas ciências fatuais, algumas características se fazem necessárias, como: a existência de uma só realidade apreendida, a qual é externa a todos os pesquisadores; o conhecimento científico ultrapassa a observação aparente dos fatos; o conhecimento científico é organizado pelas hipóteses e teorias; o conhecimento científico é claro, preciso e comunicável; e o conhecimento científico é verificável (MOREIRA, 2004).

Marconi e Lakatos (2010) destacam algumas características para o conhecimento ser considerado científico numa ciência fatual, baseadas na concepção de Bunge, como: racionalidade, objetividade, precisão e clareza, factualidade, comunicabilidade, sistematização, acumulação, falibilidade, transcende os fatos, analítico, geral, explicativo, dependente de investigação sistemática, verificabilidade, preditivo, aberto e útil.

Bunge (1980a) considera que a investigação é que constitui os campos de pesquisa ou ciência. Concebe os campos de pesquisa como um sistema de ideias, englobando componentes que, de forma integrada, caracterizam o conhecimento processado em conhecimento científico. Os componentes propostos pelo autor são: base filosófica (visão geral da realidade), base formal (lógica), base específica (teorias advindas de outras áreas), fundo de conhecimento (conhecimento acumulado anteriormente), domínio (objeto de estudo), problemática, objetivo e metódica (conjunto de métodos) que buscam enquadrar determinado campo do saber como ciência. Por meio desses elementos é que o conhecimento se processa e se estabelece como científico.

Para Popper (2007), o conhecimento científico é "estruturado por meio de uma permanente elaboração de hipóteses e comparação com a realidade". Assim, o autor ainda considera que o conhecimento científico se forma por um contínuo conjunto de pensamentos ou ideias, frutos da imaginação do homem, que se aproxima da verdade ou realidade. Tais ideias explicam cada vez mais os fenômenos observáveis, criticando os erros e refutando as hipóteses criadas e teorias, sucessivamente.

Presume-se, pela relação entre conjecturas e refutações, uma constante adaptação e reformulação de teorias, conforme o grau de absorção da realidade pelas teses iniciais. É por meio dessa confrontação, conforme anota Popper (2007), que se dá o progresso do conhecimento científico.

Popper (2007) considera ainda que tais "refutações, colocarão novos problemas a serem enfrentados, novas perguntas a serem respondidas e a cada ciclo, novos conhecimentos científicos serão gerados".

Com efeito, o estudo crítico da ciência influencia na elaboração do conhecimento do meio científico (no caso das comunidades ou instituições acadêmicas) que, por sua vez, cria as condições para que o conhecimento científico ocorra e se desenvolva. O conhecimento científico deve ser racional, para que possa ocorrer o controle dos fatos, verificando, interpretando e explicando os fenômenos apresentados, para, em seguida, estabelecer princípios, teorias e leis.

Consequentemente, o método para a formulação do conhecimento científico pode ser estruturado em quatro itens: problemáticas, hipóteses, verificabilidade e sistematização da pesquisa.

Desse modo, as *problemáticas* surgem com base nas contestações da cultura do meio científico, diante da necessidade pela busca por novos conhecimentos capazes de atender à demanda social. As *hipóteses* fazem parte da etapa em que serão levantadas as estruturas teóricas capazes de atender aos questionamentos suscitados.

Entrementes, a *verificabilidade* corresponde à fase na qual será observado o grau de pertinência da teoria para a resolução da problemática, com base na observação dos fatos levantados, que a teoria se coloca como embasamento para confirmar ou refutar (não adequada para atender ao problema criado) a hipótese.

Por fim, a *sistematização da pesquisa* verifica a linearidade e a interdependência das demais etapas, para que se possa concluir a geração do conhecimento científico.

Para Bunge (1980b), o método científico é a maneira de conduzir investigações científicas e que sua análise é uma parte importante do estudo da Epistemologia. Assim, como a Epistemologia estuda o conhecimento científico, o método científico é o modo como se dará a geração deste conhecimento.

O método científico se relaciona com a elaboração de uma boa ciência, natural ou social, pura ou aplicada, formal ou fatual, dominando-a gradativamente à medida que se investiga o objeto de estudo (MARTINS, 1994).

A literatura apresenta diversos métodos científicos, como o de Galileu Galilei, de Francis Bacon, de René Descartes, de Mário Bunge, entre outros. Para Bunge (1980b), o método científico pode ser considerado como a teoria da investigação, e as etapas necessárias para que uma investigação esteja de acordo com o método científico são: descoberta do problema, colocação precisa do problema, procura de conhecimentos ou instrumentos relevantes ao problema, tentativa de solução do problema com auxílio dos meios identificados, invenção de ideias (hipóteses, teorias ou técnicas) ou produção de dados empíricos, obtenção de uma solução, investigação das consequências da solução obtida e prova ou comprovação da solução. Caso o resultado não seja satisfatório, faz-se a correção das hipóteses, teorias, procedimentos ou dados empregados na obtenção da solução incorreta, iniciando outro ciclo da investigação científica ou formulação do conhecimento científico.

Verificam-se, com a Figura 1, os procedimentos preliminares para a investigação do conhecimento científico.

Figura 1 – Procedimentos preliminares para a investigação do conhecimento científico

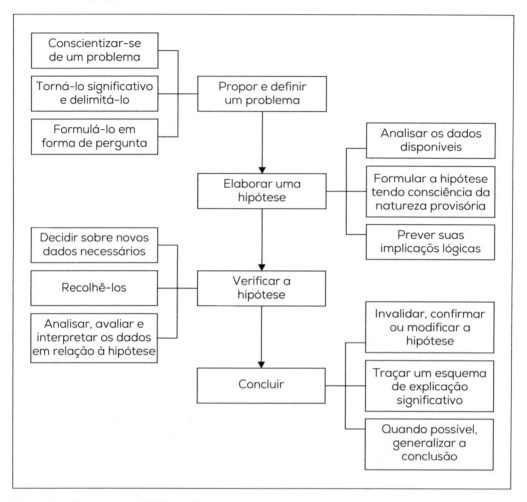

Fonte: Laville e Dionne, 1999, p. 47.

9.4 COMUNIDADES CIENTÍFICAS E ACADÊMICAS

A produção do conhecimento científico é influenciada pela comunidade científica na qual está inserida, que, por sua vez, influencia a comunidade acadêmica na qual está representada. Entendem-se por comunidade acadêmica as instituições acadêmicas, como as universidades, que constituem o elemento principal para a geração do conhecimento científico. Já a comunidade científica é um grupo de pares que dominam um campo de conhecimento específico e desenvolvem pesquisas, no plano internacional (LEITE; COSTA, 2007).

Russell (1969) define a comunidade científica como um grupo que emprega a melhor técnica científica disponível, com considerável estrutura para alcançar os objetivos a que se propõem. Já Fourez (1995) garante que a comunidade científica é um grupo social bem definido, com reconhecimentos interno e externo de seus membros e conhecidos como *experts*. A gestão e o comportamento são integrantes do método científico.

Portanto, numa comunidade acadêmica pode haver comunidades científicas de variadas áreas do saber, como, por exemplo, da Economia, Administração, Ciências Contábeis etc., influenciando desse modo a produção do conhecimento científico.

9.5 CULTURA CIENTÍFICA E CULTURA ORGANIZACIONAL

O termo "cultura" comporta vários significados com ideias diferentes, entretanto, para este capítulo, considera-se aquele com sentido de instrução, conhecimento adquirido. Destaca-se a cultura como a formação coletiva e anônima de um grupo social manifesto nas diversas instituições, inclusive as acadêmicas. Portanto, a cultura está relacionada com uma esfera, um domínio da vida humana e social numa dimensão dinâmica, podendo ser uma cultura acadêmica (WERNECK, 2003).

Japiassu e Marcondes (2008), dentre algumas definições de cultura, consideram-na também como a dinâmica de socialização, em que todos os fatos de cultura se comunicam e se impõem em determinada sociedade. Consideram que a cultura é o "conjunto de regras e comportamentos pelos quais as instituições adquirem um significado para os agentes sociais e por meio dos quais se encarnam em condutas mais ou menos codificadas".

Pode-se assinalar, com efeito, que há uma inter-relação e uma interdependência da cultura, relativamente à educação e à instrução. Werneck (2003) destaca que a cultura é o produto, o resultado, a modificação que ocorre no sujeito ou meio ambiente, em virtude da educação ou da instrução. A educação é o processo de busca, de apreensão e de hierarquização dos valores humanos, que influenciam na formulação da cultura. A instrução faz com que o sujeito observe, teste, relacione, organize e sistematize o conhecimento, transformando-o em produção cultural.

Portanto, a cultura de uma sociedade é influenciada e influencia diversos fatores (como, por exemplo, econômico, social, político, educacional etc.) e, ao considerar a existência de uma cultura acadêmica, também, se percebe a influência (interdependentes e inter-relacionados) de alguns fatores, como a educação, instrução, pesquisa científica etc.

A cultura acadêmica também pode ser considerada como cultura organizacional, definida por Leite e Costa (2007) por "se relacionar ao padrão de pressupostos básicos partilhados e apreendidos por membros de uma comunidade à medida que é capaz de solucionar seus problemas, que têm funcionado bem o suficiente para serem considerados válidos".

E a cultura científica é o conjunto de conhecimentos, ideias e representações da prática científica, constituindo o panorama de pensamento do ser humano (JAPIASSU, 2005). Portanto, a cultura científica pode ser havida como a difusão ou divulgação científica no meio social ou sociedade, a sua percepção e compreensão pública.

Assim, a cultura organizacional de uma instituição acadêmica reflete as características pertinentes de uma cultura científica, partilhadas entre os pares das comunidades científicas. Relacionam-se com a produção do conhecimento científico (LEITE, 2006; LEITE; COSTA, 2007).

9.6 PESQUISA CIENTÍFICA EM CONTABILIDADE

A pesquisa científica é o ato de investigar ou o estudo sistemático para se conhecer algo, utilizando-se de métodos científicos. Gil (2009b) a define como o processo formal e sistemático de desenvolvimento do método científico, com o objetivo principal de solucionar problemas por via de procedimentos científicos.

A pesquisa científica é influenciada por determinados fatores que limitam ou modificam as escolhas metodológicas dos pesquisadores. Tais fatores estão circunscritos em campos da pesquisa científica que, no enfoque de Bruyne, Herman e Schouth (1982), são descritos como o ambiente societal da pesquisa científica, sendo de natureza e importância diversificada para o contexto da investigação.

Bruyne, Herman e Schouth (1982) dividem o ambiente societal da pesquisa em quatro campos: da demanda social, axiológico, doxológico e epistêmico. Para fins deste capítulo, o enfoque maior dado a esses campos é o da influência cultural na geração do conhecimento, com base na concepção dos referidos autores.

Primeiramente, o campo da demanda social é o caracterizado pela inserção do pesquisador numa sociedade, cuja influência nas práticas metodológicas ocorre pelo sistema sociocultural onde tal sociedade está regulamentada. Esse sistema sociocultural também pode ser distinguido pela sociedade de discurso, que engloba o conjunto de pesquisadores, teorias, experiências, rituais, normas e instituições acadêmicas e científicas, influenciando diretamente na pesquisa científica. Os pesquisadores pertencem à comunidade mais ampla em que trabalham, refletindo suas crenças e valores.

Desse modo, a sociedade de discurso pode apresentar várias culturas de pesquisa científica, com características antagônicas ou similares, norteando as abordagens metodológicas do pesquisador. Barnes e Friedrichs (1972 apud BRUYNE; HERMAN; SCHOUTH, 1982) expressam que toda produção científica é influenciada pela demanda social à qual responde, neste caso, a sociedade em que está inserida. Destaca-se, portanto, que a sociedade de discurso pode ser considerada, como a denominada por alguns autores, de comunidade científica.

O segundo campo é o axiológico, apresentado como aquele em que estão inseridos os valores sociais e individuais dos pesquisadores e da sociedade, que influenciam na pesquisa científica (POPPER; HABERMAS, 1972 APUD BRUYNE; HERMAN; SCHOUTH, 1982). Os valores culturais de cada sociedade determinam que o pesquisador escolha suas problemáticas, baseados nos temas vinculados a tais valores, ou seja, o que eles podem solucionar. Enfatiza-se, porém, que o subjetivismo do pesquisador não pode ser confundido com o subjetivismo do objeto de estudo da pesquisa (por exemplo, sistema sociocultural).

Em seguida, tem-se o campo doxológico, onde o conhecimento é não sistematizado, a linguagem e as evidências vêm das práticas cotidianas e a prática científica extrai as problemáticas específicas. É caracterizada pelas noções do senso comum, em que o pesquisador fica influenciado pela cultura do cotidiano, amplamente divulgada ou caracterizada no ambiente da pesquisa. Nesse campo, apresenta-se a ruptura epistemológica da pesquisa, na qual o pesquisador separa o problema que é verificável do que é reflexivo ou intuitivo apenas, ou seja, do senso comum.

O quarto campo é o epistêmico, aquele da objetividade reconhecida das teorias, da reflexão metodológica, da metodologia e das técnicas de investigação, a que as teorias e os métodos científicos são o sujeito da ciência. Destaca-se o fato de que a região epistêmica de uma pesquisa científica é aquela em que o pesquisador mais se identifica, ou seja, a sua disciplina, na qual ele escolhe as bases teóricas, epistemológicas, técnicas etc.

Nesse sentido, tais escolhas exercem influência direta no desenvolvimento do conhecimento ou da pesquisa científica, sendo estas relacionadas com a cultura organizacional presente na comunidade científica a que o pesquisador pertence.

Portanto, a produção do conhecimento científico é diretamente influenciada pela comunidade científica a que pertence a área de conhecimento, que, por sua vez, influencia a comunidade acadêmica pela qual está representada, sendo relacionada com a cultura científica e organizacional, respectivamente.

A Figura 2 ilustra a dinâmica da produção do conhecimento científico, num enfoque da cultura científica/organizacional nas comunidades científicas e acadêmicas, expondo sua inter-relação.

Considera-se, então, que as comunidades acadêmicas estão representadas pelas instituições acadêmicas a que os pesquisadores estão vinculados. As comunidades científicas são os *experts* que dominam e desenvolvem pesquisas em Contabilidade, no contexto internacional.

Figura 2 – Dinâmica da produção do conhecimento científico num enfoque cultural

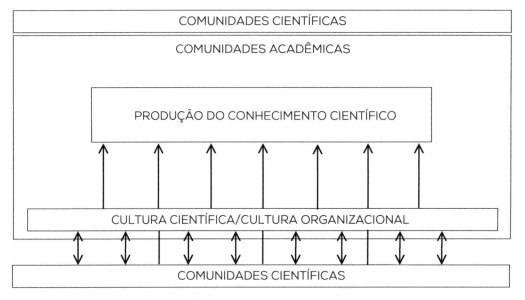

Fonte: Adaptada de Leite (2006).

9.7 RESUMO

A Epistemologia, no sentido macro ou geral, estuda criticamente a ciência e a elaboração do conhecimento científico. Enquanto que a Epistemologia interna, no sentido micro, estuda internamente os pressupostos de uma ciência ou disciplina.

Ao considerar que Ciência Contábil é capaz de captar novas teorias e ideias, conforme as culturas e/ou tradições de pesquisas científicas nas quais estão inseridas, as pesquisas oriundas dessa temática devem ser estudadas pela Epistemologia, que se preocupa com a geração e/ou elaboração desse conhecimento.

Portanto, o conhecimento multidisciplinar de outras áreas do saber, como a Epistemologia, fornece subsídios para o desenvolvimento da Ciência Contábil, e, consequentemente, da teoria contábil. Destaca-se ainda que existe uma influência da cultura de pesquisa científica das instituições acadêmicas nas concepções de como o conhecimento científico é formulado, requerendo, dessa forma, um desenvolvimento de pesquisas científicas com maior aprofundamento e robustez de suas plataformas teóricas, bem como de seus aspectos metodológicos.

REFERÊNCIAS

APPOLINÁRIO, Fábio. **Dicionário de metodologia científica**: um guia para produção do conhecimento científico. 2. ed. São Paulo: Atlas, 2011.

BRUYNE, Paul de; HERMAN, Jacques; SCHOUTH, Marc de. **Dinâmica da pesquisa em ciências sociais**: os polos da prática metodológica. 2. ed. Rio de Janeiro: Francisco Alves Editora, 1982.

BUNGE, Mario. **Ciência e desenvolvimento**. Belo Horizonte: Itatiaia; São Paulo: EdUSP, 1980a.

_____. **Epistemologia**: curso de atualização. São Paulo: T. A. Queiroz, EdUSP, 1980b.

CASTAÑON, Gustavo. **Introdução à epistemologia**. São Paulo: EPU, 2007.

DEMO, Pedro. **Metodologia do conhecimento científico**. São Paulo: Atlas, 2011.

FOUREZ, Gérard. **A construção das ciências**: introdução à filosofia e à ética das ciências. São Paulo: Editora UNESP, 1995.

GIL, Antônio Carlos. **Métodos e técnicas de pesquisa social**. 6. ed. São Paulo: Atlas, 2009b.

JAPIASSU, Hilton. **Introdução ao pensamento epistemológico**. 4. ed. Rio de Janeiro: Francisco Alves, 1986.

_____. **Ciência e destino humano**. Rio de Janeiro: Imago, 2005.

_____; MARCONDES, Danilo. **Dicionário básico de filosofia**. 5. ed. Rio de Janeiro: Jorge Zahar, 2008.

LAVILLE, Christian; DIONNE, Jean. **A construção do saber**: manual de Metodologia da pesquisa em ciências humanas. Porto Alegre: Artmed; Belo Horizonte: UFMG, 1999.

LEITE, Fernando César Lima. **Gestão do conhecimento científico no contexto acadêmico:** proposta de um modelo conceitual. 2006. 240 p. Dissertação (Mestrado em Ciência da Informação) – Faculdade de Economia, Administração, Contabilidade e Ciência da Informação da Universidade de Brasília, Brasília, DF.

LEITE, Fernando César Lima; COSTA, Sely Maria de Souza. Gestão do conhecimento científico: proposta de um modelo conceitual com base em processos de comunicação científica. **Revista Ciência da Informação**. Brasília, DF: IBICT, v. 36, nº 1, p. 92-107, jan./abr. 2007.

LUKKA, Kari; KASANEN, Eero. Is accounting a global or a local discipline? Evidence from major research journals. **Accounting, Organizations and Society**, v. 21, nº 7-8, p. 755-773, 1996.

MARCONI, Marina de Andrade; LAKATOS, Eva Maria. **Metodologia científica**. 5. ed. São Paulo: Atlas, 2010.

MARTINS, Gilberto de Andrade. **Epistemologia da pesquisa em administração**. 1994. 110 p. Tese (Docência livre) – Faculdade de Economia, Administração e Contabilidade da Universidade de São Paulo, São Paulo.

MOREIRA, Daniel Augusto. **O método fenomenológico na pesquisa**. São Paulo: Pioneira Thomson Learning, 2004.

OLIVA, Alberto. **Teoria do conhecimento**. Rio de Janeiro: Zahar, 2011.

POPPER, Karl R. **A lógica da pesquisa científica**. 5. ed. São Paulo: Cultrix, 2007.

RUSSELL, Bertrand. **A perspectiva científica**. 3. ed. São Paulo: Companhia Editora Nacional, 1969.

SCHMITT, Frederick. Epistemologia social. In: GRECO John; SOSA, Ernest (Org.). **Compêndio de epistemologia**. São Paulo: Loyola, 2008.

WERNECK, Vera Rudge. **Cultura e valor**. Rio de Janeiro: Forense Universitária, 2003.

soluções
gráficas
personalizadas